# ラーニング・レボリューション

Learning to Change the World
The Social Impact of One Laptop Per Child

## MIT発 世界を変える「100ドルPC」プロジェクト

ウォルター・ベンダー／チャールズ・ケイン
ジョディ・コーニッシュ／ニール・ドナヒュー 訳 松本 裕

英治出版

# LEARNING TO CHANGE THE WORLD

The Social Impact of One Laptop per Child

*by*

Walter Bender, Charles Kane,
Jody Cornish, and Neal Donahue


Japanese translation published by arrangement with
St. Martin's Press, LLC
through The English Agency (Japan) Ltd.

# はじめに

「たとえポケットは空っぽで、今着ている服と履いている靴のほかは何もなかったとしても、十分な教育を受けた頭脳さえあれば、人生のなかで訪れるチャンスをつかまえられる」[※1]

——アーガー・ハーン（イスラム教ニザール派最高指導者《イマーム》、実業家）

今、教育業界の注目と良心が行き届かないような世界各地の貧しい村々で、驚くべき光景が展開されつつある。極端に資金不足の学校に通う何百人もの貧しい子どもたちが、小さいながらもハイテクな緑と白のノートパソコン、「XO」の前で毎日数時間を過ごしているのだ。XOがナイジェリアで導入されると、教師たちは体罰を与えるために持っていた棒切れを文字通り教室の窓から投げ捨てた。生徒たちを勉強に集中させるために棒切れを使う必要がなくなったからだ。パラグアイでは、学校に姿を見せることなどほとんどなかった保護者たちが、我が子の教育のためにXOの使い方を覚えようと午後の研修に詰めかけた。パキスタンでは、10歳の子どもがノートパソコンを使って写真ビジネスをはじめ、家族のために副収入を得るようになった。ウルグアイでこのパソコンが全国展開されると就学率が劇的に向上し、高い水準のまま維持されるようになった。そして、子どもたちはパソコンをどんどん使いこなしている。情報を検索し、文書を書き、ブログを書き、絵を描き、チャットをし、動画を作成し、音楽を作曲し、自分でソフトウェアの開発までできるようになっているのだ。

## 教育に革命を起こす

これは開発途上国の教育全般、とりわけ初等教育における現実を揺るがすような、驚くべき光景だ。ユネスコによれば、世界中の学齢児の11％（7200万人）が就学していないか、授業に出席していない。この割合が特に高い地域はサハラ以南のアフリカと中東、そして南アジアと西アジアだ。経済発展と社会福祉の水準が最も低い地域でもある。

学校に通う子どもたちも、多くの場合は電気も通っていないような学校のたったひとつの教室にぎゅうぎゅう詰めになり、数冊しかない大昔の教科書を同級生と共有しなければならない。子どもたちを教えるのは給料も満足に支払われていない教師たちで、学校にやってくる様々な年齢の子どもたちがそれぞれに抱えるニーズに対応しきれなくて苦労している。

こうした学校の多くでは、口頭でのやりとりが中心の、きわめて構造化された教育法がなされている。つまり学習の大半は事実や情報を丸暗記することの繰り返しで、生徒のスキルや能力、独創性へのマイナスの影響は避けられない。子どもたちが本来持っている学習意欲は、そうした指導に押しつぶされてしまう。子どもたちの未就学率と中退率は、教育に対する国民一人当たりの政府支出が最も低く、厳しい経済的苦難を経験している地域で最も高くなる。

社会的・経済的発展という観点から見ると、根本的な矛盾が出てくる。ますます知識主導型になりつつある世界経済において、社会の幸福を決定づけるのは天然資源や物的資源だけではない。何よりも重要性を増しているのは、人的資源なのだ。そして、そのなかでも違いを生むのは安価な労働力となる人数の多さではなく、人材の知識や能力だ。

16世紀の経済学者アダム・スミスの時代から、経済学者たちは国家の豊かさに影響を与える主要な要素のひとつを「国民の労働力のスキル、器用さ、そして判断力」[2]だと認識していた。より広義な人間の幸福という観念から見ると、特に高水準の教育と医療を保障することで国民の「心身の健康」に投資する国ほど長期的な経済発展を遂げ、国民もより長く、より充実した人生を送れる傾向がある。[3]

にもかかわらず、開発途上国における正規教育は嘆かわしいほどに不十分だ。それどころか、知識を丸暗記することに焦点を置いた従来の教育方法は全面的に失敗だという意見もある。ここでの大きな問題は、生徒たちが、学校で習うことと人生を切り拓いて活躍するために必要なこととの直接的なつながりを見出せずにいることだ。

子どもが将来の有意義な目標を達成するうえで教育が重要だという考えを持たない人もいる。[4]

その結果、多くの生徒は、とりわけ家族が切実に必要としている現金を稼ぐために、農作業などの仕事に就くことができる子どもたちは正規教育を受けることに何の意味があるのだろうと自問し、最終的には自ら学校をやめてしまう。開発途上国でこれはどういうことを意味するのか。起業家的エネルギーは引き出されず、大志も抱かれることがない。国民は価値の低い活動に従事して、自分の現状も家族や地域の現状も改善できないような、最低限の生活しか送れないということだ。

## OLPCのミッション

このように深刻な社会的・経済的ニーズと教育不足という背景を受けて２００５年に立ち上げられたのが、「ワン・ラップトップ・パー・チャイルド（すべての子どもにパソコンを／ＯＬＰＣ）」。この組織のミッションは、「開発途上国の子どもたちの学習意欲を高める」ことだ。そしてそのために開発されたツールが「ＸＯ」、厳しい環境で幼い子どもたちが使っても壊れないよう頑丈につくられたノートパソコンだ。ＸＯには、小学生の探求的学習を促進するために開発されたソフトウェアがあらかじめ搭載されている。ＯＬＰＣが公表している目標は、開発途上国に暮らすすべての子どもたちが学習ツールとしてパソコンを使えるようにする、１人１台のパソコンの提供だ。

ＯＬＰＣは、密かな野望とともにこのミッションに取り組んだ。活動の焦点は、暗記能力を伸ばすだけでない教育を、開発途上国の子どもたちが得られるようにすることだ。子どもたちが批判的な考え方を身につけ、変革者、起業家になれるように自ら学び、探求する手助けをすることにある。次世代が引き継いだ問題のすべてを解決することはできない。だが、彼らが問題を解決できるようになるツールを提供することはできるし、しなければならないのだ。

パソコンというツールを通して子どもの学習を後押しすることに焦点を当てつつ、OLPCが掲げた最終目標は、新しい世代のリーダーたちを育て、社会変革を生む土壌をつくることだ。OLPCは、教育には新しい取り組みが必要であり、先端技術、とりわけパソコンが教育ツールとして大きな役割を果たし得るという揺るぎない信念を抱いていた。

2005年、MITのコンピュータ・サイエンティストでメディアラボの創設者、そしてOLPCの創設者でもあるニコラス・ネグロポンテが、ダボス会議の年次総会でのスピーチで、XOのコンセプトを紹介した。同時に、開発途上国の教育を変える4つのプログラムについて説明した。①低価格なパソコン（XO）を入手できるようにする、②低コストの衛生ブロードバンドと、ローカルメッシュネットワークを利用した低コストのデータ通信を構築する、③プロジェクトを各地域の教育カリキュラムに組み込む、④現地教育者を巻き込む、というのがその内容だ。

さらにネグロポンテは、OLPCが2年以内に小売価格100ドルのノートパソコンを700万台流通させると宣言した。これは控え目に言っても大胆すぎる約束と思われたし、当時のノートパソコンの価格が平均1000ドル以上だったことを考えると、そんなことは不可能だと思う者が大半だった。

企業の社会的責任（ＣＳＲ）がまだ実体を伴わない哲学に過ぎなかった時代に、ＯＬＰＣは一緒に活動することで相手にも何かしらのメリットがあるＩＴ企業を探しはじめた。そして、開発途上国の消費者でも手が届く価格でＸＯを設計・製造する活動に協力してくれる営利企業を何社も集め、チームを編成することに成功した。６年以上にわたる正式な活動期間のなかで40カ国以上から合意を取り付け、アフリカ、アジア、中南米その他の地域の小学生に２５０万台近いパソコンを届けた。ＸＯは世界中の誰もが見てすぐにわかるパソコンとなり、ＯＬＰＣは最も有名な国際非営利組織のひとつにまで成長したのだ。しかも、この偉業は20人にも満たない正規スタッフがやってのけたのである。ビジネスの成功が収益で、社会的成功が影響を与えた人の数で測られる現代社会において、ＯＬＰＣは他の多くの非営利組織をはるかにしのいでいる。

とはいえ、現状を大きく変えようと取り組む組織である以上、批判は避けられない。たとえば、２０１０年７月のフェイルフェア（先端技術を使った開発援助の失敗プロジェクトを取りあげる会議）でのこと。開発に情報通信技術を活用する「インフォデヴ」という世界銀行出資のプログラムが、先端技術を活用しながら最もうまくいっていないとみなされた組織への「賞品」としてＸＯを提供した。[※5] これは、ＯＬＰＣの活動に対する公然の、ちょっと嫌味のこもった批判だろう。目標設定がかなり高く、立ち上げは世界中のマスコミによって報道されたため、ＯＬＰＣは教育業界、先端技術業界、そして開発援助業界からも厳しい目で注視されているのだ。

## 本書の焦点

大多数の意見ではＯＬＰＣはとても多くのことを成し遂げてきたのに、他の人々の目から見るとあまりにも評価が低いのはなぜだろう？　世界を変えようという目標をもって立ち上がった社会的組織なら皆そうであるように、ＯＬＰＣにも数多くの成功の陰にいくつもの失敗がある。そんなＯＬＰＣのこれまでの選択から学べることは多いはずだ。本書は、ＯＬＰＣの旅路をたどることを目的にしている。

ＯＬＰＣの物語は、どんな分野で活動する社会起業家にも共感できるものだ。気候変動や人口増加、健康問題、貧富の格差の拡大など、世界中の一見解決困難な問題に取り組むには、既存の領域を超越する革新的な解決方法が必要であることがこのところ理解されるようになってきた。社会起業家のキャサリン・フルトンが言うように、今求められているのは「教育や医療のような社会的に重要なものごとにおける（中略）パターンを改革・変革するための」抜本的活動なのだ[※6]。

ＯＬＰＣが取り組んできた次のような難題は、世界規模で社会システムを変えようと野心を抱くすべての社会起業家や非営利組織にとって、避けては通れないものである。

・ボトムアップのアプローチとトップダウンのアプローチのバランスをどうとるか。前者は個人レベルで目に見える変化を直接もたらそうとするものであり、後者は人々が苦しむ構造的な原因に取り組もうとするものだ。

・組織のミッションと、人々が喜んで支援をするに十分な確固たる目標とのバランスをとりつつ、真の変化を起こす方法を模索する余裕を持つにはどうすればいいか。

・ソーシャル・ミッションを大規模に展開するには市場の力をどう活用すればいいか。たとえば革新的な資金調達の方法や、市場をつくったりインパクトを広げたりするための公式・非公式な提携の仕方など。

・支援しようとしている対象の人々がこちらへ依存してしまわないように注意しつつも、彼らの人生に変化をもたらすにはどうすればいいか。

・組織として直接活動できる範囲を超えて、大規模に変化をもたらすような幅広いネットワークを構築するにはどうすればいいか。

・明確で実効性ある指針となり、かつ現地のニーズや状況に合わせて柔軟に対応できるアプローチをどう確立するか。また、現地での応用から学習する形で、核となるモデルが進化できるような仕組みをどうつくればいいか。

・目に見えて価値のある変化をもたらすという組織の潜在能力を制限することなく、持続可能な資金調達のモデルを構築するにはどうすればいいか。

本書は、大きく3部に分かれている。パート1では、組織としてのOLPCの成り立ちと、芽生えはじめたソーシャル・ムーブメントに焦点を当てる。第1章では、OLPCがとった手法に影響を与えた教育・先端技術・社会変革のオピニオンリーダーたちについて述べる。第2章では100ドルPCの設計から製造までの経緯について、非営利を選択した理由や基礎となった資金調達モデル、そしてOLPCを実現させた分野横断的な協力関係も含めて説明する。そして第3章では、子どもたちがXOを使って好奇心をもって問い直しながら学べるソフトウェア「シュガー」の成り立ちについて語る。これら全3章が、OLPCの基本的な情報だ。

パート2では、中南米、アフリカ、アジア、アメリカでのプロジェクトから、複数の事例を総合的に比較しながら見ていく。第4章では、OLPCが追求したトップダウンの販売流通戦略と、この方法でボトムアップの社会変革を起こそうと努力するなかで直面した困難について。第5章では、提携国の教育制度にパソコンを導入するうえで生じてきた様々なモデルを具体的に説明する事例を。第6章では、現在までにOLPCの活動がもたらした変化について説明する。

パート3では、OLPCの将来の方向性と、社会起業家精神のこれからについて見ていく。第7章では、設立以来のOLPCの進化、現在直面している主な課題、そしてOLPCが社会事業から持続可能な組織へと進化するためにどのように模索しているかについて。第8章はまとめとして、OLPCを支援したり、その他の社会問題に取り組み社会変革につながる行動を起こすことを読者に呼びかけている。

世界中の子どもたちの人生を変えようというＯＬＰＣの活動はさまざまな困難に直面してきたし、この長い旅路の途中でいくつか間違いも犯してきた。本書では、ＯＬＰＣの物語をすべて語りたい。ＯＬＰＣはミッション達成のために実行するべきことと、そのやり方の改善策について、非常に多くを学んできた。批判する者は常にいるが、ＯＬＰＣは自らの活動を心から信じているのだ。読者のみなさんは、ＯＬＰＣが「単なるアイデア」を形にした過程を臨場感をもって見ることができるだろう。それを支持する人も批判する人も、先入観をいったん捨て去り、この組織の成り立ちと進化についての物語を知っていただきたい。

# ラーニング・レボリューション　目次

PART
1

# OLPCの誕生

THE EMERGENCE OF ONE LAPTOP PER CHILD

THE ORIGINS OF ONE LAPTOP PER CHILD

# 1 OLPCの成り立ち

「教育メディアとしてのパソコンの真の力は、子どもが自分で構築し、仮説を立て、探求し、実験し、評価し、結論を導き出す――ひとことで言えば、学習する――すばらしい天賦の才能とやる気を手助けし、伸ばしていけるところにある。現代の教育制度が押しつぶしているのは、まさにこのやる気の部分なのだ」

――シーモア・パパート（数学者。インタビュー記事「機械《マシン》のなかの幽霊」より）

一般的に知られている「ワン・ラップトップ・パー・チャイルド（すべての子どもにパソコンを／ＯＬＰＣ）」の歴史は１９９９年、カンボジアの首都プノンペンから車で8時間ほど北にあるリークスメイという小さな農村にはじまる。ＯＬＰＣの創立者ニコラス・ネグロポンテは２００７年に60分間のインタビューに応じた際、ネグロポンテ家が出資してこの村に学校を建てた経緯を語った。学校にはネグロポンテがオークションサイトで購入したノートパソコンが寄贈され、電源を得るための発電機と、インターネットに接続するための衛星回線も設置された。[※1] このプロジェクトですぐに効果があったのは、出席率の大幅な増加と、子どもたちがノートパソコンを家に持ち帰ったことによる家族の学習への参加だった。2年後、この先端技術が長期的にはどのような影響を与えたのかを確かめようと村を再訪したネグロポンテは、ある歴然とした結果に衝撃を受けた。子どもたちが、身の周りの物理的環境にとらわれずに学ぶようになっていたのだ。「子どもたちは、以前はその存在すら知らなかったブラジルのサッカーチームのファンになっていたよ」とネグロポンテ。パソコンとインターネットを通じて、子どもたちは膨大な量の情報や文化、経験を手に入れたのだ。子どもたちの関心と活動の幅は世界規模に広がり、学習の文化そのものが変化していた。のちに『ピープル』誌の取材を受けた際、ネグロポンテはこう自問している。「これはこの村だけに妖精が舞い降りたということだろうか、それとも地球上のすべての子どもに同じことが起こり得るのだろうか？」[※2]

ネグロポンテにとって、リークスメイ村はテクノロジーが持つ変革の力の手応えを得た実例だった。このときの経験から、ＯＬＰＣの基本理念となるものが生まれた。それまで開発途上国で実施されてきた技術支援は、政府による定期購入や寄付、あるいはリサイクルのプログラムを通じて時代遅れの技術をトップダウンで配布するものだった。そうした取り組みのせいで、教育変革に対するテクノロジーの可能性が過小評価されてしまっていることは明らかだった。このアプローチでは適切な先端技術が子どもたちに十分に行き渡ることは決してなく、結果的には学習の文化を変えることもできない。リークスメイの実例は、パソコンが適切に使われれば、たとえどんな僻地であっても子どもの学習を大きく前進させることが可能だと示唆していた。また、当時一般的だった見解に反して、ほんのちょっとの工夫があれば、地方でも全員が利用できるだけの低コストでインターネット接続が実現できることも証明していた。リークスメイのプロジェクトが教えてくれたことは、先端技術がすべての子どもがパソコンを与えられるぐらいの価格で適切な技術を提供できたときにこそ、真の変化をもたらせるということだった（リークスメイ村についての詳細は、本書巻末を参照してほしい）。

『イノベーションのアイデアを生み出す7つの法則』（松浦俊輔訳、日経BP社、2013年）の著者スティーブン・ジョンソンは、真のブレイクスルーは、突然「ひらめいた！」というような、単独で独立した事象として発生することはめったにないと語っている。むしろ、アイデアが進化し、時間をかけて新しい方法でつながりあいながら、ゆっくりと時間をかけて熟成した結果としてブレイクスルーが生まれるのだ。OLPCの場合、カンボジアでの「ひらめき」の瞬間は、ネグロポンテから生まれた。そこから、開発途上国の子ども向けの学習補強ツールとして頑丈で低価格なノートパソコンをつくろうという気運に発展した。ただし、ネグロポンテは、教育を改革して学習を促進するために先端技術を活用する方法について、マサチューセッツ工科大学（MIT）などの関係者との協力から導かれた何十年分にもおよぶ先駆的な思想を携えて、リークスメイ村にやってきたのだった。

1984年から開催されている、TED（Technology, Entertainment, Design）という会議がある。これは先端技術、娯楽、デザインの各業界の関係者が一堂に会して世界を変える可能性についてのアイデアを共有する会議だが、2006年のTEDで、ネグロポンテはこう語った。「100ドルPCのプロジェクトが1、2年前にはじまったとか、我々が雷にでも打たれてひらめいたとか思っている人々がいる。だがこれは実際にはずっと昔、1960年代までさかのぼる」[※3]。本章では、100ドルPCの開発を推進し、開発途上国の子どもたちのために教育を改革しようというOLPCの信念に影響を与えた、画期的なアイデアの数々を紹介する。それらは教育と社会変革についての根本的な議論にまでさかのぼるものであり、コンピュータ技術の可能性を科学や軍事に応用するだけでなく教育にまで広げようと最初に考えた科学者や技術者たちの働きに端を発している。

## 学習への革新的取り組み

1993年に出版された著書『*The Children's Machine: Rethinking School in the Age of the Computer*（未邦訳）』の冒頭で、数学者で教育理論家のシーモア・パパートはユーモラスな話を書いている。19世紀の外科医や教師が、タイムトラベルで20世紀の病院や学校を訪問する、という空想の話だ。過去からやってきた外科医たちは手術室に案内されれば手術がおこなわれていることは理解するが、感染を防ぐための滅菌室、痛みを和らげるための麻酔はもちろんのこと、命を救うために血液を抜くのではなく保存するという基本的な考え方にさえ面食らってしまう。一方、過去からやってきた小学校の教師たちは、教室を埋め尽くす生徒たちの前に立ってすぐさま教育者としての役割を果たすことができるというのがオチだ。黒板にチョークで書くのではなくプロジェクターを使ったり、ホワイトボードに書いてそれを電子的に記録したりするような技術はたしかに驚きかもしれないが、一般的な教え方そのものは、何十年経ってもあまり変わっていないということだ。

世界中どこの学校に行っても、教室の正面に教師が立って生徒に知識を教え、生徒はその知識を記憶して教師の要望に応じて再生できるようにしなければならないという構図は変わらないだろう。成長するに従い、子どもは既に持っている知識を新しく与えられた知識と統合することを求められる。教師は義務的に受けさせられる詳細な教員研修、国で統一されたカリキュラム、標準化されたテストといった典型的な教育制度のなかで仕事をする。この方法は一般的に「教授主義《インストラクショニズム》」と呼ばれ、19世紀から20世紀のほとんどの期間、世界中で教育の基盤となっていた。

これほど普及しているにもかかわらず、教授主義がほとんど生徒のためになっていないとする意見は多い。先進国でも開発途上国でも、特に低所得世帯や恵まれない環境の子どもたちは中退率が非常に高い。教授主義の教室で学んだ子どもたちは、学校で習うことと自分や家族にとってわかりやすい形で利益になることとの間に、関連性を見出せずにいる。たとえば、少しでも苦しい家計の足しになればと食べ物を調理して売り歩く手伝いをするか、学校に行って授業を受けるかという選択肢は、まさに経済的な理由で決定されるのだ。時間を犠牲にしてでも学校に通い続ける利点が明確にされなければ、どちらが選ばれるかは目に見えている。さらに、たとえ子どもたちが学業を続けても、就職への備えが不十分なため、早いうちに学校をやめた子どもたちと同じ市場で競争すると不利になる場合が多い。そして言うまでもなく、こうした子どもたちは、地域のなかで新しい仕事やチャンスを創出することなどまったくできない。[※4]

教授主義と対照的な考え方が、「構築主義《コンストラクショニズム》」だ。子どもに知識を授けることだけに注力するのではなく、問題を解決し、批判的に思考し、革新的に行動できるという重要な能力を育むことを目指すものである。構築主義においては、指導者が情報を一方的に発信するよりも、子どもが学びながら自ら解決策を思いつき、実践していけるような活動のほうがより効果的に学習できるとされる。[※5]

構築主義のルーツは、発達心理学者ジャン・ピアジェが提唱した構成主義の理論にある。ピアジェは、従来の学習方法が示唆するように「子どもは知識で満たされるだけの空っぽの容器ではない」と述べた。「むしろ、子どもは知識の積極的な創造者である。常に世界に対して自らの仮説を打ち立て、検証している小さな科学者なのだ[※6]」。ピアジェは、真の学びは、他者と共有できる具現化されたものを積極的に創造することで得られると述べ、経験学習の重要性を主張した。

子どもは行動、創造、共有を通じて学習する。つまり、もっと学習したければもっと行動、創造、共有する必要があるのだ。また構築主義では、学習が1人でおこなわれるものではないことも強調される。子どもたちは、他者との交流を通じて自分の学習経験を積極的に形づくることができる社会的状況のなかでこそ、より多く、より良く学習できるのだ。

教授主義と構築主義の違いを理解するひとつの方法として、料理教室での教え方を例に取ってみよう。初めて台所に立つ人にとって、教授主義では料理の準備から片付け、包丁の使い方、調理の科学的仕組みまでを専門家から学ぶ。これらの技術を活用しつつ、与えられたレシピどおりに調理をすれば美味しい料理ができあがる。一方、構築主義での学習方法は台所を「遊び場」のように捉え、新米シェフが食材を様々な組み合わせで試し、仲間と出来を議論し合い、実験を続ける。構築主義が重視するのは、学習と創造の過程で何をするかについて自ら判断を下す余地を残す、という点なのだ。

構築主義は、典型的な教授主義の対極にあるものとみなされがちだ。だが、構築主義を教授主義に対するものという側面で考えるのではなく、構築主義の考え方を活用して子どものために特定の学習経験を生み出そうとするアプローチもある。その場合、教師の役割は指導者にとどまらず、案内役またはファシリテーターへと進化する。知識が単に教師から生徒へ伝達されるものではなく、学習者の頭のなかで能動的に構築されるものだと理解することで、学習環境は情報や知識の一方的な伝達の場ではなくなる。むしろ、情報や知識の積み木を子どもに与えて自由に実験

させる、積極的な構築の場になるのだ。[※7]

教授主義と構築主義が連携して独創性の基礎となる構図は、レゴブロックで見るとわかりやすい。最近では、大型のレゴショップに行けば、作品をつくるために必要なピースがきっちり揃って組み立て方を図解した説明書までついた、レゴの組み立てキットが何種類も売られている。説明書通りにきちんと組み立てればキットの外箱に印刷されている写真どおりの作品ができあがるが、これは独創性に欠ける作業だ。だが、レゴで遊んだことのある人ならご存知のとおり、普通の組み立てキットと違ってレゴの箱には接着剤が入っていない。これは、子どもたちができあがった作品を分解して、新しい形に組み立て直せるようにという意図によるものだ。説明書を提供することで、レゴはまず子どもたちの自信を育て、基本的な組み立て技術を身につけさせてから、自分でまったく新しいものをつくれるようにしている。言い換えれば、新しい作品をつくるために最低限必要な知識を与えているのだ。

OLPCは、特に恵まれない環境の子どもたちに構築主義の概念が適していると考えた。そういった環境で教育が重視されない主な原因のひとつが、情報や知識を学ぶこととそれが生むチャンスとの間に関連性を見いだせずにいることだとすれば、問題解決能力や革新的（あるいは起業家的）能力の育成に注力することは理にかなっている。構築主義の環境で経験学習のアプローチがうまく実施されれば、子どもは新しい状況にも対応できるような重要なスキルを身につけられる。他者と共有できる具現化された何かを創造することへの注力が、教室と外の世界との間の溝を埋めることになるのだ。教育する側が実験と探求を奨励していけば、子どもは問題解決のひとつの形として、自分たちを取り巻く環境を変える方法を模索することに気づきはじめる。

これは見方によっては急進的かもしれないが、根本的なことを言えば、構築主義のアプローチを通じて培われた能力は、社会変革を生む人間としての基礎をつくるものでもある。教育制度の権威者が「社会の現実」と定めたものを消極的に受けとるだけの人間として生徒を形づくる教授主義と構築主義とでは、考えるべきポイントが違う。構築主義的な学習環境の基本的な要素は、とにかくどんどん参加させることなのだ。子どもたちは探求し、疑問を抱き、実験するようにと教えられる。異なる種類の情報を組み合わせて問題を解決できるよう工夫することを覚え、考えを共有したり新しい解決方法を編み出したりするために誰かと協力することを促されるのだ。ブラジルの教育者であり理論家のパウロ・フレイレが著書『被抑圧者の教育学』（小沢有作訳、亜紀書房、1979年）で説明しているように、不利な状況に置かれた個人が環境を変えるために必要な技術を与えられて初めて、真の変化は実現できる。積み木で車をつくるといった簡単な遊びであっても、子どもは周りの世界に合わせなければいけないのだと学習する（つまり、見本の車とまったく同じ車をつくる）のではなく、世界を形つくるうえで自分が積極的な役割を担っている（つまり、自分の望み通りの車を組み立てる自由と能力がある）のだと学習する。これはまったく革新的な考え方で、より大きな変化への第1歩として、開発途上国における学習の文化を変えようとOLPCが選んだ取り組み方のベースとなっている。

## 「考えるための道具」を創る

教育理論としての構築主義は、先端技術の役割については概して批判的だ。しかしOLPCは、構築主義のアプローチを支持し、子どもの学習ニーズと開発途上国の子どもたちが置かれている個別の環境の両方に沿う形で、教育に先端技術を応用する可能性を見いだした。パパートの主張は、端的に言えば、パソコンが子どもにとって「考えるための道具」となり、本質的な問題解決能力の学習を補助できるというものだ。教育や社会の変革についてOLPCの考え方のベースになっているものと同様に、技術に対する考え方の起源もコンピュータの黎明期までさかのぼる。当時、コンピュータが人間を支援するためにどんな問題を解決すべきかについて大きな変遷があったのだ。

1940年代、部屋を埋め尽くすほど巨大な試作品の開発初期から、コンピュータは人間が複雑な（主に数学的な）問題を解けるようにしてくれるものと期待されていた。1970年代、ゼロックス社のパロアルト研究所でグラフィカルユーザーインタフェース（GUI）が開発されると、ファイルやフォルダ、ウィンドウやアイコンなどが主流となり、コンピュータは主に職場での生産性を向上させるツールとなっていった。OLPCは、インタラクティブな問題解決と創造のためのツールとしての能力を、コンピュータに持たせようと努力してきた。それが、子どもの学習ツールとしてOLPCが思い描いたXOの姿なのだ。

これまで教育に構築主義のアプローチで先端技術を活用してきた歴史を振り返ってみると、2つの点でOLPCに重要な示唆を与えてくれる事例がいくつかある。ひとつは、すべての子どもの構築主義的な学習を支援するために先端技術が応用できないか模索するもの。もうひとつは、開発途上国の貧困（そして主に地方の）村に住む子どもたちにも公平な学習の場を提供するために、先端技術をどう活用すればいいかを探るものだった。

シーモア・パパートは、1960年代には既に子どもたちの思考と学習を補助するツールとして先端技術を活用する実験をはじめていた。先駆的な研究開発企業ボルト・ベラネック・アンド・ニューマン社（BBN）とMITの仲間たちと協力し、[8]パパートは人工知能、数学、発達心理学を組み合わせ、子どものために組まれた初のプログラミング言語、Logoを開発した。[9]それを使ったロボット制御システムが「LEGO／Logo」である。今では世界中で開催されているLEGO／Logoのロボットコンテストの共同設立者であるフレッド・マーティンは、コンテストの目的をこのように説明している。「子どもを含む誰もがパソコンを使って、当時一般的だった数字や公式よりももっとなじみのあるものを操作できるようにすることだ[10]」。

パパートと共同研究者たちは、「床が低く天井が高い」プログラミング言語の開発を目標に掲げた。つまり、子どもなどの初心者でもプログラミングができるくらい簡単だが、熟練のプログラマーでも便利に使えるくらいの無限の可能性を持つ言語だ。そして彼らは成功し、Ｌｏｇｏは小中学校で一般的に使われるようになっただけでなく、大学のコンピュータ科学の授業でも使われるようになった。カリフォルニア大学バークレー校では、ブライアン・ハーヴェイ教授がもう20年以上にもわたって「Ｌｏｇｏ式コンピュータ科学」を教えている。

初期の頃、Ｌｏｇｏは「亀《タートル》」と呼ばれる単純なロボットを操作するために使われていた。ＢＢＮのポール・ウェクセルブラットが発明した最初の亀には、アーヴィングという名前がつけられていた。アーヴィングにはタッチセンサーが備わっており、前進、後退、回転ができ、体についているベルを鳴らすことができた。子どもたちはたとえば「前進　50」というコマンドを打ちこんでアーヴィングを50歩前進させたり、「右　90」と打ちこんで90度右回転させたりする。アーヴィングにはペンがついていたので、子どもたちは亀を紙の上で動かして絵を描くこともできた。[※11] アーヴィングを使って、子どもたちは楽しみながら基本的な問題解決に取り組むことを学んだ。アーヴィングは与えられた指示に対してすぐさま反応を示したので、問題（バグ）があればすぐにわかったからだ。[※12] のちには、画面上に亀の形をしたカーソルが指示を受けて動き回り、絵を描くという指示を受けると幾何学模様を描くバージョンも生まれた。

Ｌｏｇｏは、プログラミング初心者にパソコンの基礎を教えるうえでの飛躍的な大発明として広く知られており、現在に至るまでずっと使われ続けている。教育者によれば、亀の動き方と自分の体の動かし方を関連づけることで、子どもたちは幾何学の概念を理解できるようになるのだそうだ。「身体同調性」と呼ばれるこのプロセスにより、子どもたちは自分の身体について考えることで他の物体がどう動くかを理解できるようになる。[13] つまりは亀が「考えるための道具」となり、プログラミングの概念や自分の行動の結果に対する独立制御の考え方を教える効果的な方法となったのだ。[14] パパートはのちにこう語っている。「Ｌｏｇｏはひとつの文化、学習を再考する手段となった」。

組織立った学校で先端技術が構築主義的学習にもたらす可能性をテストする初期のパイロットプロジェクトのひとつは、１９８５年にマサチューセッツ州ボストンで実施された。多民族が居住するジャマイカ・プレイン地区にあるジェイムズ・Ｗ・ヘニガン小学校で、パパートが「ソフトウェアデザイナーとしての子どもたち」というプロジェクトを実施したのだ。３カ月間にわたり、子どもたちは毎週３時間から４時間を費やして自分でソフトウェアを開発する課題に取り組んだ。このプロジェクトは、プログラミングやバグ修正をすることで子どもたちは効果的に学習し、能力を伸ばし、自信を持つことができるという考え方に基づいていた。また、パパートがこのプロジェクトで気づいたのは、パソコンが学習経験を変えただけでなく、学習文化の一環としてすぐに吸収されたということだった。

子どもたちに何をしているのかと尋ねると、最初の頃は「プログラミング」とか「パソコン」と答えていたのが、じきに「ガイコツをつくってるんだ」「お話を書いてるの」など、創造していることを教えてくれるようになった。パソコンは事実上、目に見えないが必要不可欠な学習ツールとなったのだ。[15] パパートはこの実験的プロジェクトを基にして「スクール・オブ・ザ・フューチャー」を立ち上げた。これは学校の正規の学習カリキュラムにパソコンを組み込む、複数年にわたるプロジェクトだ。

パパートの初期の研究から、子どもの学習を支援することだけを目的としたコンピュータツールが生まれた。また、先端技術が子どもの高度な問題解決能力を補助できることを証明する実験にもつながった。残る問題は、あまり組織立っていない教育環境でも先端技術が応用できるかどうかだった。コンピュータは、もっと低い水準の恵まれない環境にいる子どもたちにとっても、教育の促進に有効なのだろうか？

１９９９年、パパートは普通とは違う環境で、興味深い実験をはじめた。場所はメイン州サウスポートランドのメイン青少年センター。問題を起こした少年少女を収監する刑務所だ。このプロジェクトは、やる気がなく、学業成績が悪く、非行の恐れがある若者の学びを促すうえで、構築主義のアプローチにおける先端技術の可能性を探るものだった。メディアラボのデイヴィッド・カヴァロとペパーダイン大学のゲイリー・ステージャーの協力を得て、パパートは破壊行為から盗難、殺人まで、様々な罪を犯したかどで収監された12歳から20歳までの若者２００人のうち、10人を対象にプロジェクトを実施した。プロジェクト参加者たちは裁判所により学校に通うことを命じられ、ステージャーとカヴァロがパソコン、デジタルカメラ、スキャナ、そして電子化されたレゴブロックを用意して待ち受ける教室へと送り込まれたのだ。

学習は特定のカリキュラムなしにおこなわれた。生徒たちは協力して長期課題に取り組み、レゴ製の蓄音機の開発から革新的なコンピュータゲームの開発まで、多種多様な成果物を生み出した。のちにステージャーが語ったところによると、このプロジェクトは8つの「大きな目的」を基盤としていた。たとえば、実践による学びへ注力すること。構築材料と学習ツールとして先端技術を活用すること。あらかじめ設定された目標を達成するためではなく、学ぶために学習すること。ひとつの作業を完成させるために必要な時間を費やすこと。教師と生徒の間に公平な学びの場を設けること、などだ。そのなかで一番大事なのが、「難しい遊び（ハードファン）」だったかもしれない。[※16] 自分に自信が持てず、非行歴があって成績も悪い生徒にとって、難しい課題をやりとおし、失敗を認めてそこから学ぶ姿勢を身につけるというのはきわめて重要なことだった。生徒たちはただ先端技術を身につけるだけではなく、自分が社会にプラスの貢献ができることを理解するようになったのだ。

メイン州は、地域全体ですべての子どもたちがパソコンを使えるようにすることで学習の文化を変革する可能性を模索する、初期の取り組みの実施場所でもあった。OLPCの学習責任者アントーニオ・バットロいわく、学習の文化を変えることは街を伝染病から守るために予防接種をする行為に似ている。10人に1人の子どもにだけ予防接種をしても、効果は期待できないのだ。2002年、当時のメイン州知事アンガス・キングは、パパートに協力した結果、生徒たちにパソコンを広めるなら「1人1台」でなければ意味がないと確信するに至った。その確信から生まれたのが「メイン州学習技術プロジェクト」だ。州議会で承認され、4100万ドルが投じられたこのプロジェクトでは、3万人以上の7年生と8年生〔日本の中学1年生と2年生〕にアップル社のiBookが配布された。[※17]

ボストンやメインで実施されたこれらのプロジェクトの狙いは、テクノロジーの力に秘められた、教育を変革し、能力や環境を問わずすべての子どもが同等に簡単にパソコンを使えるようにする可能性を高めることにあった。学習ツールとしてのパソコンの可能性は幅広い。パソコンによって子どもたちが「学び方を学習する」ようになるという事実は、ますます明確になりつつあるのだ。

## 教育の場を公平にする

「いくつもの既存のアイデアが新しい形で集結すると、イノベーションが生まれる」とスティーブン・ジョンソンは語る。彼はまた、ブレイクスルーは人々が探求し、交流し、批判し、協力し合うよう促されたときに生まれやすいと指摘した。[※18] OLPCの場合、パパートがデイヴィッド・カヴァロ（パパートと協力してMITの「学習の未来」グループを立ち上げた）やコンピュータの先駆者アラン・ケイと協力し、特に開発途上国の子どもたちのために先端技術をどう活用すれば教育を促進できるかというビジョンを打ち立てたのはMITメディアラボでのことだった（アラン・

ケイの業績は数多いが、なかでも特筆すべきはダイナブックの開発だ。ここからノートパソコンやタブレット、電子書籍の概念が生まれていった)。

1985年にネグロポンテとジェローム・ワイズナー(ジョン・F・ケネディ大統領の科学顧問であり、1971年から1980年までMITの学長も務めた)が設立したメディアラボのミッションは、「現代の制約にとらわれることなく、人類の幸福のために新たなメディアを発明し、独創的に活用する」ことだ。メディアラボの研究員たちは何十年もかけ、パソコンが子どもの学習を促進する強力なツールになり得ることを実証してきた。場合によっては(特に、と言うべきか)正規の教育制度が欠如しており、子どもの基礎能力や意欲が停滞している状況でも、パソコンの活用は有効なのだ。この考えをもとに、メディアラボでは最も厳しい環境、すなわち開発途上国の貧しい地方において構築主義のアプローチで先端技術を活用して効果を測る実験がおこなわれてきた。

開発途上国の小学校にパソコンを教育ツールとして活用する実験の先駆けとなったのは、1982年にフランス政府が出資したパリでのパイロットプロジェクトだった。高名なフランス人ジャーナリストで政治家のジャン=ジャック・セルヴァン=シュレベールは著書『世界の挑戦』(磯村尚徳訳、小学館、1980年)に著した着想をもとに、フランス国内のIT技術を促進するべく「パーソナルコンピュータと人間開発の国際センター」を創立した。

セルヴァン=シュレベールは、西アフリカのセネガルでパイロットプロジェクトを実施するにあたって、パパートとネグロポンテを指名した。このプロジェクトは地方の子どもたちが学習目的で直接パソコンに触れる能力を見るためのもので、地方の農村の子どもたちにはLogoプログラムを搭載した最も古いタイプのパソコン、アップルⅡが支給された。パパートとネグロポンテが活動していた村で使われていた現地語のウォロフ語には定まった文字がなく、文書はアラビア語やラテン語、現地語と公用語の混成語で書かれていた。パパートはLogoに適したウォロフの書き文字を開発し、子どもたちが使えるよう、LogoのウォロフS語バージョンを構築した。この厄介な問題を乗り越え、パイロットプロジェクトは成功を収めた。子どもたちは、高度な問題解決に取り組めるようになったのだ。その後パキスタンやタイ、コロンビアなどの各国で実施されたパイロットプロジェクトでも、同様の成果が得られた（コロンビアのパイロットプロジェクト立ち上げ時に大きな役割を果たしたロドリゴ・アルボレダは、のちにOLPC協会の代表となった）。

1990年代になると、MITメディアラボはコスタリカで初期のMSPE（複数のステークホルダーによる教育パートナーシップ）に携わり、政府と民間部門、市民社会、学術機関を集結させて教育の質を高め機会を広げる活動を実験的におこなった。オマール・デンゴ基金[※19]がとりまとめている活動の主な焦点は、極端な僻地や交通の便が悪い地域の小さな町や村を含め、国中の学校で先端技術を活用することで教育を改善する、というものだった。この活動により、総人口460万人のコスタリカで、現在までに150万人以上が恩恵を受けたと推定されている（のちにOLPCの学習ディレクターとなったクラウディア・ウレアが、そのとき1人1台のパソコンに関する調査を実施したのも、コスタリカの田舎町だった)。

メディアラボは、2000年に「デジタル・ネーションズ・コンソーシアム」を創立した。これは世界中の恵まれない人々、とりわけ開発途上国の子どもたちに「デジタル革命」の恩恵を届けることを目的とした組織だ。デジタル・ネーションズはテクノロジーによって教育を改善し、貧困を削減し、医療を向上させ、地域開発を支援することを目指している。[※20]

国際センター、オマール・デンゴ基金、デジタル・ネーションズなどの組織によって実施されたプロジェクトをまとめて見ると、構築主義と先端技術には、子ども1人ひとりの学習を変革する以上の可能性があることがわかる。ごく最近まで、人間開発分野においては、貧しく生まれた者は貧しいまま死ぬ可能性が高いというのが通説だった。特権階級のごくわずかな人々が政治的、社会的、経済的にすべてを支配していたため、人口の大半は存在感を示すことも能力を発揮することもできずにいたのだ。構築主義の根底にあるのは、教育と先端技術が適切に展開されれば、こうした少数独裁を倒すことができるという信念だ。より良い教育を受け、力をつけた市民には、なされるべき社会変革を起こす能力がある。それが開発途上国であればなおさらだ。そして、起業家的能力を身につけた子どもたちは、必ずしも均等な機会が得られないような状況でも耐え抜き、成功する可能性が高い。

## アイデアの誕生

アメリカなど各国でなされた数多くの実験を経て、いくつかのパターンが見えてきた。そこから5つの基本理念が生まれた。先端技術による新しい学習方法の推進のために何が必要かをまとめたのが、以下のものだ。

・**低年齢**……6歳（あるいは6歳未満）から12歳までの年少の子どもたちを対象とすることが重要である。この年齢層こそ、核となる認識能力や学習に対する姿勢が発達するからだ。この年齢の子どもにとってパソコンは、遊べるおもちゃであり教材でもある。遊びと学習の間の境界線が子どもの頭のなかで曖昧になり、「難しい遊び（ハードファン）」を乗り越えたときの見返りが大きくなるのだ。

・**子どもの主体性**……子どもは比喩的にも実質的にも、自分の学習と発達を導かなければいけない。自分専用のパソコンを持つことで、子どもは日常のなかで自由に探究や学習に取り組むようになるだろう。それによって、本物の独創性や革新的思考、問題解決能力が育まれるのだ。パソコンは日夜を問わず、子どもが好きな時に自分で使い、家族とも共有できるようにしなければならない。

・**飽和状態**……真の成功は、すべての子どもが自分専用のパソコンを持つことだ。これは一種の「デジタル飽和状態」で、コミュニティ全体の学習の文化を変革し得るものだ。コミュニティ全体が教育の重要性を認識し、子どもがあらゆる社会制度から支援されて初めて、社会変革は本当の意味で実現可能となる。[※21]

- **つながり**……誰かとアイデアを共有し、他人のアイデアに触れる能力はイノベーションに欠かせない。プロジェクトの成功のためには、1人ひとりの学習の過程で子どもたちが協力し合い、アイデアを共有できるようにしなければならない。また、コミュニティがより広い国際社会へとつながっていくことの重要性も認識する必要がある。
- **無料のオープンソース**……フリーソフトウェア業界の理想形は完全な透明性、アイデアの自由な共有、時間をかけて解決策を改善していく建設的な批判を重視することだ。この理想形が、生徒1人ひとりの学習過程と、教育プログラムの実施方法の双方に取り入れられなければならない。学習、探求、創造の境目を曖昧にすることで、人は自らの知識と未来を積極的に形づくれるようになる。

もう一つの教訓は、適切なパソコンが入手しづらいという障害が常に存在することだ。開発途上国の学習の文化を変えるには、適切なパソコンを設計・製造・配布するというトップダウンの取り組みと、パソコンがもたらす変化を最大化するためのボトムアップの取り組みとを連携させる必要がある。ネグロポンテはリークスメイでこれに気づき、それをもとにＭＩＴの協力者たちが活動を推し進めていったのだ。

２００５年1月のダボス会議で、ネグロポンテは「１００ドルＰＣ」を開発途上国の小学生に配布するというアイデアを発表した。その翌年3月、ＯＬＰＣが組織として正式に誕生し、マサチューセッツ州ケンブリッジに事務所を開設した。ＯＬＰＣの目的は「世界で最も貧しい子どもたちに教育の機会を創出し」、そして「子どもたちがお互いに、また世界と、さらには明るい未来へとつながっていけるようにする」こと。[⌘22] 言い換えれば、ＯＬＰＣは教育こそ社会的・経済的発展の主要な原動力だという認識に基づいているのだ。

発展を促進するためにＯＬＰＣが注力したのは、「頑丈で低価格、省電力でインターネット接続可能なノートパソコンに、子ども同士の協力と自己強化を伴う学習のために設計されたソフト

## 教師の役割とは？　THE ROLE OF THE TEACHER

教室で子どもの主体性を強化することに注力すると、教師の役割と重要性が軽視されるという意図しない結果が生まれる。当初、ＯＬＰＣは子どもに注力したが、有意義な形で教師を参画させることに失敗した。この失敗から学び、ＯＬＰＣは教師の参画を強化するようになった。現在、プロジェクト導入に関する議論では必然的に教師の研修について話し合われる。

ウェアを搭載したものを、子ども1人ひとりに与える」ということだった。[23] 開発途上国のすべての子どもが「考えるための道具」に触れて学習を進め、最終的には社会や経済にもっと積極的にかかわっていけるような力を身につけられるようにすることが、OLPCの目標である。

## 教訓と反省

OLPCが「子どものパソコン」をつくる可能性を世界に提示するだけでなく、やがてはXOを製造する現在のような組織へと進化してきた道のりは平坦ではなかった。次の章からは、OLPCが100ドルPCをつくるに至った経緯や選んできた道、社会事業組織としてのOLPCの誕生、学習ソフト「シュガー」の開発について触れていく。OLPCのビジョンや取り組みのなか、どんな社会起業家でも応用できると思える教訓をいくつか記してこの章の締めくくりとしたい。

**❶ビジョンは大胆に。** OLPCが掲げる大胆な宣言は無謀だと受け止めた者が多い。世間一般の意見は、OLPCが大間違いを犯しているというものだった。だが、このように遠大な目標を公に宣言したことで、OLPCはほとんどの団体が望むべくもないほどの注

目を集め、それが結果的には資金を引き寄せ、協力企業を集め、活動を支援する人々を惹きつけた。OLPCがこれほどまでに大胆でなかったら、協力企業たちは参加してくれただろうか？　おそらく参加しなかっただろう。彼らは、明確なビジョンと遠大な目標を持つプロジェクトを支援するために馳せ参じてくれた（それに伴うマスコミの注目は、彼らにとっても恩恵となった）。つまり、大胆な宣言には業界関係者がこちらの失敗を期待するという後ろ向きな動きもあるものの、結果的には前向きな動きのほうが成功に欠かせない要素となるのだ。大胆な野心と革新的なアイデアは必要不可欠だとOLPCは信じている。プロジェクトの大規模な成功に欠かせない資金、パートナーシップ、クライアントなどの活動資本を引き寄せるためには、周りとの差別化を図り、影響力の強い大胆なビジョンを描く必要があるのだ。

❷**目標は変革だけでなく、価値の創出でもある。**大胆なアイデアは市場に何かしらの影響をおよぼすかもしれないが、その価値は成果物が受益者に直接渡らなければ実現しない。プロジェクトを自分の力で最後までやり通す覚悟が必要だ。あるいは、協力企業によるチームをきちんと編成し、アイデアを実行に移せるように態勢を整えておくことが重要となる。

❸**ビジョンと現状の距離を知る。**必要なサポートを得るために何をすべきかを知るには、現状と、

未来に向けたビジョンとの間の距離を測っておくことが重要だ。一般に実現可能と思われていることが、自分の認識と一致しているかどうかを確認するのも重要だろう。ビジョンは漸進的（現在のものに段階的な改善を加えていくもの）か、それとも革新的（可能性や制約についての根本的な前提に疑問を投げかけるもの）か？　こうした要素が、出資者やパートナーからの支援を勝ちとるために必要な戦略の、大きな方向性を定めていく。革新的なアイデアは、確たる証拠を求められることが多い。その場合、最初のうちは、１人でがんばる心づもりをしておいたほうが良いだろう。

BUILDING THE $100 LAPTOP

# 2

# 100ドルのパソコンをつくる

「俺ならゆで卵50個は食えるぜ」
——映画『暴力脱獄』の主人公、「クール・ハンド・ルーク」ことルーカス・ジャクソン

2007年、ニコラス・ネグロポンテとウォルター・ベンダーは、世界銀行の教育活動を統括している人間開発ネットワーク担当副総裁ジョイ・プマピと面会した。開発途上国の教育を変えるパソコンをつくるという提案に、プマピは明らかに懐疑的だった。ボツワナで生まれ育ったプマピは、自分自身が受けてきた教育こそ、その提案内容の問題点を指摘する良い例だと思ったのだ。彼女が授業を受けていたのは屋外の木陰だった。学校にも家にも、インターネットどころか電気すら通っていなかった。そして毎日の通学では、埃っぽかったり雨で水浸しだったりする道路を延々と歩かなければならなかったのだ。子どもたちに本当の意味で恩恵をもたらすとプマピ

が考えるパソコンとは、子どもたちが暮らし、通学する厳しい環境で何年も壊れずに使い続けられるようなものでなくてはならない。だが、そのようなパソコンはまだこの世に存在しなかった。

ＯＬＰＣ誕生のきっかけとなった瞬間にひらめいたのは、この完璧なパソコン（のちにシーモア・パパートが「子どものパソコン」と呼ぶもの）の外観ではなかった。これまでにも、教育と先端技術に携わる誰もが、同様の機能を持つパソコンを求めていたのだ。そうではなく、彼がひらめいたのは、真の変革に必要な規模で流通させられるくらい低価格な子どものためのパソコンはつくれるはずだ、という信念に基づくものだった。２００５年のダボス会議で、ネグロポンテはＯＬＰＣが子どものパソコンをつくると大々的に宣言した。しかも、２００７年の第１四半期までには、開発途上国の子どもたちに配布できるよう、７００万台のパソコンを完成させるとまで言ったのだ。[※1]

そのダボスでのスピーチで、ネグロポンテはもうひとつ、同じくらい（あるいはそれ以上に）大胆な公約を述べた。ＯＬＰＣは子どものパソコンをつくるだけでなく、その価格を１台たったの１００ドルにすると言うのだ。すぐさま、この計画は「１００ドルＰＣプロジェクト」として知れ渡った。ネグロポンテの宣言は大胆に過ぎ、実現不可能だと思う者がほとんどだった。

ＯＬＰＣは、物理的にパソコンをつくるところからははじめなかった。まず手をつけたのは、テクノロジーは初等教育に革命を起こせるのだと証明することだった。子どもたちに先端技術を活用した新たなスキルを教え、本質的に、彼らの世界を変える力を身につけられるようにするのだ。次に、ＯＬＰＣは市場の興味を惹きつけ、ＩＴ企業が計画に参加したいと思うように仕向け、このイノベーションを世界規模で展開できるように働きかけた。だが、結果から言えば、ＯＬＰＣはたしかに自らパソコンを製造している。そしてその過程でいくつもの大きな困難に取り組み、解決し、将来的にこのパソコンが世界規模のソーシャルインパクトを与えられるような道筋をつけるために努力してきた。最初の難関は、子どもの目線でつくられた学習用の頑丈なパソコンを設計し、それを１００ドルという、公約どおりの手頃な価格でつくることだった。次の難関は、そのパソコンを量産し、流通させるために尽力してくれる協力企業を見つけることだった。

## 約束から実行まで

２００５年というとこの本が執筆されるほんの7年前のことだが、子どものパソコンというビジョンを実現するまでにＯＬＰＣが直面してきた困難を理解するためには、当時の先端技術がどの程度のものだったのか、そしてそれから今までの間にどれほど進歩してきたかを振り返る必要がある。

当時は、インターネットが使える安価なネットブックなど存在しなかった。パソコンはビジネス向けに設計され、主にオフィスで使われることを想定した重くて壊れやすい機械だった。ごく基本的なデスクトップパソコンの平均価格が６５０ドルだったこの当時、パソコンの平均価格は

1400ドルだった。OLPCが考える子どものパソコンに一番仕様が近かったのはパナソニックのタフブックという頑丈なパソコンで、これは耐衝撃仕様のハードドライブを搭載し、筐《きょう》体はマグネシウム製。油田や戦闘地域でも使える気密構造になっていた。ただ、値段はOLPCの目標価格の20倍もした。ユビキタスな、すなわち世界中どこでも接続できる通信手段や移動データ通信の概念はまだなかった。携帯電話はまだ今のようなスマートフォンではなかったし、アップル社のiPhoneが発売されるのはこの3年後の話だ。グーグル社のアンドロイドを搭載した最初の携帯電話が発表されるのも2008年10月の話で、携帯でのインターネット利用など夢の話だった。当時のセルラー方式の帯域幅は、今の利用者が体験している通信速度の数十分の一でしかなかったのだ。

開発途上国の子どもたちに役立つパソコンとして教育と先端技術双方の専門家たちが合意したのは、2005年の先端技術の実情とはまったく対照的に野心的な仕様だった。子どもたちに必要なのは、屋内でも屋外でも使いやすい、つまり真っ暗な家のなかでもまぶしい太陽光の下でも使えるようなパソコンだ。さらに、土砂降りの雨にもカラカラの埃まみれの気候にも耐えなければいけない。パソコンの平均寿命がせいぜい2年だった頃に、OLPCが求めたのは最低5年間は使い続けられるパソコンだった。インターネットに繋がらない場所でもデータを共有し、共同作業ができるよう、パソコン自体がネットワークを構築できなければいけない。消費電力は最小限に抑え、必要に応じて人力または太陽光で充電できることが望ましい。子どもが自分で修理でき、理想的には、その仕組みを知るために分解までできるよう、現場修理が可能でなければならない。そして、子どもや周辺の人々の危険とならないよう、バッテリーが発火したり環境に有害な廃棄物となったりしないような安全性の確保も欠かせない。

２００５年時点で市販されていたパソコンのどれひとつとして、ＯＬＰＣが提案した子どものパソコンの要件を少しでも満たすものはなかった（２０１２年現在も、すべての要件を満たすのはまだＸＯだけだ）。そのうえ、すべての子どもたちが使えるよう世界中でインターネットに接続できてさらに低価格なパソコンを提供する、というＯＬＰＣのビジョンを実現するための環境も整っていなかった。当時の業界の共通認識は、求められる仕様と約束した１００ドルという価格の両方を同時に実現できるほど、技術はまだ進歩していないというものだったのだ。ミッションを達成するには、創意工夫が必要だった。

## 革新者たち

市場にはまだ必要な技術が生まれていなかったが、１００ドルのパソコンを実現するための創意はメディアラボにもうあるはずだとネグロポンテは信じていた。あとは、その創意をビジネスや商品に転換させる方法を見つけてくれる革新的な企業を探すだけだ。１００ドルのパソコンを設計し、それを製造・流通してくれる協力企業を見つけるという二重の困難に取り組むためにＯＬＰＣが当初立てていた戦略は、明確なコンセプトと設計書を作成して、既存のパソコンメーカーに「道筋を見せる」ことだった。ＯＬＰＣでは当初、業界が仕様とその潜在能力を目の当たりにすれば、それを受け入れて量産してくれるだろうと考えていた。この戦略は、過去にメディアラボがその研究成果や革新的なアイデアを業界に紹介したときの、「産業コンソーシアム」モデルと完全に一致していたのだ。

のちにＯＬＰＣとなる組織の種が芽生えたのは２００５年初頭、１００ドルのパソコンの実体化を請け負ったＯＬＰＣ産業コンソーシアムが設立されたときだった。このコンソーシアムの目的は、パソコンの仕様を明確化し、業界関係者を招き入れ、将来的には量産と流通に携わってくれるようにする研究開発の「シンクタンク」としての役割を果たすことにあった。

コンソーシアムの初期メンバーはアドバンスト・マイクロ・デバイセズ（ＡＭＤ）、グーグル、そしてメディア王ルパート・マードックが所有する国際複合企業《コングロマリット》ニューズ・コーポレーションだった。彼らは、創立メンバーとしてＭＩＴメディアラボでパソコンを開発するプロジェクトに参加し、相当な規模の経済的・人的資源の投入を約束してくれた。

このコンソーシアムの全メンバーにはそれぞれ、プロジェクトへの参加を決めた理由と経緯があった。ＯＬＰＣが声をかけた組織の反応は二通りあって、ひとつはすぐさま参加するというもの。これはプロジェクトの主要関係者かプロジェクトのミッションそのものに個人的・感情的に共感したから、という理由が多かった。もうひとつが参加を先送りにするというもので、これはＯＬＰＣが目標に向けて勢いをつけられるかどうかを見極めるためだった。

インテルは初期の頃にOLPCのプロジェクトに関心を示したが、3カ月間にわたる内容の濃いやり取りが繰り返された結果、最終的には参加を見送った。一方、AMDのヘクトール・ルイス会長は、AMDの先端技術と工学資源をOLPCのプロジェクトに投入することを決めるまでにたったの4時間しかかけなかった。ルイスはアメリカとの国境に接するメキシコの小さな町で生まれ、教育が人や地域を変える力をその目で見てきたのだ。彼は毎日国境を越えてアメリカの

## MITメディアラボがイノベーションを輸出する方法

HOW THE MIT MEDIA LAB EXPORTS INNOVATION

メディアラボの産業コンソーシアムが優れた企業の発射台としての役割を果たしたわかりやすい例は、ウォルター・ベンダーが1992年に立ち上げた活動かもしれない。ベンダーと仲間たちは、デジタルでのニュース収集、配信、消費の新しい形の可能性を、ニュース・イン・ザ・フューチャー（NIF）コンソーシアムによって模索しはじめた。そして、NIFの活動はアマゾンのキンドルに搭載されている電子インクの技術や、グーグルニュースの前身と言えるカスタマイズされたオンラインニュースなど、数々の発明と優秀なスピンオフ企業を生んだのだ。

高校に通い、英語を勉強しはじめてからわずか3年で卒業生総代を務めるまでに成長した。ＯＬＰＣのミッションと先端技術によって世界規模で教育を変えるという約束が、ルイス個人の心に響いたのだった。

コンソーシアムの中心メンバーが集まったのち、ＯＬＰＣはメディアラボのこれまでのスポンサー名簿をあさり、パソコンの製造技術や役立ちそうな周辺支援システムを持つ、ＯＬＰＣのビジョンに合う企業を探した。たとえば、半導体メーカーのマーベルは初期に支援企業として参加し、ネットワーク技術を生かしてＷｉ－Ｆｉチップとメッシュ技術（パソコンがワイヤレスで相互接続できるようにするハードウェア）を提供してくれた。オープンソースの配布を主力事業とするレッドハットが参加したときは、当然、オペレーティングシステム（ＯＳ）の開発に携わった。静止衛星を所有するＳＥＳアストラが加わった際は、世界中で接続可能なその衛星技術をＯＬＰＣに組み込む方法を模索した。

２００６年末までには、10社の企業がコンソーシアムに参加し、経済的支援や重要な技術支援を約束していた。これでＯＬＰＣを中心としたコアグループができた。ＯＬＰＣのチームは、いよいよ実際のパソコンを開発しなければいけなくなった。単なるアイデアから具現化されたデバイスへとすぐに移行しなければ、「驚くほど（多くの人にとっては実現不可能と思えるほど）低価格ながらも強力な教育用のパソコンをつくる」とネグロポンテが宣言したときに生まれた、あの興奮と期待が冷めてしまう。

## 革新

産業コンソーシアムによって、連携しながら並行する3つの分野――工業デザイン、ハードウェア、ソフトウェア――で、100ドルPCの試作品につながるイノベーションが実現した。工業デザイン分野は、実際にパソコンを見たり使ったりするときに目に入る部分の設計に注力した。子どもに最適化されたノートパソコンをつくるという点で物理的設計は重要な部分で、既存の標準的な製品の設計から離れることを想定していた。ハードウェア分野は、パソコンの中身だけに注力した。特に、子どもが持ち運べるくらい軽いうえ、小さな筐体に収まる程度のサイズでありながら必要な機能をすべて備えたものを設計することが重要だった。それも、100ドルという価格が許す限りの原材料費でまかなわなければならないのだ。ソフトウェア分野で難しかったのは、できあがったパソコンの電源がちゃんと入って効率良く機能するだけでなく、子どもがそれを使って学習する機会を最大限に増やせるようにすることだった。

グーグルはOLPCのパソコンに関して提供できる具体的なハードウェアやソフトウェアの技術は持っていなかったが、その代わりに工業デザインで協力してくれる企業の選定を請け負ってくれた。2005年3月、グーグルは優秀な企業を探すため、コンペを開催した。課題は、子どもが使いやすく、パソコンとしても電子書籍リーダーとしても使えることをコンセプトにしたデザイン。持ち運びやすいように持ち手がついていること。別のケースが不要で、地面に落としても壊れないくらい頑丈なこと。さらに、人力発電で充電できること。数多くの応募があり、完全に的外れなデザインもいくつかあったが、与えられた条件を満たすものもたくさんあった。

なかでも話題をさらったのは、マサチューセッツ州ニュートンにある工業デザインコンサルティング会社、デザイン・コンティニュアムが提案したものだった。そのデザインコンセプトはすべての条件を満たし、デザイナーたちはOLPCの目標と、最終製品を製造する際に出てくるであろう妥協点についてもちゃんと理解していた。彼らの応募案のひとつ、「ザ・ラップ」は、5年も先のタブレットコンピュータを予感させた。モニターとマザーボード（電子回路基板）がサンドイッチ状になっており、それを包むゴムの保護シートにキーボードやその他の周辺デバイスが備わっていたのだ。また別の応募案には斬新な蝶番《ちょうつがい》がついており、スパイラル綴じのノートのように動いてパソコンがいろいろな形で使えるようになっていた。蝶番の部分はクアンタ・コンピュータが既に持っていた、傾けたりひねったりできるヒンジ技術に置き換わることになるが、デザイン・コンティニュアムがOLPCのパソコンの形と構造の誕生に大きな役割を果たしたことは間違いない。

グーグルが工業デザイン方面を進めていたのと同じ頃、AMDは省電力プロセッサの技術を活かし、ハードウェアの設計方面で中心的役割を担っていた。AMDの最初の貢献は、新しい技術を発明するよりも、既存の技術を活用するところからプロジェクトをはじめた方が良いという助言だった。AMDの幅広いプロセッサのラインナップは、子どもたちが問題なく使えるくらい処理速度の速いパソコンを予算内でつくろうと模索するＯＬＰＣチームに、多くの選択肢を与えてくれた。ＡＭＤは自社のジオードＧＸプロセッサ（実績のあるプロセッサだが既に旧式になっており、業界では需要が低くなっていた）を中心にハードウェアを設計する試作キットをＯＬＰＣチームに提供した。※2

ソフトウェア部門の副代表としてＯＬＰＣに加わった経験豊富なフリーソフトエンジニアのジム・ゲッティスが、ソフトウェア開発方面の責任者となった。彼の主な任務は、標準リナックス〔誰でも無料で入手できるオープンソースのＯＳ〕のカーネル部分〔ＯＳの核となる部分〕とＧＮＵ／リナックスのＯＳ部分〔ＧＮＵとは、すべてフリーソフトで実装されたソフトウェア環境で、リナックスと組み合わせたシステムを「ＧＮＵ／リナックス」と呼ぶ〕をもっと早く、もっと効率良く機能するよう大々的に一新し、より安価でより省電力なパソコンで使えるようにすることだった。ジオードの試作キットを使って製作された初期のパソコンをもとに、ハードウェアチームが実用可能なハードウェアをつくり出すことに成功し、ゲッティス率いるソフトウェアチームがそのハードウェアに命を吹き込む作業に取りかかった。

これらの、プロセッサとＯＳの刷新にかかわる重要な決断が下されたことで、ＯＬＰＣの最高技術責任者メアリー・ルー・ジェプセンは最初の試作品の開発へとチームを率いていくことができた。市販のモニターと既成の部品でできたこの試作品の目的は、１００ドルのパソコンが実現可能なものだという公約の裏付けとなる、現物をつくることにあった。立ち上げから10カ月で、ＯＬＰＣは世界に紹介できる試作品をつくり上げたのだ。鮮やかな緑色のノートパソコンは使用可能な試作品として、2005年11月にチュニジアのチュニスで開かれた世界情報サミット（WSIS）で世界にお披露目された。

このときの試作品は、のちにつくられるXOとは似ても似つかないものだった。中身は完全に違うものだったし、筐体のデザイン自体も、取り外せる持ち手の部分も含めて、強度や頑丈さを高める過程で変わることになる。いずれにせよ、僕たちにとってみれば、この試作品をチュニスで紹介することで、100ドルのパソコンは単なる約束から小さな緑色の機械の姿をした実際の製品へと変わりつつあった。

## つくったが……誰も来なかった

当初のビジョンでは、OLPCは一般企業に道筋を示すはずだった。小さな緑色の機械のデビューに先立つこと1年、OLPCはメーカーをどうやってコンソーシアムに引き込むか、あるいは営利目的でも100ドルのパソコンを製造してくれるようにどうやって説得するかを考えていた。

このアプローチは、IT製造分野の動機や市場の常識とはいくつもの重大な側面で相反していた。まず、教育関係者という立場から、OLPCは最先端（研究所における最新の構想や技術をもとに何ができるか）と業界の現状（実際に使われているプロセスや技術）とのギャップを十分に理解できていなかった。それに、予期される経済的メリットに対して民間企業がどの程度のリスクを取りたがるかも予測できず、関係各所との緊密なやりとりや連携が成功を大きく左右する市場で一企業がイノベーションを起こそうと決意したとき、どの程度の自由度が与えられるのかも予測しきれていなかった。

現実を戦術的に見れば、製造面での支援を得るためにデルやアップルのような大手企業をコンソーシアムに引き入れようという努力は実りそうになかった。大手ブランドのパソコンメーカーは、ＯＬＰＣがパソコンを配布しようと考えている地域にはしっかりとした流通システムを持た

## 名前の由来　WHAT'S IN A NAME?

あの小さな緑色のノートパソコンがどうしてＸＯと呼ばれるようになったのか、と尋ねられることがよくある。試作品を設計する過程で、デザイン会社フューズ・プロジェクトのイヴ・ベアールはパソコンのデザイン画のなかに、子どもを表現するためにＸとＯを図柄として描きこんだ。ＸＯが「キスとハグ」を意味することもあって、ネグロポンテはこの図柄を大いに気に入った。ベアールの会社はＯＬＰＣのデザイン協力企業として選ばれ、ＸＯはパソコンのシンボルになると同時に名前にもなったのだ。

ず、たいした売上もなかった。OLPCが開発途上国に注力しようと考えたまさにその同じ理由で、彼らは注力しないことを選択していたのだ。開発途上国に暮らす人の大半がパソコンを買うだけの財力を持たず、多少なりとも財力があれば国内か最寄りの先進国から輸入された中古品を、小さな再販業者から買うだけだった。当時、既存の大手ブランドのパソコンメーカーは、OLPCが目指していたような地域では商売をしていなかった。そして、OLPCを支援するためにも、いずれは他のパソコンに対して伸びるかもしれない需要のためにも、販売・流通・サポートシステムを開発する労力を費やしたがらなかったのだ。

大手ブランドのパソコンメーカーで、実際に自社のパソコンを自社で製造している企業は、実は存在しない。そうした企業には優秀なデザイナーやエンジニアが揃っているが、パソコンを実際に製造するとなると皆、製造工程を中国や台湾にある相手先ブランド設計製造（ODM）業者に外注するのだ。大手のパソコンメーカーを協力企業にしたいと努力を続けたものの、OLPCは2005年の終わり頃にはもっと斬新なアプローチでなければ、パソコンの製造と配布は実現できないと認識するようになっていた。従来型の産業コンソーシアムをイノベーションの出発点として活用しようとしたのだが、理解を示してくれるメーカーがまったく現れなかったのだ。OLPCのビジョンを世界規模で実現するには、コンセプトを設計して証明するだけでなくもっと積極的に動かなければならないところまで、OLPCは来ていた。

先端技術を活用して開発途上国の教育を変革するという大局的なビジョンは変わらなかったが、

そのビジョンを実現するうえでのOLPCの役割は変わりはじめていた。100ドルのパソコンを実現するには、少なくとも短期的にはメーカーとしての役割を担い、生産の上流で製品の設計と製造を自分たちでおこなうことを考えなければならない。さらに、パソコンが提携各国で配布された後のために、生産終了後の下流では営業、マーケティング、流通、サポートも整備しなければならない。つまり、OLPCは社会変革のひとつの要因から、ミッションを達成するために直接行動する実行者へと進化するのだ。

こうした変化にあたって、まずはOLPCがMITから独立した組織になる必要があった。メディアラボにはイノベーションを実現するために業界団体と協力してきた歴史があるが、大学は研究と商業化との間には明確な境界線を引いている。しかし、OLPCはその境界線を曖昧にしなければならなくなった。そのためMITは、OLPCのプロジェクトに取り組んでいるメンバーと大学、そして大口の寄付をしている企業との間に利害の対立が生まれることに、当然ながら困惑していたのだ。大学側はOLPCが「メディアラボの地下室でパソコンを製造」するようなことはしてほしくない、と言い、すみやかに独立組織になるようにと促した。MITからの独立は社会を変えるというミッションから一時的にそれるものだったが、プロセス自体はスムーズだった。経済面から言うと、この変化はむしろ有利に働いた。OLPCは諸経費を自ら負担しなければならなくなったものの、寄付金の65％を必ず施設経費に割り振らなければならないというMITの条件からは解放されたからだ。

ＯＬＰＣを独立組織としてスピンアウトせざるを得なくなったとき、最初に生じた問題は、組織を営利目的にするか非営利目的にするかだった。ＯＬＰＣは急速なイノベーション、規模、費用対効果を促進するという民間企業の力を認識してはいたが、ミッションを重視する組織が支持者や協力企業を引き寄せる力も過小評価することはできなかった。

ネグロポンテは、「非営利は絶対に譲れない」と決意した。当時を思い返し、彼はこう語った。「誰もが非営利はやめろと言ったが、みんな間違っていた[※3]」。ネグロポンテが非営利を選んだのには、二つの理由がある。まず、目的の明確さだ。「どの国の元首でも、幹部とでも好きな時に会えるのは、私がパソコンを売りつけようとしていないからだ」。たとえば、チュニスで国連事務総長コフィ・アナンがＯＬＰＣのパソコンを紹介したのは、ＯＬＰＣが非営利で、国連と提携することができたからだ。もうひとつが、優秀な人材や協力企業を集めることができるという理由だ。２００６年のＴＥＤでネグロポンテはこう説明している。「ミッションに共感してくれる人たちが集まってくれる。しかも、最高の人材が」。非営利という立場ゆえに、ＯＬＰＣは世界各地の開発途上国で国家元首や教育省大臣と容易に対話することができたのだ。

２００６年初頭、ＯＬＰＣは活動を教育目的のみに限定する、独立した「５０１（ｃ）（４）」（アメリカで非課税となる非営利組織で、社会福祉の促進を目的とする団体に割り当てられる内国歳入法の項目）組織として新たに誕生した。５０１（ｃ）（４）を選択したことで、ＯＬＰＣは実質的に営利組織のように活動する側面もありつつ、金銭ではなく社会へのインパクトに利益を見出す団体という中間の道を進むことができるようになった。つまり、ＯＬＰ

Cは理論上は営利組織、非営利組織、政府組織とも協力し、教育に変革を起こせるエコシステムを創り上げられるようになるのだ。

## 自力で進む

スピンアウトが完了したことでOLPCは、たった1台のプロトタイプから何百万台も量産してくれる協力企業を探す準備ができた。2005年12月、クアンタ・コンピュータがODM生産に名乗りを上げた。クアンタを含むいくつかのODM事業者が設計・製造するパソコンはやがてデル、IBM、アップル、ヒューレット・パッカード、ゲートウェイ、ソニーといったブランド名をつけて販売される。クアンタは、それらのなかでも最大手だ。あなたが持っているパソコンも、クアンタが製造している可能性がかなり高い。

パソコンを可能な限り低価格で製造する方法を知っている企業があるとすれば、クアンタのような台湾のODM事業者がまさにそれだ。クアンタは、OLPCのコンソーシアムに参加しないかという呼びかけを既に二度も辞退していた。だが、チュニスで試作品が紹介されてから数週間もしないうちに、CEOバリー・ラムがOLPCのビジョンの実現可能性を確信し、パートナーシップに合意したのだ。OLPCの理事会に参加するクアンタの代表者兼プロジェクト・マネージャーには、ダンディ・スーが任命された。

クアンタとのパートナーシップは、プロジェクトにとって天からの恵みだった。OLPCが持っていた試作品と製品特性の一覧表を量産型のパソコンとして製品化するために、クアンタは自社のエンジニアリングや製造の技術を活用した。つまり、OLPCは世界トップクラスのODMの専門技術が利用できるようになったのだ。

OLPCはすぐさま、互恵的パートナーシップを構築した。製造に関してこちらはすばらしい助言や技術サポートが受けられたし、クアンタはOLPCの人材の豊かな才能を活用できたのだ。また、クアンタは、最終版の製品デザインの所有権を持ち、自社のレファレンス・ライブラリに登録するという合意を取りつけた。つまり、クアンタはこのプロジェクトの革新的技術をすべて自由に活用し、自社で製造するどのパソコンにも組み入れることができる。知的財産や企業秘密を共有するというOLPCのオープンさは、メディアラボでの産業コンソーシアムの経験から来ている。これこそが、クアンタがOLPCのパソコン開発に投入する多額の資金を回収できるという確信のもとだ。OLPC側からすれば、パソコンの価格を下げる要素はなんでもOLPCのミッションに沿うものだから、文句はなかった。

クアンタは、すぐさまチームにとって有意義な活動を開始した。まず、チュニスで発表した試作品を評価し、現実的な製品にするための提案をした。重点は、常にコスト管理に置かれた。コストを意識した製造手法と、必要に応じて可能な時は既存の解決策と合わせ、クアンタはノートパソコンが実際に100ドルでつくれるだろうという自信を与えてくれた。

ＯＬＰＣの革新的な活動のほぼすべてに言えることだが、営利目的の製造と製品主導型の社会事業との溝を埋めるのは、思っていたよりも難しいものだった。当時、ＯＬＰＣはメーカーと協力して仕事をした経験がほとんどなかったのだ。クアンタには、既成の部品を従来の方法で組み立てるのではなくカスタム設計をしてほしいと依頼したうえ、まだ完全にはできあがっていないユーザーインタフェースで動くパソコンをつくってほしいと頼んでいた。このため、ハードウェアのテストも最適化も、かなり難しい作業だった。

ＯＬＰＣとパートナーシップを結んですぐに、ＯＬＰＣがそれまでに仕事をしてきたどのクライアントとも違うことにクアンタは気づいた。その結果、試作品から先への進展は、通常であれば3カ月程度のところが2年もかかることになった。

100ドルのパソコンを製造ラインに乗せるまでにこれだけ時間がかかったのは、ハードウェアとソフトウェアの設計目標が常に変化していたという問題もある。通常のハードウェア開発では、パソコンはマイクロソフトのウィンドウズXPのような、既にできあがったＯＳで機能するように設計される。その場合、ＯＳとＡＰＩ（アプリケーション・プログラミング・インタフェース。プログラム同士がお互いに通信するための法則や言語）がしっかりと構築されているため、新作のパソコンはその特定のシステムで機能するようにつくられ、テストされるのだ（クアンタはＧＮＵ／リナックスでの経験が比較的浅かった）。ＯＬＰＣの場合、ハードウェアもソフトウェアもまだ流動的だった。ときにはソフトウェアチームがハードウェアに合わせて微調整をしなければいけなかったし、ソフトウェアチームの特定したニーズに合わせてハードウェアを修正しなければならないこともあった。「このためにプロセスは時間がかかる複雑なものになりました」とダンディ・スーは語る。「ある程度の前提を基に設計を進めるのですが、後でソフトウェアが届くと、ハードウェアの方を変更しなければならなかったりしたのです[※4]」。

今にして思えば、クアンタがOLPCとのパートナーシップに合意したとき、これだけの苦労を想定していなかったことは明らかだ。予想以上に大変なプロジェクトに参加してしまったかもしれないが、クアンタも、OLPCのプロジェクトを支援することで直接的な恩恵を受けている。OLPCのパソコンを設計する過程で生まれた技術は、最終的にはクアンタのレファレンス・ライブラリに登録され、クアンタはこれを足掛かりにして既存のクライアントに小型で省電力の、低価格なネットブックコンピュータを提案できるようになったのだから。

製造を引き受けてくれる協力企業が見つかって、OLPCのコンソーシアムは100ドルのノートパソコンを量産する能力を持つ組織へと変化を成し遂げた。チュニスで試作品が紹介されてわずか4カ月後の2006年2月、ネグロポンテはTEDで舞台に立ち、OLPCの活動についてのスピーチをおこなった。このとき彼は開発途上国の子どもたちのニーズに応えられるパソコンを1台135ドルという価格で製造することに成功したと公表し、製造準備に入っているモデルのデザインを紹介した。誰もが不可能だと考えていた、理想の機能と低価格の両立を実現するであろうモデルだ。

## 悪魔は細部に宿る

試作品から最終的な製品へ移行するまでに、いくつもの妥協をしてきた。そこには、理想に適していながら、約束の100ドルに近いコストで量産できるパソコンの製造のカギとなった設計上の大きな課題が3つあった。

子どもたちが室内でも直射日光の下でもパソコンを使えるようにするには、従来とはまったく違うモニター画面を要することはわかっていた。同様に、安定した電力供給が見込めない地域でも使えるよう、極めて低い消費電力という目標も常に最優先に掲げられていた。最終版ではそれがすべて現実のものにできなければいけない。そして、まったく同型のパソコンが何百万台と世界に配布されるということは、パソコンをウイルスや悪質ソフトから守らなければならないし、珍しい高価なパソコン目当ての盗難に遭わないように子どもたちの安全確保も必要だ。パソコンを製造する過程では、まったく新しい技術の開発と、既存のプロセスや技術の統合が同時におこなわれた。その結果、子どもの学習のために最適化された、他に類のないパソコンが生まれたのだ。

## 新しいモニターの開発

インテルで有機LEDの開発に携わっていたメアリー・ルー・ジェプセンは2005年、ディスプレイ研究の師匠スティーヴ・ベントンの死去によって空いた職を引き継ぐかどうか検討するためにMITを訪れた。その際にジェプセンはネグロポンテと出会い、これが彼女にとってもOLPCにとっても重大な分岐点となった。ジェプセンがわずか数時間のうちに説明したアイデアは、従来のLCD[※5]ディスプレイが持つ高い省電力機能と、電子ペーパーディスプレイが持つ屋外での可読性を兼ね備えた、100ドルPC用の「デュアルモード」モニターの開発に関するものだった。ジェプセンは、世界を変えるというソーシャル・ミッションのもとで、彼女自身のモニターを設計・製造する、またとないチャンスをOLPCが与えてくれるということに気づいた。それは抗いがたい誘惑だった。こうして2006年1月、ジェプセンは正式に最高技術責任者としてOLPCチームに加わったのだった。

ジェプセンが考案したディスプレイは、フルモーション〔1秒当たりに処理される映像がテレビと同等以上であること〕のカラーモニターとしても、省電力な電子書籍リーダーとしても機能するものだった。これなら、子どもはどんな明るさのなかでも画面を見ることができ、デザイン次第では、家庭で電力が得られない子どものために省電力モードも可能になるかもしれない。ただ、問題は、このデザインを製品にしてくれる協力企業を見つけることだった。市場機会がまだはっきりとしないうちにモニターをひとつだけつくるというのは、製造業界では通用しないやり方だった。標準モデルよりも先へと視野を広げられる協力企業が必要だったのだ。

ジェプセンは、洞察力に富むその協力企業として、奇美《チーメイ》を見いだした。奇美実業は、かなりの規模と多様性を誇る台湾の複合企業だ。世界最大のパイナップルケーキメーカーであると同時に、世界第二位の液晶ディスプレイ（LCD）メーカーでもある。LCDは、現在ほとんどの薄型テレビやパソコンモニター、携帯電話、ゲーム機で使われているディスプレイだ。奇美実業の創立者であり会長の許文龍《シュー・ウェンロン》は、貧困から立身出世してこの大規模な世界的企業を育て上げ、台湾では有名な慈善家となった。OLPCのミッションが許の心に深く響き、デュアルモード・ディス

## ネットブック市場を立ち上げる　LAUNCHING THE NETBOOK MARKET

OLPCのパソコン「XO」は、「ネットブック」という新たなジャンルで初めてのコンピュータとなった。ネットブックが市場に出回るようになったのは2008年、電話業界がブロードバンドサービスを展開するためのキャンペーンで大々的に売り出してからだった。このジャンルの成長はOLPCのミッションとも市場とも連動しているわけではないが、業界全体に勇気とやる気を与えたことは間違いない。

プレイの製造で提携するという対話をはじめてから1カ月もしないうちに、ジェプセンとネグロポンテは正式な契約を結ぶために台湾を再訪していた。奇美もまた、社会奉仕と経済的見返りの可能性という両方の動機から仲間に加わった協力企業のひとつなのだ。

奇美は、OLPCの理事会で自社を代表する人物としてスコット・ソンを指名した。ソンはプロジェクトの虜になり、ジェプセンの発明を設計から製造へと移すために休みなく働いた。あまりに働きすぎるので、批判されたほどだった。だがその努力の結果、省電力で、明るいところでも非常に見やすく、従来のモニターよりも目に優しいLCDが生まれた。2008年、3年間の活動を経てジェプセンはOLPCを離れ、省電力のパソコンモニター製造技術に特化した営利目的のIT企業、ピクセルQiをカリフォルニア州サン・ブルーノに立ち上げた。

## 強力な省電力パソコンをつくる

立ち上げ当初から、OLPCは消費電力がきわめて少ないパソコンをつくることに注力してきた。消費電力が少なければより長く使うことができ、送電線に頼らずに人力や太陽光で充電するようにもできるかもしれない。また、バッテリーも小さくできるので、パソコン自体のコストとサイズも小さくできる。消費電力が少なければ発する熱量も少なくなるので冷却ファンが必要なく、埃や湿気が侵入する開口部もなくてすむ（携帯型パソコンが「ラップトップ《ラップトップ》」よりも「ノートパソコン」と呼ばれることが多いのは、実際に膝の上で使うと熱すぎて危険だからだ）。しかし、消費電力を抑えるのは厄介な問題だ。場合によっては、電力が消費されるのは特定の部品が大量に電気を必要としているからで、パソコン内部の部品が効率良く作用し合っていない場合もあるからだ。

ここで直面した消費電力問題は、現実的には3つの異なる問題だった。

(1) CPUとジェプセンのディスプレイとの間のタイミングがうまく合わない。

(2) 電子書籍モードで、数分ごとにページをめくるだけなのに画面を再読み込みするのにかなりの電力を無駄に消費してしまう。

(3) スリープモードに入るべきところ、パソコンがずっとアイドリング状態になっている。

独学でエンジニアリングを勉強し、携帯型パソコン設計の先駆者として20年以上の経験を持つマーク・フォスターを2006年1月にチームに迎え、OLPCは省電力パソコンを設計するためのカギを探しはじめた。

フォスターがOLPCに加わったときには、パソコンの基本的な設計は既に進行中だった。だが、パソコンをコンセントにつなげないような作業環境で使うには、試作品が電力を消費しすぎることがすぐに明らかになる。フォスターの目標は非常にはっきりとしていた。バッテリーの寿命を大幅に伸ばす方法を見つけることだ。フォスターが任務の重要性をしっかりと理解するように、ネグロポンテは「ハードウェアチームがこの問題を解決できなければ、プロジェクト自体を中止にする」という脅しまで使ったのだ。

メアリー・ルー・ジェプセン、ジム・ゲッティス、そしてマーク・フォスターらの連携により、OLPCはこの問題を解決することに成功した。クアンタとも協力し、彼らはタイミング制御装置を突破口に解決策を編み出したのだ。この装置は本来なら動画再生を制御するものだが、ジェプセンが設計したモニターでは無用の物だった。チームの新たな発明であるディスプレイ制御装置《コントローラー》、略して「D－コン」は、関連し合うモニターと電力消費問題の大半を見事に解決してみせたのだった。

D－コンを搭載した成果は、目を見張るようなものだった。パソコンはジェプセンの革新的なディスプレイをフルモーションのフルカラーモニターとしても、屋外で読める電子書籍のモニターとしても機能させることができるようになったのだ。電子書籍モードでの消費電力は1時間あたり2ワット以下で、バッテリーは6時間以上もつ計算になる。D－コンはOLPCの成功に欠かせない真の革新の代表的な例だが、表舞台にはまったく出てこない。最終的に得られたのは100ドルのパソコンの消費電力だけでなく、世界中のあらゆるパソコンの消費電力を抑えることのできる、今までにないディスプレイだった。

## パソコンを守る

100ドルのパソコンの製造においてOLPCが直面したセキュリティ問題は、他のパソコンメーカーが直面するそれとはまったく異なっていた。パソコンをウイルスや悪質ソフトから守るだけでなく、利用する子どもたちを2つの危険から守らなければならない。パソコン自体が盗まれて転売されてしまう危険と、子どもがパソコンを使っている最中にソフトを破壊したり、パソコン自体を壊したりして怪我をしてしまう危険だ。

イヴァン・クリスティッチがOLPCに加わったのは2006年半ばで、OLPCはクアンタと奇美の協力を得て100ドルのパソコンの初代ベータ版をつくり上げている最中だった。クリスティッチがスカウトされたのは、配布したパソコンが子どもたちから奪われないようにする方法、パソコンを使っていて子どもたちが怪我をしないようにする方法、そして世界中の何百万人という子どもたちのパソコンがお互いに接続して情報を共有するよう設計されているため、ウイルスや悪質ソフトに感染しないようにする方法を考えるためだった。

OLPCに参加する前、クリスティッチはハーバード大学でコンピュータ科学と数学理論を勉強していたがすぐに休学し、母国クロアチアに戻って小児科病院の電子カルテの開発と構築に取り組む。その後いったん復学したが、20歳のときにOLPCに参加するために再び休学した。クリスティッチがOLPCに興味を引かれたのは、その技術的な難しさのためだった。「OLPC「OLPCに参加したときは、組織のこともミッションのことも実はよく知らなかった」と彼は白状した。彼のアンテナに引っかかったのは、XOが世界の教育を変えるという概念ではなく、ベンダーが彼に提示した3つの問いだった。

(1) 1億台のパソコンのセキュリティを確保できるか？
(2) OLPCのファイルシステムをリライトできるか？
(3) それを6歳児にでも使いこなせるものにできるか？

これほど難しく、かつ重要な問題を解決するチャンスなど、世界中どこを探しても他にはなかった。

これらの問いに答え、パソコンが必要とするあらゆるセキュリティ関連のニーズに対応するため、クリスティッチはOLPCのためにまったく新しいセキュリティシステムを開発した。彼が「ビットフロスト」と名づけたこのシステムは、4つのソフトウェアとひとつのハードウェアのルールに基づいている。

・パスワードを使わないこと。パスワードは直感的な動作ではなく、子どもとパソコンの間に壁を生じさせるし、読み書きのできない子どもであればその壁は一層高くなるからだ。
・システムがウイルスや悪質ソフトによる不正アクセスを防ぐ門番《ゲートキーパー》としての役割を果たすのではなく、すべてのソフトウェアが危険であるという前提に立ち、どのソフトウェアも権限を制限され、与えられた権限以外のことは何もできないよう、アプリケーションを制御すること。たとえば、子どもを守る手段のひとつとして、インターネットにアクセスしている間は、カメラを起動できないようにする。門番からルールの執行者としての役割の移行は実に革新的で、クリスティッチがTR35賞（『MITテクノロジー・レビュー』誌が毎年主催し、世界の優れたイノベーターに授与する賞）をわずか21歳で受賞するゆえんとなった。

・子どもに破壊されないようソフトウェアシステムを守ること。子どもはパソコンに搭載されているソフトウェアを好きなように変えられるが、何か問題が発生した際にはオリジナルが復元できるようにするのだ。何か失敗したときに、大人の許可や助けなしに自分で回復できるツールを子どもに与えることは、冒険しようという強い動機付けとなる。

・最低1カ月に1回、インターネットかUSBで有効なリース認証を受けなければパソコンが動かないようにすること。パソコンを盗んでも、動かなくなれば価値がない。盗難が報告されたパソコンには、新たな動作リース認証が下りなくなるのだ。

そして最後に、どのようなセキュリティシステムも完全ではあり得ず、いずれは必ず破綻するという前提のもと、あるハードウェアの仕様が安全装置として構築された。カメラかマイクが起動していることを示すLEDライトが備え付けられ、ユーザーに気づかれずにカメラやマイクを起動できないようにしたのだ。現在に至るまで、ビットフロストは巨大な成功を収めている。О

LPCのパソコンの盗難報告はほとんどなく、悪質ソフトやウイルスによる攻撃も報告されていない。

## XOの誕生

2007年11月、クアンタの上海工場でOLPCのパソコンの初回生産がはじまった。「XO」として売り出すこの量産型のパソコンは、少人数の主力メンバーと無数の寄付者や協力企業らの2年以上におよぶ献身的努力の結晶だった。最終的には、XOの外見は普通のノートパソコンと似たものになった。ただし子どもの手で扱いやすいように少し小さく、学習と探求を称賛する意味で通常のものよりずっと色鮮やかにできている。それでも、キーボード、バッテリー、画面がついたパソコンであることには違いなかった。

しかし、普通のノートパソコンと少ししか外見が変わらないこの機械のなかには、XOを実現させただけでなく、パソコン業界をも大きく変えた革新的な技術や発明が詰まっている。公式に語られなかったことだが、新型ディスプレイ、電力制御装置、省電力プロセッサなど、XOに使われている部品の発明や統合を通じて、OLPCは低価格パソコンに対する業界の認識を変えたのだ。

社会へのインパクトという観点から見ると、OLPCは社会福祉主導型ではなく製品主導型の社会変革を起こした先駆者だ。設計、製造、そして独自の部品製作をおこなうための緊密なパートナーシップによって、OLPCは当初のビジョンを達成するためだけに最先端のツールを生み出した。このイノベーションと発明の時期に、OLPCは事業基盤を固め、周囲にもパソコンメーカーや流通業者となれる「道筋を示す」べく、事業拡大ができるように準備していた。つまり、OLPCは社会変革を実現するテクノロジーを創造するきっかけづくりの段階から、このテクノロジーの製造と流通をおこなうという継続的な役割へと移行していったのだ。

中心メンバーの一部からすれば、単なる触媒から製品主導型の社会事業組織への進化は、ミッションの達成に向けて継続的に努力していくためには必要なことだと思えた。だが、犠牲を伴わなかったわけではない。この進化により、OLPCのミッションは大きな転換を余儀なくされた。OLPCの活動の多くが製造とその後の流通を含むようになり、ミッションの範囲が狭まってしまったのだ。OLPCは、パソコンの製造こそ変化を生むために越えるべき壁であるという認識のもと、この問題を解決することだけにミッションを凝縮させた。

パソコンを確実に製造・流通するためにOLPCが構築したパートナーシップの性質も変わってきて、成功と配布の規模が緊密に比例するようになってきた（つまり、製造・配布される台数に応じて成否が判断されるようになってきた）。規模を主要な基準とし、OLPCの目標は、パソコンが使われる国の教育文化を変革して学習を促進することから、学習を可能にする最初の一歩として大量のパソコンを製造・配布することへ移っていった。有意義なインパクトではなく規模に注力したのが、一部の初期メンバーにとってはかなり気がかりなことだった。

狭まった焦点と「技術中心」な世界の見方に対する批判に加え、OLPCが当初あれほど強気で宣言した価格のハードルを越えられなかったことに対する批判も出てきた。2006年初頭、OLPCチームは100ドルのパソコンを購入することに合意した各国政府の代表者を一堂に集めて会議を開き、そこで実用版を示した。披露されたパソコンにはOSを起動させ、学習ソフトを動かすだけの力しかなかったが、そのために必要な電力は、理論上は人力発電でもまかなえるはずで、価格は約100ドルだった。言い換えれば、最初の量産可能なモデルが、当初の約束にほぼ沿うものだったのだ。会議終了後、OLPCは各国のバイヤーから、高価でいいからもっと強力なプロセッサに切り替え、メモリも増やすようにと言われた。しかし子どもの学習ニーズを満たすという要件に合ってはいたものの、それでは100ドルのパソコンを世界に提供することが実質的に不可能になる。RAMを倍増させてプロセッサを変えると、もっと強力なパソコンはたしかにできた。だが、コストは1台200ドル近くまで跳ね上がった。

この変更は、組織内外に波及効果をもたらした。各国の関係者は喜んだし、OLPCも子どもたちにもっと強力なパソコンを届けられるかもしれないと胸を高鳴らせたが、クアンタは不満だった。設計プロセスが事実上振り出しに戻されてしまったからだ。「CPUを変えたら、まったく違うパソコンになってしまう」とダンディ・スー。[※6] 組織外では、100ドルという価格に対する人々の期待があまりに高まっていたため、その価格を守れないならプロジェクトは失敗だと考える者が多かった。

それでも2011年8月には世界中の250万人の子どもたちが、OLPCの活動がなければ手に入らなかったであろう最先端で特注のパソコンを手にしていた。OLPCは大学の研究開発コンソーシアムから、XOの世界規模での生産・流通・サポートを実現する複雑なパートナーシップを構築できる組織へと進化したのだ。その過程で、OLPCは営利企業との連携をとりまとめた。このパートナーシップは社会的なインパクトを実現させてくれると同時に、パートナーシップが魅力的で持続可能なものになるための満足できるレベルの利益を得られるという意味で、新しい形と言えるものだった。100ドルのパソコンというビジョンを実現するためにOLPCが

## 緑のパソコン　THE GREEN MACHINE

XOは、外見だけがグリーンなわけではない。低コスト、省電力、長寿命、そして現場修理可能なパソコンをつくるというOLPCの努力により、XOは世界で一番地球に優しいパソコンになったのだ。2007年、OLPCは電子機器の環境評価アセスメントシステムEPEATで、ノートパソコン部門初の「金」賞を受賞した。

追求した技術革新は、電力管理とセキュリティに対する業界全体のアプローチを見直す道を開いた。こうしたイノベーションが、ネットブック市場の誕生に大きく貢献したとする意見は多い。

ＯＬＰＣがきっかけとなって生まれた数々の発明やイノベーションとは対照的に、プロジェクトへの批判があることは興味深い。ＯＬＰＣが初期の頃に世界に向けておこなった約束は、諸刃の剣だったのだ。一方では、プロジェクトに世界中から注目が集まり、優秀な協力企業や人材を惹きつけ、プロジェクトの様々な形の後押しになった。これは、ＯＬＰＣの活動に弾みをつけ、ミッションを遂行するうえで欠かせなかった。もう一方では、様々な観点を持つ批評家たちが、当初の公約を指摘してＯＬＰＣが失敗したと決めつけやすくなるもとにもなった。何にでも言えることだが、真実はその間のどこかに存在するのだ。

## 教訓と反省

**❶「ゆで卵を50個食べられる」と言い切ったら、実行する。** この章の冒頭で紹介したのは、映画『暴力脱獄』のセリフだ。主人公のルークが1時間で50個のゆで卵を食べられると大口を叩き、実際にやってみせる羽目になる（そして、結果的には成功する）。大胆なビジョンの持つ力は否定できない、とＯＬＰＣは考えている。遠大な目標もまた重要だ。だが、約束を実行できなければ、いずれは信用を失ってしまう。ミッションに共感して集まった

リソースも、すぐに姿を消してしまうのだ。ＯＬＰＣの場合、大胆な宣言が当初は世界中のマスコミからの好意的な注目とリソースを引き寄せたが、やがて組織の評判を損ない、活動をむしろ難しくしていった。本気でできると思わないことは、約束してはいけない。

❷ **物事は大きく、そして小さくも考える。**カーレーサーでスキップ・バーバー・レーシングスクールの創立者スキップ・バーバーは、こう言っている。「車はおまえが見る方向へ進むんだから、行きたい方向をちゃんと見とくんだぞ」。実現したいものの全体像や解決したい大きな問題と、今考えている解決策の具体的な内容との間を常に意識し、それらがしっかりつながっていることを確認するべきだ。ＯＬＰＣの場合は、パソコンの細かいところに固執しすぎて、解決しようとしていた大きな問題を見失ってしまうことがあった。また、営業や展開のサポートなど、ＯＬＰＣの中核技術には含まれない経営的要素にちゃんと注意を払うことも怠ってしまった。自分がやっていて楽しいこと、得意なことに意識が集中するのは人間の本質だ。だが、そこには、変化を起こすために必要なすべての要素を整備し損ねるという危険が存在する。

❸ **人々の情熱に賭ける。**ＭＩＴメディアラボを分野横断的なイノベーションの活気あふれる苗床にした「７つの秘密」[※7]のひとつは、プロジェクトだけでなく人の情熱に賭けると

いうこだわりだった。OLPCはビジョンを実現する過程で、難題を解決するすばらしい技術チームを編成することができた。運営に多少のつまずきはあったものの、成功点については、「愛は義務より良い教師である」というアインシュタインの名言が多くを語る。正しいインスピレーションと共通の目標があれば、イノベーションと進歩は根底から力強く、そして勢いよく湧き上がってくる。既にできあがった解決策を持ってくる人々ではなく、こちらが考えてもらいたい方法で考えられる人々を見つけることが、思考と行動のブレイクスルーを生むカギとなることもあるのだ。

**❹計画を振り返る。**組織が、初日から完璧な形で立ち上がる可能性はきわめて低い。製品、市場、資金計画、組織の構造など、計画のどのような側面においても振り返りをすることが重要だ。イノベーションとはただ製品や組織のプロトタイプをつくることだけではなく、活動を省みることでもある。活動のあらゆる側面について批判的な観点から協力者や実行者たちと話し合う機会を定期的に設けることで、組織のなかに学習を組み込もう。活動を幅広い文脈で議論し、アイデアや試作品について意見交換し、改善策や代替案を提案するのだ。振り返って何度も検討することが、アイデアを前進させる手助けになる。失敗からは（成功からも）学びを得なければならないのだ。

**❺分権的なアプローチをとる。**「英知は葉にあり」という表現がある。現場の知識を軽視してはならない。組織のために活動してくれている人々それぞれに経験やアイデアがあり、ただ指示を受けるだけでなく、知識の源となることができるのだ。組織は、自分1人で何でもやらなくてすむようにデザインしたほうが良い。負担を分散させるほうが効率的なだけでなく、長期的にはより持続可能なモデルとなる。そして、他人の失敗や成功から学ぶこともできるのだ。

**❻製品主導型のソーシャルイノベーションは、普通とは違う。**製品主導型のソーシャルイノベーションは、通常の人道支援組織とは異なる困難に直面するうえ、手本にできる前例も少ないということを理解しておくこと。

ＯＬＰＣが苦い経験から学んだ教訓はたとえば、出だしの失敗や間違いを想定して予算を組むこと。運転資金と経費は見込みより高くつき、柔軟性も低くなるものであること（なので早めに収入を得られるようにする必要があるかもしれない）。はじめの頃や継続にあたってのインパクトでは、製品を供給可否がカギとなるということ。そして、製品が毎日大々的に修正できるわけではないので、テストや改良には予想よりも時間がかかる可能性があるということだ。

**❼インセンティブのバランスを取る。**大規模なことを、単独で活動するひとつの組織だけで実行できることはほとんどない。ソーシャルセクターではなおさらだ。だが、パートナーが必ずしもこちらと同じビジョンや目標を持っているとは限らない。向こうはこちらと同じようには考えないし、こちらも向こうと同じようには考えない。ビジョンや目標のずれが、途中で障害となるかもしれない。だから、パートナーの視点からも取り組む対象について見てみることだ。自分の投資に対する見返りやインパクトと、民間企業の利幅やリスク軽減の視点とをうまく調整することが必要になってくる。

# 3

FUELING LEARNING WITH SUGAR

# 砂糖《シュガー》で学習を促進する

「私たちは、子どもたちに答えを覚えさせることに集中し過ぎている。私なら、質問の仕方を教えるだろう。学習とはそういうものだからだ」

——デイヴィッド・マカルー(ピュリッツァー賞作家)

創立当初から、OLPCはノートパソコンの設計と製造だけに集中していたわけではない。子どもがそれで何をするかが肝心だということも理解していた。配布されるであろう膨大な数のパソコンに対する組織内の期待が高まり、大々的に公表されたことで世間の注目が集まるなか、エンジニアチームはパソコンがどのように学習に役立てられるべきかにも心を注いでいた。チームが繰り返し自問していた問いは、「このパソコンは受け取った子どもの学習を促進させることができるか?」そして「このプロジェクトは、開発途上国の教育文化において私たちが期待する変化を促進できるか?」だった。

2006年のTED[※1]で、ネグロポンテは500万台以上の購入が確約されない限り、OLPCは活動を開始しない、と宣言した。100ドルという値段に次いで、世界中の子どもに実際に届けられるパソコン「XO」の数は、世間がOLPCの成功を測る指標のひとつとなったのだ。1人に1台のパソコンを与えることは常にOLPCのビジョンであり続けたが、「目標数値を達成する」というプレッシャーによって、組織はパソコンの製造と配布に意識を集中させなければならなくなっていた。

ネグロポンテはOLPCが「教育プロジェクトであって、パソコンプロジェクトではない」とあらためて強調しつつも、同時に、OLPCは学習を実現するための教育ソフトウェアを提供するのではなく、その役割はパソコンの提供先の国に期待することになるだろうと語った。子どもの発達(学習という指標で測られる)の促進よりも1人1台のパソコンという目標(規模という指標で測られる)の達成を重視するという姿勢は、後にOLPCの未来を定義づける(そして組織内に亀裂を生み、やがては別々の方向へ進むことになる)二項対立だった。

「シュガー」と名付けられたノートパソコン用学習ソフトを開発した経緯は、あまり知られていない。シュガーの開発は、2005年にはじまった。当時メディアラボの所長を務めていたウォルター・ベンダーが、XOを使って子どもの学習の可能性を高めることを目的としたソフトウェア開発プロジェクトを立ち上げたのだ。シュガーの開発は、XOのハードウェア開発とほぼ並行しておこなわれた。ソフトとハードが当初は同じデザイナーとエンジニアのチームによって、限られた時間とリソースという重圧の下で同時に開発されていたのだ。

## デジタルな遊び場

「教育ソフト」と聞いて多くの人が思い浮かべるのは、子どもが学ぶべきとされる一連の知識やカリキュラムを提供するゲームや練習をするための、カラフルなインターフェースではないだろうか。1990年代に開発され、学校で主に数字を「教える」ために使われていた数字パズル「ナンバー・クランチャー」のようにインタラクティブな教育系ゲームでも、ほとんどは子どもが丸暗記した答えを回答しているだけという事実を覆い隠そうとする、ちょっと楽しい回答用紙に過ぎない。一方、シュガーの根底にあるのは、子どもと教師がただ問いに答えるためだけにパソコンを使うのではないという考えだ。真の学習につながるよう、パソコンを「考えるための道具」として使う。シュガーは従来の教育ソフトの構造を覆した。柔軟性の低いデジタル教材の代わりに、独創性を促進し、幼い子どもでもプログラミングや改良をおこなえるツールを子どもに提供するのだ。

シュガーの開発の背景には、人とパソコンとの交流に新たな構図を生み出す可能性の存在があった。パソコンの父と言われるアラン・ケイは、先端技術とは「あなたが生まれた後に発明されたものすべて」だと言ったことがある。この言葉から想起されるのは、子どもたちにはパソコンをどう使うべきかという先入観がないことだ。子どもたちは多くの大人が慣れてしまっている「ウィンドウズ方式」になじんでおらず、使っている道具にすぐ順応する。

シュガーでは、先入観にとらわれず多くのことをゼロから考え直し、既存の構図から脱却してすべてを新しくつくることができた。いくつも重なるウィンドウや右クリックと左クリックの区別、ダブルクリックといった古いやり方は捨てた。画面全体を使って実行されるアプリケーション、画面上に浮かぶメニューバー、アプリケーション間の相互運用性やデータ交換性が導入された。ソフトウェアの開発者たちは、まったく新しいレベルで創造力を発揮することができたのだ。

表面的には、シュガーは多少見た目と動かし方が違うだけに思えるかもしれない。だが、実際には他のどのソフトにもできないことができる。まず、書類を整理する「フォルダ」というよりは日記かスケッチブックのような、今までとは違う感覚の「空間」を提供する。ユーザーと情報との間に存在するすべてを取り払うのが、シュガーなのだ。ファイルもなし、デスクトップもなし、パスワードもなし。ある意味、幼稚園の教室のようだ。幼稚園で、子どもは積み木置き場とミニカー置き場、お絵描きスペースと遊び場との間を自由に行き来できる。そんな風に、シュガーでも、ひとつの行動から別の行動へ、波及効果が生まれるのだ。

## 体験しながら学ぶ

　シュガーは、子どもが自分にとって有意義な問題に取り組むことで知識を身につけられるようになることに重点を置いている。結果的に、学習は誰かが生徒に対して教えるものではなく、生徒が自らおこなうものとなる。このような学習の形では、子どもは物の名前とそれがどう使われるかをただ狭い定義のなかで知るだけでなく、その効用や限界も知ることができる。つまり、「使うことで学び、学ぶために使いたくなる」ということだ。これは何も斬新な考え方ではない。この考えの基礎は100年以上前にアメリカの教育哲学者ジョン・デューイがつくったもので、学習者の積極的な参加を重視する実験的教育と実践的学習に基づいている。[※2]

　デジタルな遊び場を生み出すという考えに沿うと、シュガーは既成のアプリケーションの集合体ではなく、「アクティビティ」の集合体だと言える。それは学習者に行動を起こすよう求める。何かをつくってみて同級生や教師、親と共有するように仕掛けるのだ。学習は実行することであるという考えを強調するため、ひとつひとつのアクティビティ名は動詞になっている。パソコンを使ったことのある人なら誰でもなじみのある標準的なアプリケーションもあるが、その名前は「書く」（ワードプロセッサ）、「インターネットを見る」（ウェブブラウザ）、「絵を描く」、「計算する」、「記録する」（マルチメディアレコーダー）、「読む」（電子書籍リーダー）、「おしゃべりする」（オンラインチャット）、「声に出す（キーボードに打ち込んだものを読み上げる音声合成機能）となっているのだ。

## 振り返りながら学ぶ

教育の専門家が口を揃えるのは、一番良い学習方法は、勉強の後に一度立ち止まって、何を学習したか？　それをどう活用できるか？　どんな疑問が湧いたか？　など、実行した内容を振り返ることだそうだ。[※3]　正しい答えを丸覚えするのではなく、自分の学びに対して良い問いが立てられるよう子どもたちを手助けすることで、自立した問題解決者となれるような批判的思考力を育てるのだ。この振り返りをしなければ学習は完結せず、完結しないシステムでは間違いを見つけて修正することも、変化に適応することもできない。

シュガーは、すべての子どもがパソコン上でおこなった活動を記録することで、学習を振り返ることを促している。すべての活動がパソコンのなかの「ジャーナル」に記録され、スクリーンショットも保存されるのだ。ひとつのアクティビティを完了すると、子どもは考えたことや振り返って思ったことを書くようにとすすめられ、それも「ジャーナル」に保存される。この記録から、子どもはポートフォリオを作成することができる。自分が何をしたか、どうやったか、そのときにどんなことを考えたかを記録するマルチメディアの物語ができあがるのだ。子どもは自分の作品のキュレーターになる。何を学んだかを「物語」として語れるようにすることは、学習の一環として振り返りを日常の行為にする簡単な方法だ。

作業を自動的に保存するという「ジャーナル」の機能をベースにすれば、ポートフォリオ作成のプロセスを簡単に教室での活動に取り入れることができる。教師や保護者、学校運営者は、子

図 3-1
シュガーの使用画面の一部。下記の URL から、デモンストレーション動画を見ることができる。

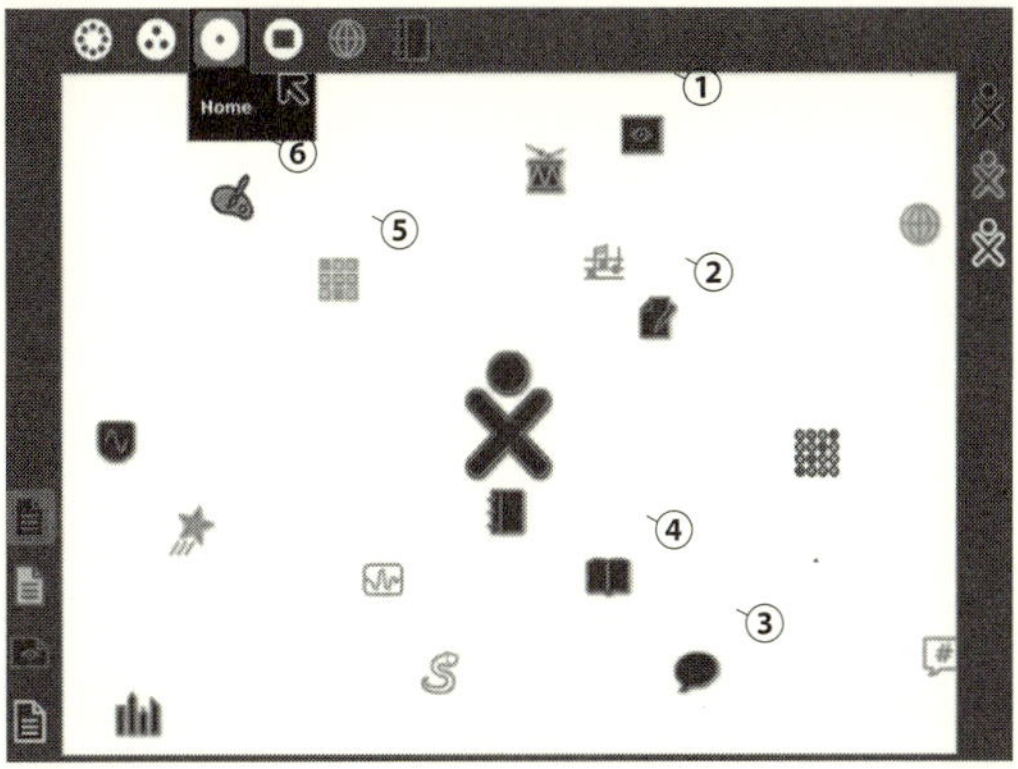


〔ホーム画面〕
①探す
②書く
③おしゃべりする
④読む
⑤計算する
⑥絵を描く

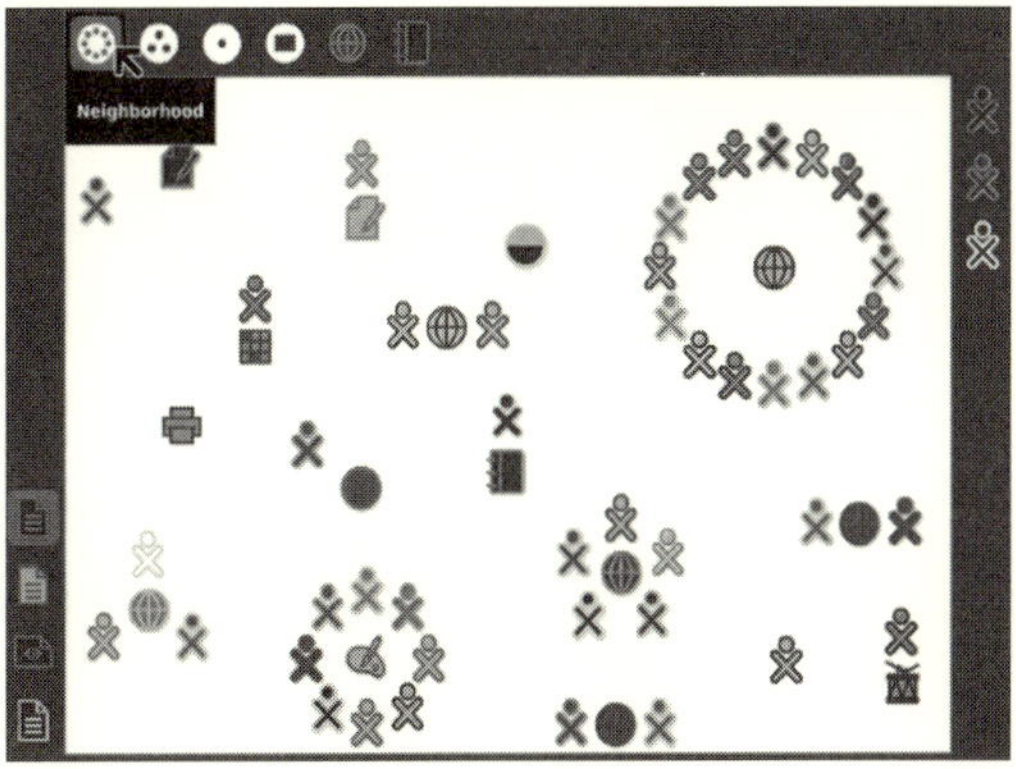


〔コミュニティ画面〕
同じネットワーク上にいる友人とアクティビティを共有し、一緒に編集したり創作する

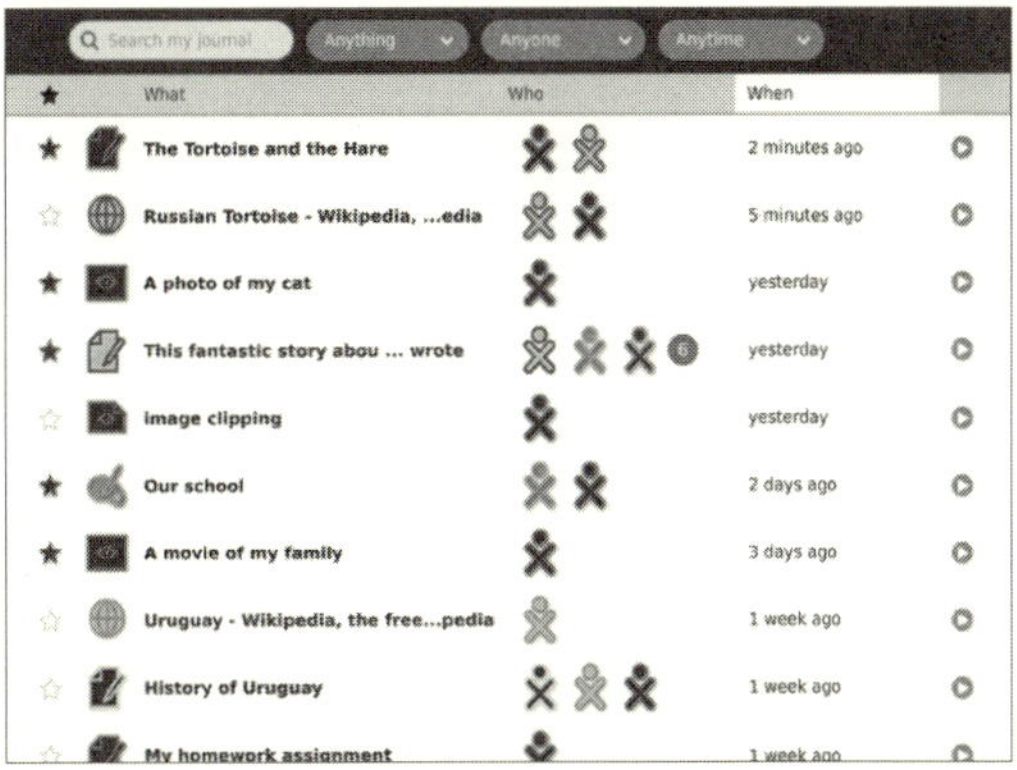


〔日記画面〕
各アクティビティや、それに取り組んだ生徒を一覧で見る

画像出典：
https://www.sugarlabs.org/assets/sugar_demo.ogg

どもがどんなことをどれくらい学んだかを、より良く理解できるようになる。[※4]「ポートフォリオ・ミーティング」では、保護者は発表会に参加し、何を学んだかについて子どもに質問することができる。担任の教師は、作業の進め方や生徒一人ひとりの成長などの項目について説明する評価スライドをポートフォリオに追加してもいいだろう。これが、学年をまたいで生徒と共に進級していく記録となる。これにより、子どもと教師は数年の間にどんなことが変わったか、どんな傾向があるか、どこに改善の余地があるかを見られるようになるのだ。

「ジャーナル」の日記機能に加えて、シュガーは子どもたちが協力し合い、情報や意見、発見を共有し、問題を一緒に解決し、一緒に創造できるようにする特別な機能も備えている。たとえば、「書く」には、1人が書いた作文や物語を友だちが編集できる機能がある。「インターネットを見る」では、興味を持ったページのブックマークを他の生徒と共有できる。「記録する」では画像をリアルタイムで共有できるし、「タートルでお絵描き」は、亀《タートル》のアイコンを同じワークスペースで一緒に動かすことができる。おもしろいのが、従来の学校ではこうした協力活動が「ずる」だと言われる場合があるということだ。だがシュガーでは、共同作業は子どもの学習に欠かせない部分であり、受け入れられるべきものなのだ。

## 複数の方法で理解する

シュガーのアクティビティは、子どもたちが新しいことを理解する際に、いろんな方法を試すように促す。これは丸暗記とは異なり、真の学習に欠かせないものだ。認知科学者マーヴィン・ミンスキーは、「何かを2つ以上の方法で理解するまでは、本当に理解したとは言えない」と言った。[※5] 事実、問題を解決するのに複数の方法があるのだと知ることで、学習者は周りの世界に対する理解が深まり、何かに取り組む際にも新しい方法を考え出せるという自信を得られる。シュガー

### ソナー装置にもなるXO　THE XO AS A SONAR DEVICE

シュガーの最初のバージョンがリリースされて間もなく、ハーバードの学生だったベン・シュワルツがOLPCの事務所にやってきて、XOを2台借りたいと言った。自分がプログラミングした、2台のパソコンの間の距離を測るというシュガーのアクティビティを実験してみたかったのだ。これは、パソコンに内蔵されているマイクとWi-Fiラジオの機能とを組み合わせ、パソコンをソナー装置のように使うというものだった。この画期的なアプリケーションは、そのものずばり「距離を測る」と名付けられていた。この発明が、予想もしなかったようなアクティビティを生みだす。たとえば、ブラジルではこれが体育の授業で使われ、生徒の平均身長を割り出したり、学校の地図を作成したりといったことができたのだ。

は、領域を超えて考えや活動を継ぎ目なくつなぎ合わせる能力を子どもに与える。創造力には欠かせない相互作用を促進するために考案された、特異なソフトウェアなのだ。

## ブラックボックスを開け放つ

これまでの40年の経験から、パソコンを使うだけでなく、プログラミングにまで子どもを取り組ませるのが学習を促進する強力な方法であることが実証された。プログラムを作成し、修理やバグ修正を行うというプロセスが、試行錯誤を通じた積極的な学習の基盤を生むのだ。[※6] Ｌｏｇｏの発明者の１人であるシンシア・ソロモンは、これを「21世紀最大の教育の機会」と呼んでいる。

シュガーには、ブラックボックスが存在しない。学習者は、何がどのようにおこなわれるかを見ることができるのだ。シュガーの「ソースを見る」という機能では、ユーザーはキーをひとつ押すだけで、実行しているどのプログラムでもソースコードを見て修正を加えることができる。何かを分解して違う形に組み立て直すことが、それを理解するカギとなるというのがその理由だ。

シュガーには、子どもがパソコンを創造のためのツールとして使えるような何種類ものプログラミング環境も備わっている。子どもが幾何学とプログラミングの概念を学びながら画像を描けるＬｏｇｏベースの「タートルでお絵描き」のような人気のプログラムから、インタラクティブな物語やゲーム、音楽や美術を創り出せるプログラミング言語「スクラッチ」、役立つアイデア（主に科学と数学）を新しい方法で教える学習ツールとして開発された、マルチメディア管理環境とビジュアルプログラミングシステムの「ｅートイ」まで、各種取り揃えられているのだ。

パソコンとソフトを使って学習するだけでなく、ソフトとハードの両方を操作して変更できる能力は、ただ試験に合格するためだけに必要な能力以上に重要なことを教えてくれる。デイヴィッド・カヴァロが現実社会の「真の問題解決者」と呼ぶ存在になれることを、子どもに気づかせるのだ。[※7] プログラムの修正に成功すると、子どもはその能力（問題を定義し、仮説を立て、テストを考え、解決策を実行する）を実生活で直面する他の問題にも適用できるという自信を得られるようになる。

## シュガーの開発

ＸＯと同様、シュガーの初期の開発のほとんどはＭＩＴメディアラボでおこなわれた。シュガーの開発がはじまったのは２００６年春で、ＸＯのデバイスドライバや電力管理ソフト、セキュリティソフトなど、その他各種ソフトの開発を担当するチームの作業と並行して進められていた。ＸＯの開発という気が遠くなるような作業を引き受けた20人に満たない組織が、まったく何もないところから完全に新しい学習プラットフォームを、しかもソフト開発にほとんど投資もせずにどうやって創り出せたのかと疑問に思う人もいるかもしれない。簡単に言ってしまえば、ＯＬＰＣが創り出したわけではない。限られた人材でシュガーを開発するという難題を解決できたのは、ゼロからすべてを創り出すのではなく、目的と測定可能な成果物を非常に明確に定義することで、外部のリソースを引き寄せられたからだ。OLPCは学習を促進するソフトウェアの開発方法に関する何十年もの研究成果を踏まえ、フリーソフトウェア開発のカギとなるパートナーシップを活用することで、限られた人材を増幅したのだ。

シュガー開発の主要な協力企業となったのは、GNU／リナックスを使ったOSの大手販売会社レッドハットと、グラフィックデザインから商品開発まで手がける国際的デザイン企業のペンタグラムによる少人数のエンジニアチームだった。シュガーの基本ソフトウェア開発の担当は、経験豊富なシステムエンジニアのクリス・ブリザード率いるレッドハットのチーム。MIT出版局の初代アートディレクターだったミュリエル・クーパーに師事したMITメディアラボの元学生リサ・シュトラウスフェルトが、インタラクションデザインと基本デザインを開発するペンタグラムのチームを率いることになった。6カ月後にはこの中心チームがシュガーの基本的枠組みをつくり上げ、教育関係者やソフトウェア開発者たちが学習用アクティビティを構築できるようになったのだった。

ブリザードとシュトラウスフェルトがチームに加わった理由は、主にOLPCのミッションに対する個人的な熱意からきている。2人とも、自分の持つ技術をプロジェクトに活用したいと思った。と同時に、教育に関してこのプロジェクトで実践したい個人的なアイデアがあったのだ。無料のオープンソースのソフトウェアに経験を持つブリザードは、その分野が持つ文化の一部を教室に持ち込みたいと思っていた。一方シュトラウスフェルトは、子どもたちがデザインに取り組みながら学習する能力を開拓したいと考えていた。教育学的見地からプロジェクトの形成を支援するチャンスは初期の関係者全員にとって強いインセンティブであり、開発開始から6年経っても大事な要因であり続けている。

ＯＬＰＣは何もかも自分たちでつくろうとする代わりに、フリーソフト業界と協力し、いくつもの既存のソフトウェアプログラムを活用した。この業界は、ユーザーがソフトウェアを自由に実行し、複製し、配布し、研究し、変更し、改善するという倫理観を持つコンピュータプログラマーの大集団によって形成されている。彼らは自分たちが作成したプログラムを、他者とオープンに共有する。業界の誰でも、プログラムを一切の許可なくそのままの形で使ったり、好きなように変更したりしていいのだ。ＯＬＰＣにとっての大きな課題は、このソフトウェア開発業界の概念のなかで、学習というミッションを見失わずに効果的に活動することだった。

ＯＬＰＣは、フリーソフト業界が連携し合う様子を観察していて、シュガーのアクティビティやアクティビティ間の流動的なインタフェースを思いついた。フリーソフト業界ではソフトウェア開発者たちがチャットし、交流し、ゲームをし、メディアを共有し、メディア制作やプログラミングに際しては公式・非公式に協力し合う。この文化に共通するシュガーの特性は、表現のツールであるという点、子どもたちが中身をつくると同時に使用するという点、協力と共同制作、助け合いに重点が置かれているという点だ。フリーソフトと同様、シュガーはすべての子どもにコミュニティの創造力となるよう働きかける。驚くべきことに、シュガーの全アクティビティの約10％は、13歳未満の子どもたちによって開発されているのだ！

主要開発チームの努力とフリーソフト業界からのボランティアの増加のおかげで、シュガーの着想から初代バージョンが完成するまでに要した時間はわずか6カ月だった。チームは、反復デザイン・アプローチを採用した。アイデアを即座にプロトタイプにし、批評をおこない、コーディングを実施するというプロセスだ。毎週これが2サイクルか3サイクルおこなわれ、基本的な枠組みについて意見が一致した。この段階まで来て、ようやく高い目標を設定できた。そのことで幅広い開発者が参加するようになった。

並行しておこなわれていたXOの開発と同様、ソフトウェア開発も、常に予期せぬ複雑な技術的問題を解決する努力の連続だった。これらの問題に取り組むため、OLPC、レッドハット、そしてペンタグラムの中心チームは隔週で直接顔を合わせて会議をおこなっていた。より幅広い開発チームは5大陸に分散していたが、同じ問題に対処する場合は時間を問わず、多言語のオンラインチャットツールで話し合っていた。まさに国際的な活動だ。開発リーダーはイタリアのミラノ郊外に、最大の開発貢献者はシベリアに住み、主要テストチームはニュージーランドのウェリントンにあるコーヒーショップで活動していたのだ。ドイツのヴンストルフに住む高校生からも、オーストラリアのメルボルンに住むエネルギー管理コンサルタントからも、ブラジルのサン・

カルロスに住む大学生からも多大な貢献が得られた。ソースコードのバージョン管理やウィキなどの近代的なソフトウェア開発ツールのおかげで、誰もが世界中どこからでも好きな時に連携できるようになった。また、シュガーを幅広い観点から試験運用し、ナイジェリアやタイ、カンボジア、ブラジルの学校で実地体験してもらってフィードバックを得ることもできた。

シュガーは、チーム内で生まれた新たな使用方法がすぐに取り込めるように設計されている。「ジャーナル」機能は、ＯＬＰＣのセキュリティモデルを開発したイヴァン・クリスティッチの

## 自分のそろばんを開発する

INVENT YOUR ABACUS

ご存知の通り、そろばんは枠のなかに並んだ玉を動かして計算をする道具だ。シュガーは、子どもが算数の概念を簡単に理解できるように、何種類ものそろばんを開発した。また、子どもたちが自分でそろばんを開発することもできる。パラグアイのカアクペでは、教師が生徒に分数の概念を理解させる方法を探していた。シュガーのそろばんアクティビティを使ってみた教師たちは、生徒が分数の足し算引き算をできるようなそろばんを開発した。シュガーはそろばんの開発を可能にしただけではない。開発しようというやる気を起こさせたのだ。

発案だ。人気のアクティビティは、パパートの長年にわたる協力者で「タートルでお絵描き」を生み出したブライアン・シルバーマンと、e－トイの学習環境を考案したアラン・ケイとビューポイントの面々などのボランティアが開発した。その他のアクティビティは個人によるもので、マルチメディアの「記録する」はエリック・ブランキンシップとバクティアル・ミハックが。ワードプロセッサの「書く」は「アビーワード」というフリーソフトをベースに、J・M・マウラーが。音楽アクティビティの「タムタム」はモントリオール大学のジャン・ピシェと教え子たちが開発。構築主義的なゲームの一部は、MITメディアラボのイディット・ハレル率いるママメディアグループが開発したものをモーガン・コレトとカルロス・ネベスが「シュガー化」した。

シュガーは、OLPCコミュニティとエンドユーザーによって補強・拡大されることを明確に意図して開発されたソフトウェアだ。こうした先例がいくつか公表されると、水門が開いたようにアクティビティが続々と流れ込んできた。毎日のように世界中のニュースで取り上げられていたOLPCには知名度の高いプロジェクトとしての利点はあったものの、成長のために必要としていた非常に高度な技術を持つソフトウェア開発業界に直接の接点があったわけではなかった。そこで、OLPCはソフトウェア開発者がたむろするフォーラムに声をかけた。フリーソフト業界において、フォーラムは主にチャットルームやオンライン会議でおこなわれる。ブリザード率いるレッドハットチームがシュガーのためにインターネットリレーチャット（IRC）回線を開設すると、すぐに100人近くのユーザーが集まってきた。ジム・ゲッティスはフリーソフト会議にかなりの時間を費やし、ボランティアを勧誘するため、特にOLPCが展開を考えている地域での会議に重点を置いた。また、MITの卒業生ネットワークや業界の友人・知人など、口コミも活用した。

シュガーは、エンドユーザーがソフトウェアそのものに貢献できるような形でも設計されている。1991年にナイジェリアの首都となったアブジャ（国を悩ませていた民族的・宗教的対立を和らげるのではという期待の下に選ばれた中立地域）の例がその代表だ。アブジャは、ベータ版のXOとシュガーの実用試験が初めておこなわれた場所だ。教師も生徒も比較的すぐにパソコンには慣れたものの、いくつかの問題に直面した。なかでも顕著だったのが、ワードプロセッサの「書く」がこの地域の学校で使われていたイグボ語（ナイジェリアで現在話されている300以上の言語のひとつ）のスペルチェック機能を備えていないという問題だった。従来のソフトウェア開発の常識で考えれば、この問題を解決するには法外なコストと多大な人員が必要となるはずだった。だが、シュガーを与えられたアブジャの子どもたちは、あっという間に答えを導き出した。イグボ語の辞書がないならと、自分たちで辞書を作成したのだ。シュガーに組み込まれたフリーソフトの哲学が、現地での使用とイノベーションを可能にした良い例だ。

着想から6カ月と経たない2006年末、シュガーは「書く」「インターネットを見る」「読む」「絵を描く」などの基本的アクティビティをすべて含む基本システムが実行できるまでになっていた。そして2009年末までには、世界中の何千人という開発者たちが貢献した何百ものシュガー向けアクティビティができあがり、開発者、教師、生徒による世界的グループが継続的にその改善に取り組むようになったのだ。

## 分かれ道

シュガーを生みだしたチームの迅速な進歩と見事な成果の一方で、ＯＬＰＣ内部ではパソコン向けの新たなユーザーインタフェースの作成に対する深刻な懸念と、開発に費用を費やすことへの抵抗が生まれていた。同時に、ＸＯの販売実績が期待を下回るようになっていた。最初の製品は２００７年11月には完成し、出荷可能になっていたが、当初５００万台の販売を見込んでいたパートナーシップがまだ実現していなかったのだ。２００８年初頭にウルグアイ、アラバマ、ペルー、メキシコから取りつけていた約束はわずか42万５０００台だった。見込みをここまで下回ってしまったことで、組織には相当のプレッシャーがかかっていた。開発費はＯＬＰＣの産業コンソーシアムの会員費から捻出していたのだが、それを計算に入れても既に赤字になってしまっていた。前倒しの支出は、展開契約によって得られるはずの資金でいずれは相殺されるだろうという期待に基づくものだったのだ。

ＯＬＰＣは販売の伸び率が思ったほど伸びなくてもパニックを起こしはしなかったが、原因の究明ははじめた。影響の一部は、ＯＬＰＣの力のおよばないところに起因していた。タイでクーデターが起こったり、パキスタンで個人的な悲劇があったりしたのだ。また、パートナーによる約束の不履行も原因だった。ナイジェリアのオルセグン・オバサンジョ大統領は、おそらくは不履行の言い訳を探していただけだが、価格が100ドルの場合にのみパソコンを購入すると言ったのだ。さらに、商業分野のライバルたちもOLPCの努力を台無しにしようと動いており、特にブラジルとアルゼンチンでその影響が大きく出ていた。それらの要因はさておき、大部分においてはOLPCのミッションが高く評価されているにもかかわらず、製品が市場のニーズにも期待にも応えきれていないことに懸念があったのは事実だ。

## ハッカーの誕生 NOW WE HAVE HACKERS!

モンテビデオの東にある小さな町に住む12歳の子どもが、まったく新しいXOのシュガー用アクティビティを6個も開発したと知ったとき、現在のウルグアイ大統領ホセ・ムヒカ（愛称「エル・ペペ」）は笑って誇らしげにこう言った。「これで、我が国にもハッカーが誕生したわけだ」。世界的なシュガー開発コミュニティに貢献したたった一人の子どもの能力が、大統領の目にはウルグアイの今後の変化と発展を予見させる兆候に映ったのだ。

ＯＬＰＣの理事会は、カスタマイズされた独自のソフトウェア―ユーザー間インタフェースに投資することが、大量のノートパソコンを出荷するというＯＬＰＣの目標を支える現実的な方法だとは納得していなかった。ソフトウェアと教育に対してより一般的な取り組み方を提案しなければ、ＯＬＰＣが教育業界に参入することはできないのではないかと懸念していたのだ。１人１台のパソコンという概念を受け入れるのが思い切った一歩だと考える政府にとって、聞いたこともないソフトウェアという不確定要素が加わるとますます決断がしにくくなる。そこへ、さらに緊張を高める要素が加わった。ＯＬＰＣとエジプトの文部大臣との会合からの報告で、ＸＯでマイクロソフトのウィンドウズが使えるかという質問が出たのだ（その時点での答えは、「使えない」だった）。そのような要望を受けて、ネグロポンテは２００８年2月のＯＬＰＣ理事会で、ウィンドウズを搭載する方向で目標を定め直すと宣言した。これを聞いた理事の多くが、安堵のため息をついた。ウィンドウズに切り替えれば展開台数が大幅に伸びるからだ。

一方、安くて軽いノートパソコン（ネットブック）に対する市場の需要も高まりつつあり、業界は勢いを増していた。その時点ではＯＬＰＣが市場の先駆者だったが、近いうちに多くの競合他社が現れることは間違いなく、そのすべてが子どもの教育を目的としたプラットフォームを開発する可能性があった。シュガー開発チームとＯＬＰＣの多くがこの疑問について考えた。「シュガーがすばらしい学習体験を提供できると信じているなら、どのパソコンでも使えるようにしたらどうだろう？」意見の相違が生まれた瞬間だった。

2008年2月の理事会を経て、OLPCとシュガー開発チームは袂を分かつことになった。その翌月、学習ソフト「シュガー」の開発と普及を続けるため、シュガー・ラボが独立の非営利組織として設立された。分裂の直後、OLPCは急速にスタッフを増員し、20人未満の正規職員が60人近くにまで増えた。だがそのうち、ユーザーインタフェースのソフト開発に積極的に取り組んでいたのはごく少数だった。ボランティアたちやシュガー開発に携わっていた数名のOLPCのエンジニアたち（シュガー・ラボの創立メンバーも数名含まれる）が活動を続けていたため、シュガー開発がその勢いを失うことはなかった。一方、ネグロポンテはウィンドウズへの切り替えによって数億台のパソコンが売れるはずだと確信していた。そしてベンダーは、OLPCの基盤がなくともシュガーには十分価値があると確信していた。経営レベルでは、別々の道を歩む暗黙の了解ができていたのだ。

シュガー・ラボとの決別後も、OLPC内部の緊張が緩和されたわけではなかった。遠大な野望や戦略に対する議論は、組織内で続いていたのだ。1年後、さらに分裂が起こり、OLPC財団とOLPC協会が別々の団体として誕生した。ネグロポンテが代表を務める財団の方は、将来を見据えた「大局」を担当。ロドリゴ・アルボレダが率いる協会の方は、パソコンの製造、学習を可能にするツールの搭載、パソコンを子どもと教師たちの手に届けるところまでを含めた現場活動を担当することになった。

ひとつのアイデアや活動の創立者たちが異なる考えを持ち、別々の道を歩むことは珍しくない。

社会事業組織でも、営利組織でも起こり得ることだ。分裂はつらいことだが、それが良い結果を生むこともある。ウィンドウズによる販売台数の倍増は結局実現せず、シュガーのユーザーの95%は今もOLPCだ。分裂から3年、方針について意見の相違がありはしたものの、OLPC財団とOLPC協会、そしてシュガー・ラボは緊密に連携しながら活動を続けている。学習の機会を促進するためにそれぞれがそれぞれの役割を果たしつつ、独立してはいるが相乗的な観点から活動しているのだ。OLPC財団は将来のハードウェア開発を推進している。OLPC協会はパソコンの製造と流通をおこなっている。そしてシュガー・ラボはそのパソコンに搭載するソフトウェアを提供している。さらに、OLPCとシュガー開発チームが協力して現地展開し、子どもたちと教師たちをサポートしているのだ。

## シュガー・ラボ（Sugar Labs）は複数形

OLPCからの独立後、シュガーを開発・維持するための新しい組織を立ち上げるプロセスは簡単だった。創立メンバーはプロジェクトに専従する開発者数名で、なかには元々OLPCの開発チームにいたメンバーも含まれていた。シュガー開発チームは、OLPCとの分裂後もほとんど人員減少がなかった。むしろ、シュガー・ラボが設立されると、新たな方向性に引き寄せられて新たな開発者たちが集まってきたほどだ。シュガー・ラボは「ソフトウェア・フリーダム・コンサーバンシー（ＳＦＣ）」という、フリーソフト関連プロジェクトの「促進、改善、開発、保護」を支援する非営利組織のメンバープロジェクトになっている。ＳＦＣはシュガー・ラボに非営利の事業基盤を提供し、プロジェクトのニーズのなかでソフトウェア開発に直接関係しない部分の面倒を見てくれる。プロジェクトをＳＦＣに移すという決断は、この組織に関係する他のフリーソフト関連プロジェクトとの連携によって人脈がつくれるかもしれないという期待によるところが大きかった。シュガー・ラボが収支ゼロで活動できたのは、パートナーシップを構築できたからに他ならないのだ。

ここで直面した本当の課題は、学習というミッション、継続的なイノベーションの実現、そして現地での意義付けと割り当てを支援する組織をどうやってつくるかだった。現地ラボの設立を支援・奨励する柔軟なモデルをつくることが重要なイノベーションだと考えていた。現地ラボはそれぞれの国や地域の考え方に合う形を取り、場合によってはシュガー・ラボ「本部」ができない営利企業としての設立も可能とする。これらのラボは元々、シュガーが現地文化に確実に溶け込むよう支援し、シュガーの継続的進化に貢献できるような窓口を現地につくるため、ＸＯが展開される国で奨励されていたものだ。シュガー・ラボの支部はウルグアイ、アルゼンチン、パラグアイ、ペルーなど、ＯＬＰＣが主に展開しているほとんどの国に設置され、コロンビアやチリなど、少数のパソコンを展開している国にも設置されている。現地のラボ会員は世界中の仲間たちと同等の立場だ。全員が国際的市場で協力し、競合し、貢献することを学ぶ。また、国レベルの展開とは直接の連携がなくとも活動でき、たとえばワシントンDCのラボは、技術的、教育的、市場的見地からシュガーを支援するようメンバーを動員している。

これらの現地ラボは、シュガーの成功を支えるうえで数々の重要な役割を果たしている。まず、現地の自治体と世界の開発者コミュニティとの間の橋渡しをすること。世界各地と現地のシュガー・ラボとが継続的に情報をやり取りすることは、双方に利益を生む。ミッションと基本理念が強化され、新しい困難に直面するたびに新しいアイデアやエネルギーが生まれるからだ。また、現地ラボはシュガーの新しいアクティビティの開発もおこなう。全体を見てみると、現地ラボはシュガーの全アクティビティのかなりの割合を開発しているのだ。

現地のグループと協力して活動する場合、2つの問題がしばしば生じる。どのようにして新しいスタッフを集めるか、どのようにスタッフの質を担保するかというものだ。シュガーの場合、募集は複数の方法でおこなわれる。OLPCが広まることで関心が集まることがまずひとつだ。現地のフリーソフト開発業者が、自社の才能を現地で活かせる場を探している場合が多いのだ。現地の大学も、学生を社会貢献活動に取り組ませる機会や、エンジニア科の学生のために成果が目に見える活動の場を探している。品質管理は、他のフリーソフト関連プロジェクトと同じようにおこなわれる。ソフトウェアは「上流」※8のメンテナー（ソフトウェアの品質を維持する担当者）に提出され、念入りな品質チェックがおこなわれる。質の高い成果物は、世界共通レベルでプロジェクトに吸収される。だが、現地開発のソフトウェアが世界展開に適しているかどうかは、最終的には展開そのものが実証することだ。シュガーは、現地レベルの貯蔵庫（地元のApp Storeのようなもの）が、世界レベルの貯蔵庫と対等な立場にあるような構造になっているのだ。

シュガーの開発は、2006年にOLPC傘下ではじまった。そして2008年に、非営利の独立組織シュガー・ラボとしてスピンアウトした。シュガーの開発からNPOや社会起業家が学べる教訓は数多い。この組織は無収入・無支出で運営しており、全くのボランティアのスタッフが数千人単位で活動に携わっている。6カ月ごとに必ずリリースされるシュガーのソフトウェアは

## シュガーとともに起業家精神を促進する

FUELING ENTREPRENEURISM WITH SUGAR

ウルグアイの「プラン・セイバル」は、OLPCを全国展開するために立ち上げられたプロジェクトだ。この活動の副産物として、新たな雇用が生まれた。設備管理から技術サポート、電力設備からネットワークインフラ、教師の研修からカリキュラム策定まで、このたったひとつの教育プロジェクトのために300以上の新たな職が創出された。それも、地元消費だけではない。「プラン・セイバル」の職員は国外でもコンサルティングをおこなっている。アゼルバイジャン西部に位置するナゴルノ・カラバフ共和国での展開計画の策定と実行の支援も、プラン・セイバルがおこなったのだ。

25カ国語以上に対応しており、毎日40カ国以上の300万人近い子どもたちに使われている。これだけでも驚くべき数字だが、ボランティア主導の非営利財団がそれを実現したということはさらなる驚きに値する。

## 教訓と反省

シュガー・ラボの経験は、OLPCとの決別も含め、社会起業家にとって教訓となる実例だ。

**❶組織の持続可能性と広範な影響との間の緊張を保つ。**社会事業組織は、社会問題とそこにもたらしたい変化に焦点を当て、インパクトを生むツールとしての組織を設立するところからはじまる。時間が経つと、最終的なインパクトと同じくらい組織の持続可能性にも注力するようになるのはよくあることだ。

OLPCの場合、当初の公約は100ドルという価格と数百万台のノートパソコンの流通だった。それは注目とリソースを集めるのには非常に効果的だったが、やがて本来の焦点だった「学習への影響」に影を落とすようになってきた。シュガーの場合、誰でも自由に使えるソフトウェアを開発するという選択が、市場におけるOLPCの戦略上の大きな優位性を損なう可能性を生んでしまった。一方、XOが展開されない多くの国に変化をもたらすというチャンスも生んだ。シュガー・ラボの誕生により、販売するパソコンの台数を最大化するところに焦点を当てたOLPC協会の狭い定義の目標は、再び学習に焦点を当てた解決策へと進化することができた。このように、持続可能な資金的基盤をつくる必要性と、システムレベルの社会的ニーズに着目し続けることとのバランスに伴う緊張は、どのような社会起業家も覚えがあるはずだ。

**❷管理と自治のバランスを取る。**世界的かつ現地レベルのネットワークを持つシュガー・ラボによるシュガーの展開は、社会起業家が活動を大規模に展開するうえでのよいモデルとなる。開発のための構造化されたプラットフォームと取り組み方を生み出すことで、シュガーは全体のミッションに貢献するような現地向けカスタマイズとイノベーションを可能にする「ガードレール」を創り出したのだ。シュガーの管理（と責任）を現地グループに引き渡したために、自己決定力と現地で活動することの妥当性が生まれた。

また、中央組織の中核的ニーズにも応える結果となった。現地のインプットと管理がなければ、シュガーが対象者のニーズに対する最新の解決策でありやがてはインパクトをもたらすということをシュガー・ラボは保証できなかったはずだ。現地レベルと世界レベルの活動の相互依存関係は、シュガーが真の進歩を達成する基盤だった。同時に、シュガー・ラボ本部への依存性が低くなり、中央組織自体の存続能力を損なう可能性まで出てくるという、興味深い緊張状態を生む結果となったのだった。

**❸ビジョンの共有は不可欠だが、ビジョンは進化するものである。**多くの社会事業組織は、少人数の友人や仲間のグループが、世界を変えるための共通のビジョンを持つところからはじまっているのではないだろうか。この共通の善意を、組織そのものが何に取り組むのか、どのように変化を生むのかという明確なビジョンに転換することはきわめて重要だ。OLPCの場合、創立者たちや他の初期メンバーの間で着眼点が大きく異なっていたことが、最終的にはシュガー・ラボのスピンアウトとOLPCの財団と協会への分裂へとつながった。

社会的ベンチャーで、ビジョンの実施について創立者間に相容れない相違点が生まれるのは珍しいことではない。だが、OLPCが実践してみせたように、異なる補完的な観点から当初の共通のビジョンに向けて協力する方法を見つけることは、分裂後でも可能なのだ。変化に適応できる、学習する組織になれるような社会事業組織をつくることが重要だ。

**❹現地でイノベーションを起こさせながら、世界的な変化を促進する。**大きな野心を抱く少

人数のチームは単独では世界を変えることができないが、変化の強力な基盤をつくることはできる。インパクトを受けた誰もがさらに伝えていきたくなるような活動を設計することが、コストを抑えながら大規模展開を実現するためには欠かせない。意図と成果を明確にすれば、まったく異なるばらばらのコミュニティが、共通の目標に向けて自ら手段を生み出せるようになる。世界規模で社会変革をはぐくもうという取り組みは、変化を促進するプロジェクトの要素の整合性を確保するような基準や成功事例を明確に示せるものであるべきだ。

同時に、現地レベルでカスタマイズをおこなう余地も残しておかなければならない。社会変革を目標とする組織の多くが、権限を中央に集約させるか、分散させるかという選択で苦労している。場合によっては、中央に集約することでイノベーションや活動の意義付けができなくなることもあるし、あるいはその管理機能が欠如しているために品質にムラができ、組織のブランドと評判を損なってしまうこともあるのだ。

PART
2

# アイデアから成果まで

FROM IDEA TO IMPACT

SELLING THE GREEN BANANA

4

# 青いバナナを売る

「私が契約なんぞ結ばないのは知っているだろう。だが、約束はしよう。私の約束は、オークの木より堅いんだぞ」

――映画『ザ・エージェント』より。

アメリカンフットボールの有望な大学生選手の父親がこの言葉と共にスポーツエージェントのジェリー・マグワイアを代理人にすると約束したが、直後にジェリーの競合相手と契約を結んだ。

2006年のTEDでのスピーチで、ネグロポンテはOLPCの大胆な野望について、譲れない一線を示した。少なくとも3大陸、5カ国からそれぞれ100万台の発注がないかぎり、生産を開始しないと言ったのだ。「パイロットプロジェクトの時期は終わった。『まずは3000台か4000台入れて様子を見てみよう』などと言う方は、列の後ろに並び直していただきたい。後ろから他の誰かがやるのを見て、うまくいくとわかってから参加していただければ結構」[※1]。そしてＯＬＰＣは、「もうすぐ完成するパソコン」を5カ国で売ることに成功した。ブラジル、アルゼンチン、ナイジェリア、リビア、タイの各国が、１００万台の最低発注量を購入すると口頭で約束したのだ。他にもベトナムのグエン・タン・ズン首相、メキシコのフェリペ・カルデロン大統領、欧州委員会の人道援助担当のルイ・ミシェルなど多くのリーダーたちが、ＯＬＰＣへの協力に関心を示していた。ＯＬＰＣは次第に知名度を上げており、教育を最優先に掲げていると支持者に印象付けたいリーダーにとって、その活動に協力することはプラスになるのだった。

世間からの注目に後押しされてはいたものの、口約束や拘束力のない覚書を、確実な強制力のある契約へと転換させる必要性が急速に高まっていた。国家元首が求める政治的価値は、ほとんどの場合、ＯＬＰＣのメンバーと一緒に写真に納まり、それが良いＰＲになれば用が足りるのだ。だがＯＬＰＣにとって、重要なのは握手ではない。学びの場を広げるため、子どもたちにノートパソコンを届けることこそが重要なのだ。

２００７年初頭、ＯＬＰＣは2つの課題を解決しなければならなかった。一番主張の強いファン（開発途上国の元首や国際組織のリーダーたち）を、代金を支払ってくれる顧客へと変えなければならないのがまずひとつ。そして同時に、多種多様な人材がごちゃまぜになっている組織を、ちゃんと機能する団体に仕上げなければならないのがもうひとつだった。要するに、販売と経営の面で2つの課題を抱えていたのだ。

販売面での主な目標は、最低でも1カ国から、実際に現金を支払ってもらうことだった。そうすれば生産ラインを動かせる。経営面では、まずは最初の大口契約を取り付け、そこから販売戦略や経営モデルを構築し、運営を拡大すると同時により高品質でより低価格なパソコンの設計に投資できるようにする必要があった。そこに含まれていた課題は、

(1)営利目的の製造協力企業のニーズとOLPCのソーシャル・ミッションをマッチさせ、それぞれが目標を達成できるようにすること
(2)開発途上国の政府に信用状を発行してくれる、信頼の置ける金融機関と資金提携を結ぶこと
(3)単なる握手で終わらない、本物の販売力を構築すること

だった。持続可能な経営モデルを構築しつつもソーシャル・ミッションに忠実であり続けるというのは、すべての社会起業家が直面する難問だ。第5章では、これらの相反する目標をすり合わせてきたOLPCの経験を語っていく。

## 大口取引、成立せず

先端技術の世界には、構想や内容はすばらしかったのに、持続可能な経営モデルとしては成立しなかったプロジェクトや製品、サービスがいくらでもある。ＯＬＰＣも、あれほどマスコミから注目を集め、すばらしいデザインを生み出し、社会的影響が認知されたにもかかわらず、失敗は免れなかった。

ＯＬＰＣは立ち上げ当初から大々的に宣伝をしてきたが、組織的な販売活動が開始されたのは２００７年後半になってからだった。それまでに多大な関心が集まり、約束や握手が交わされていたが、契約は1件たりとも交わされていなかったのだ。２００７年2月にテキサス州オースティンにあるＡＭＤで開催されたＯＬＰＣ理事会で「3大陸の5カ国から最低１００万台」という最終通達が繰り返されたときに、初めて理事からの反対意見が出てきた。理事会の終了後、デルコンピュータの元幹部社員でモトローラの役員も務めているトム・メレディスが他の理事たちに声をかけ、要件を再検討できないかと相談した。メレディスが多くの理事の意見を代弁して言ったのは、「あまりにハードルを高くしすぎると、パートナーシップを構築して販売契約をまとめる取り組みに集中できなくなってしまうのではないか」ということだった。ＯＬＰＣの理事会は大半が提携企業の代表で、ＯＬＰＣの方針を批判せず、ミッションを支持するよう慎重に構成されていた。したがって、メレディスの懸念は、当時役員会で議論されることはなかったのだ。

そして実際、メレディスの懸念は当たった。ビジネスの世界ではよくあることだが、販売ルートや受注残高は実際の売上にはつながらない。これが、ＯＬＰＣの不幸な現実となった。購入を表明した国々が、握手と共に交わした約束の履行を遅らせ、それぞれに言い訳を口にしながら手を引いていったのだ。大統領や大臣たちが、マスコミの前で大々的に公表した約束をひっそりと撤回していった。彼らの言い訳は資金不足、赤字予算、政権交代、教育の優先順位の変更など様々だった。その頃、業界の競争も激化しつつあった。競合他社たちが各国の教育省に働きかけ、間もなくリリースされる彼らの新製品を待つよう説得したのだ。彼らの製品ならもっと標準的な方法で国の教育ニーズに応えられるだけでなく、確立されたブランドというおまけもついてくる。大体、実績のある多国籍企業と商売ができるのに、なぜ立ち上がったばかりで実績もない非営利組織からパソコンを買う必要があるのか？　というわけだ。契約の締結には競合他社の存在が大きな壁となり、購入の決断が遅らせられることもしばしばだった。ＯＬＰＣの受注残高は、みるみるうちにゼロに近づいていった。

## Give One, Get One――３９９ドルのノートパソコン

２００７年後半は、ＯＬＰＣが世間からかなり好意的に見られていた時期だ。これは組織のミッションに共感してくれたメディアの力によるところが大きいが、ビジネスの観点から見れば、活動が失速して、組織としての存続すら危ぶまれる時期でもあった。そんななか生まれたのが、「ひとつを与えればひとつが手に入る（Give One, Get One）」というアイデアだった。ＯＬＰＣが立てた仮説は、アメリカの大衆はＸＯに対する関心も購入するための資金もあるはずで、こうした

人々による購入があれば開発途上国の子どもたちにパソコンを提供でき、製造も活性化できるはずだというものだった。そこで2007年に、OLPCは「2台買って1台寄付しよう（buy-two-get-one）」キャンペーンを打ち出した。399ドル出せば、アメリカ国内の誰でもXOを2台購入できる。1台は購入者に、もう1台は開発途上国の子どもに届けられるという仕組みだ。これは経済的にも理にかなった作戦だった。XOの価格は、2台分でも一般的なノートパソコン1台の

## 取らぬ狸の皮算用 COUNTING YOUR DEALS BEFORE THEY HATCH!

OLPCが一番信用していたのは、おそらくタイとの「握手」だっただろう。タイ王室が運営する学校で実施したパイロットプロジェクトではすばらしい結果が得られていたし、MITメディアラボの元博士課程の学生で、現在はチェンマイ大学で教員をしているロジャー・シピタキアットが現地での活動を調整してくれていた。さらに、タクシン元首相の支持も得て、2006年当時はプロジェクトのために手元資金を拠出してもらえることにもなっていた。だが軍事クーデターでタクシン首相がその座を追われると、タイとの約束はもはや既成事実ではなくなり、それどころか約束自体がなかったことにされてしまったのだった。

価格を大幅に下回っていたのだ。そのうえ、社会福祉目的での寄付として減税対象になるという利点もあった。これに加えて、購入者には携帯電話会社のT－モバイルからアメリカのどのWi－Fiスポットでも使える無料Wi－Fiアクセスが1年分提供された。マスコミがまだOLPCに夢中な時期だったので、「2台買って1台寄付しよう」キャンペーンのタイミングは完璧だった。マスコミの記事のおかげでマーケティングが容易になり、成功の一助となった。また、屋外広告の世界的企業ジェーシードゥコーも支援を申し出、国中に大型広告を提供してくれた。こうした宣伝活動を調整してくれたのは、広告業界では国際的大手のレースポイント・グループのラリー・ウェバー率いるチームだった。

キャンペーンが開始されたのは、2007年のクリスマスシーズン直前だった。OLPCの狙いは、何十万台も売れて発注残高が増えることだった。結果は、成功とも失敗とも言えるものだった。

キャンペーン初日、電子決済サービス「ペイパル」で記録破りの売上が出た（結果的には、合計販売額のおよそ50％がこの日に売れた）。XOには間違いなく積もり積もった需要がある。OLPCプロジェクトは本格的に動き出した。クアンタはようやく量産を開始することができた。最終的に売れたパソコンは、およそ18万台だった。つまり9万件、約3500万ドル相当の発注があったということだ。営利目的のIT企業にすれば、これは大した結果ではないかもしれない。だが非営利組織にしてみれば、わずか2カ月で18万人の子どもたちにインパクトを与えられたというのは、驚異的なことだった。

「2台買って1台寄付しよう」キャンペーンで量産を開始することができたという事実は注目に値する。このキャンペーンがOLPCに新しい命と勢いをくれたのだ。キャンペーンの展開から間もなく、それまで2年近く交渉を続けてきたペルーとウルグアイの両国に、ようやく現物のパソコンが披露された。これにより両国はOLPCと契約を結び、発注をかけても大丈夫という確

## ビジネスの可能性を模索する

EXPLOITING THE COMMERCIAL POTENTIAL OF THE LAPTOP

「2台買って1台寄付しよう」キャンペーンの成功は、開発途上国に低価格パソコンの需要があったにもかかわらず、それが満たされていなかったことを示唆している。2007年後半、OLPCの技術はその需要を満たすことを目的として開発された。ただし、組織自体には世界規模での販売と流通をおこなう能力がなかったので、デルやレノボ、ベストバイなどの企業に呼びかけた。だが結局手を結ぶことはできなかった。理由は既存の製品と競合させることへの躊躇、実績のないなかでリスクを負うことを嫌う姿勢、あるいは採算が合わないためだった。

信を持てたのだ。ウルグアイはこの時に10万台を発注した。「2台買って1台寄付しよう」キャンペーンは、OLPCが市場に参入するための「元手となる売上」をもたらした。その結果、プロジェクトはハイチやルワンダ、エチオピア、カンボジア、モンゴル、アフガニスタンでも立ち上がり、参加者の幅も大きく広がった。これで実際の製品、自信、それに各国政府に売り込みをかけられるだけの信憑性が手に入った。ビジョンを語るだけでなく、相手国の教育制度を向上させられるツールそのものについても語れるようになったのだ。

2007年当時、アメリカの経済が活発だったことも忘れてはならない。「2台買って1台寄付しよう」キャンペーンは、この好景気から多大な恩恵を受けた。1年後、OLPCはキャンペーンを拡大し、ヨーロッパへと展開することに決めた。キャッチコピーは「パソコンを寄付しよう。パソコンを手に入れよう。そして世界を変えよう」。今回もクリスマスシーズンに狙いを定め、販売期間は3カ月以上に伸ばした。キャンペーンの効果を高めるため、何カ月も前から広告やマーケティングの準備がおこなわれた。複数の広告代理店が無料で広告を提供し、多くの著名人も協力してくれた(『HEROES/ヒーローズ』で一躍有名になった日本人俳優マシ・オカ、アメリカンフットボール選手トム・ブレイディ、女優メアリー=ルイーズ・パーカー、さらにはオノ・ヨーコの合意を得て今は亡きジョン・レノンまでがCM出演している)。大口需要に備え、OLPCは大量のパソコンをあらかじめ製造しておいた。

OLPCが予期することも備えることもできなかったのが、経済情勢だった。2008年後半、リーマン・ブラザーズ、ベアー・スターンズ、AIGが相次いで破綻した。OLPCが新しいキャンペーンを立ち上げたまさにその時、大規模な金融危機が生じたのだ。これ以上最悪なタイミングはなかった。1年前なら喜んでパソコンを寄付してくれた人々が、今年は自分の仕事や年金、世界経済全体の心配をしていた。厳しい経済情勢に加え、パソコン市場に廉価のネットブックが多数投入されたこともマイナスに働いた。「2台買って1台寄付しよう」キャンペーンは、未開

### 1台当てて、1台寄付しよう　WIN ONE, GIVE ONE

2度目の「2台買って1台寄付しよう」キャンペーン活動には、あまり知られていない副産物がある。食品大手ゼネラル・ミルズの幹部社員がOLPCのキャンペーン広告を見て、「1台当てて、1台寄付しよう」というキャンペーンをゼネラル・ミルズ提供で実施することを思いついたのだ。このキャンペーンは2009年に実施され、アメリカ国内の200人以上の子どもが当選し、1人1台をアフリカの子どもに寄付した。ゼネラル・ミルズの目的は子どもたちに社会的責任感を持たせることだったので、OLPCのプロジェクトがぴったりだと考えたのだ。大々的なキャンペーンがプロジェクトを支援した上、ゼネラル・ミルズはその後も引き続き、OLPCの活動に資金提供をしてくれるようになった。

拓市場ではなく、きわめて競争の厳しい市場で展開されることになったのだった。

2度目の「2台買って1台寄付しよう」キャンペーンは大々的な宣伝を伴い(支援企業のニューズ・コーポレーションの協力でFOXネットワークで長編CMまで放送された)、初回よりもずっとうまく展開されたにもかかわらず、結果は惨憺たるものだった。販売台数は、2007年の10分の1にも満たなかったのだ。唯一の救いは、事前製造しておいた大量の在庫をペルーが買ってくれたことだった。それがなければ、手元資金を使い果たしていたOLPCは一巻の終わりだっただろう。

## 利益とミッションのバランスを取る

2006年後半、OLPCは本書の著者の一人であるチャールズ・ケインを最高財務責任者として招き入れた。目的は、イノベーション志向の活動から生産と流通志向の活動へとOLPCを変革させること。ケインは、OLPCを一握りのエンジニア集団から、ミッションを達成するために必要な財政・運営機能をすべて備えた一般的な組織へと進化させるという明確な目標と共に就任した。また、組織の長期的成長と持続可能性を支えるため、収益モデルの構築も欠かせなかった。組織の長期戦略についての議論をはじめたのも、ちょうどケインの就任と同時期だったのだ。

## 価格と経費の厳しい現実

ケインは、OLPCが組織の構造と資金以外に関しては典型的な立ち上がり方をしているのに気づいた。営利組織の立ち上げでは、成長と採算性が成功の目安となる。非営利の場合は、有意義かつ測定可能なインパクトの規模で成功が測られる。OLPCは価格と利益が（特に製造協力企業にとって）重要視される営利業界と、インパクトの規模が重要視される非営利業界との橋渡しをしようとしていた。顧客が払ってもいいと思う価格を最大限に高めた利幅で定義される市場を、量で定義される市場へと転換しようとしていたのだ。その結果、OLPC内の理論は、典型的な営利企業とは異なるものになっていた。パソコンの価格は可能な限り低く、機能は最小限に抑えなければならない。そして、厳しい環境で学ぶ子どもにも使いやすい仕様になっていなければならないのだ。

パソコンの価格を低く抑えなければならないというのは、組織内の経営インフラに資金を調達するうえでも、製造協力企業の候補と交渉するうえでも、かなり大きな制約となっていた。販売価格を上げるか、あるいはコストを下げるために機能面で妥協するかという選択肢がある営利企業と違って、OLPCにそんな自由はなかったのだ。価格を上げればターゲット顧客の手に届かなくなってしまうし、大々的に公表した100ドルという価格から離れれば離れるほど、批判者たちに指摘の種を与えてしまう。同様に、子どもの学習ツールとしての能力を損なわずに、機能を減らすことも不可能だった。

もうひとつの制約が、製造協力企業との約束を守ると同時に、OLPCの中央組織に資金を拠出できるだけの十分な利幅をパソコンから得続けなければならないことだった。プロジェクトの開発段階では、中央組織の運営資金は元々の資金拠出同盟に参加していた会員組織からの年会費でまかなっていた。活動はすべてエンジニアリングとデザインに注力していたため、経費は比較的抑えられていた。だが、製造、流通へと発展していくと、会費だけで経費がまかなえなくなるのは時間の問題だった。パソコンのデザインは少人数でもできるが、それを展開するには大きなチームが必要なのだ。

2007年に算出されたXOの製造原価は、1台あたり合計187ドルだった。XOの購入を希望する各国政府向けの最終的な公表価格は、1台188ドル。OLPCが得る利益は1台1ドル(0・5%)だった。この利幅に落ち着いたのは、簡単な計算の結果だった。予測される資金回転率と毎年500万~700万台のパソコンが売れるという前提に基づいて、それで十分だと判断したのだ。1ドルしか利益を得ないのにはマーケティング的価値もあった。一般的なパソコンが高利益率・低生産量の経営モデルで15%から40%もの利幅を取っているなかで、1ドルという利益は目立つはずだった。この雀の涙ほどの利益で経費をまかなうには、大量の需要がなければいけないことは明らかだった。だが、その重要性をOLPCは完全には理解していなかった。一般的な製造業と異なり、OLPCには運転資金がなかったのだ。そうなると、製造協力企業を安心させ、支払い能力を維持し、顧客のニーズに応え続けるためには、リスクとコストの管理に相当な工夫が必要だった。

## サプライチェーンを構築する

ＯＬＰＣが内部運営を自己資金でまかなえるようになるためにパソコンを大量に生産するという約束は、サプライチェーンに名乗りを上げた製造協力企業とのパートナーシップを締結するうえでの制約にも起爆剤にもなった。２００７年までに、ＯＬＰＣは大量生産をはじめられるだけのノウハウや資源を持つ協力企業のチームを編成できていた。ＡＭＤ、奇美《チーメイ》、マーベルとパートナーシップを組んだクアンタが、サプライチェーンの運営に名乗りを上げていたのだ。彼らはＯＬＰＣのミッションの達成に熱心に取り組んでくれたが、自社の経営手法をＯＬＰＣのソーシャル・ミッションとどう調和させればいいかはよくわかっていなかった。ＯＬＰＣは、短期的には協力企業に利益を保証し、長期的には持続可能性を保てるインセンティブを提供するような、しっかりとした経営モデルに基づくパートナーシップを構築する必要があった。難しかったのは、ＯＬＰＣが成長するにつれて協力企業も利益を享受できるよう、利益とミッションとのバランスを取ることだった。

ＯＬＰＣへの製造協力企業の参加は、確実な（そして膨大な）将来の利益という約束に対する前払いとして、ＯＬＰＣに投資してもらうことが前提となっていた。この投資は、現金あるいはＯＬＰＣの組織の確立や製品開発を支援する現物支給の形でおこなわれた。最大の協力企業であるクアンタは、上海郊外にＸＯのためだけに製造工場を新設するという貢献をしてくれた。こうした先行投資の規模と重要性を鑑みれば、約束の大量生産を実現するというプレッシャーがどれほど重くOLPCにのしかかっていたかは、たやすく想像できるだろう。

OLPCの大胆な約束は、製造協力企業の注目を集めた。だが生産と配布の詳細に踏み込むと、「卵が先か鶏が先か」というジレンマが生まれる。生産コストを抑えるためには大量に生産しなければならない。大量生産を実現するためには生産コストを抑えなければならない。発注の口約束を、実際の注文として取り付けなければならないというのが結論だった。注文が取れれば、OLPCは大々的な公約が守られたことを実証できる。協力企業が、投資に対する利益を確保できるのだ。「鶏か卵か」のジレンマは、OLPCにとって最終的に最も重要である教育と学習の面で最大限のインパクトを与えることよりも、大量生産・大量販売に重点を置く方向に組織を動かしはじめていた。このジレンマは、組織に生じる困難やチャンスに対して、迅速かつ全力で対応する力を抑えてしまうことにもなった。たとえば、規模に対するニーズが前提にあったため、5000台から5万台程度の発注契約は受け入れられなかった。ビジネスとして成立するほどの数ではなかったからだ。今にして思えば（よく考えれば当時でも）、数百万ドルにもなる取引が少額過ぎるなどというのは考えにくい話だが、こんな風にして多くの契約が見送られたのだった。

結局、売上は思ったほど伸びず、そこから得られる1ドルの利益も、運営費をまかなうには到底足りなかった。2008年初頭、利益幅は1台あたり10ドル（5%）に引き上げられた。引き上げにあたって、しっかりとした分析がなされたわけではなかった。ただ、利幅を大きくする必要があったので、そのためには購入者にもう少し大目に金を出してくれるようお願いしなければならないという認識だけだった。そもそも100ドルという価格を大々的に宣伝していた以上、これはかなり言い出しにくいことだった。販売量が増えれば価格は下がり、決して上がることはないと繰り返し約束していたのだからなおさらだった。

この動きとは別に、OLPCは販売協力企業にも利幅をもう少し引き下げてくれないかと頼んでいた。何百万台ものパソコンがいつまでたっても契約に結びつかないことがはっきりすると、クアンタと奇美は実質的にOLPCの販売代理店にまでなった。OLPCが注文を受けると、クアンタと奇美のところへ行って注文ごとに1台あたりの価格を交渉する。クアンタはすべてのサプライチェーンの運営を管理していたが、LCD画面だけは個別に奇美と契約していた。こうした企業の多くが理事会にも入っていたので率直な話し合いが行われ、OLPCの成功に対する彼らの既得権益が妥協を可能にした。彼らの多くが既にプロジェクトに対して回収不可能な投資をおこなってきたので、OLPCの未来のために（そして回収不可能な投資を少しでも回収できるようにするために）低い利幅を受け入れることをいとわなかった。最終的に、契約ごとに多少の違いはあるものの、10ドル分の利益は60％が製造協力企業によって、40％が顧客によって負担されることになった。

10ドルの利益が得られたことで経費がまかなえるようになり、今後の販売や協力企業候補に割引価格を提供することもできた。予測を下回る販売量を考えると、利幅の増加がなければOLPC

はパソコンを展開するための追加費用を捻出できなかっただろう。販売量に対する甘い見通しと不完全な財務・経営計画、そして予想外の困難にもかかわらず、ＯＬＰＣは持続可能に思える組織へと成長していった。

## 大規模な社会変革への出資

最近の社会起業家たちがよく議論する課題が２つある。ひとつは限られた運転資金で組織を成長させること、もうひとつは社会変革への投資を増やすために民間の資金を活用することだ。ＯＬＰＣは事実上、２００７年頃から既にこれらの課題に取り組んでいた。開発途上国の政府が大量のパソコンを購入するための何百万ドルもの資金を確保できるよう、様々な方法を模索していたのだ。

開発途上国にとって、最低１００万台という量のパソコンの購入に要する１億８８００万ドルは、国家予算の大きな割合を占める額だ。ペルーのように比較的裕福な国では、これは２０１１年の国内総生産（ＧＤＰ）の０・１４％に過ぎない。だがルワンダでは５％以上になる。ほとんどの国にとって、この金額は法外なものだった。加えて、効果がまだ実証されていないプロジェクトに本当にこれほどの大金をかけていいのか、ほとんどの政府はまだ疑っていた。

製造協力企業にしてみてもリスクは大きかった。１ロットへのＸＯの輸送に２万台で、

400万ドル近くかかった。OLPCにしてみれば、1回でも支払いの不履行があれば組織が経済的に破綻するおそれがあった。こうした要素をすべて考慮すると、OLPCが成功するには展開対象国や製造協力企業、そしてOLPC自体にとってもリスクを軽減してくれる資本市場を創出する必要があった。

このリスクの高さに、OLPCの最大の協力企業であるクアンタが、対象国政府との契約にはすべて、信用状もつけてもらうべきだと主張した。通常の商取引では、買い手は送り状と共に、商品の代金をどのように支払うかを明記した支払条件書を受け取る。一般的には納品時か納品後90日以内の支払いを求めるが、支払われない場合の損失リスクは売り手側が負っている。そして企業がしばしば身をもって学習してきたのが、政府（特に開発途上国の政府）との取引はとりわけリスクが高いということだ。政権が交代しただけでもプロジェクトは打ち切られ、支払い不履行となるかもしれない。そうでなくとも、手元資金が不足して支払いが遅れるかもしれない。どのような負債でも支払いができなければ信用にかかわってくる一般人と異なり、主権国家の信用は発行した国債の返済履歴と中央銀行の強さによってのみ測られる。何かを購入して一企業に支払いを怠ったとしても、それで政府の信用格付けが下がるわけではない。だから国家もそのつもりで行動する。信用状は、企業への支払いをより確実にするためのリスク軽減策なのだ。

OLPCはシティバンクの協力を得て、信用状を作成するために必要な財務部門を設立した。シティバンクは自らのCSRプログラムが掲げる世界的な教育プロジェクトと、OLPCのミッションとが一致すると考えており、OLPCを支援する方法を探していたのだ。財務部門の設立を手助けするのは、うってつけの役割だった。シティバンクの国際貿易部門は時間と専門知識を提供し、購入者の信用枠も提供し、パソコンを納品したメーカーがちゃんと支払いを受けられるような仕組みを確立する手助けをしてくれた。また、パソコンを実際に製造しはじめるために必要な数億ドルについても与信や金融商品による支援を申し出てくれたのだ。シティバンクの表立った協力は、OLPCの成功には不可欠だった。

シティバンクの参加により、OLPCは新興市場で世界的なブランドと存在感を示すことができ、製造協力企業は発行される信用状を本当に信頼できるようになったのだ。シティバンクが持つ世界中の銀行とのネットワークと、新興市場の奥深くまでリーチできる力のおかげで、信用状を確実に取り付けられるようになった。OLPCはシティバンクと協力し、関心を示した政府の購入担当者用に信用状を発行するシステムを構築した。この仕組みがなければ、XOの生産はおそらく開始できなかっただろう。信用状は、OLPCの事実上の資金調達源となった。また、シティバンクは、取引の関係者全員がより安心できるような信頼性ももたらしてくれた。小規模で実績のない非営利組織に取引のすべてがかかっていたところへ、シティバンクが後ろ盾になってくれたのだ。製造協力企業も、買い手の政府も、約束が履行されることに強い信頼を寄せるようになった。

## 信用状とはどういうものか UNDERSTANDING LETTERS OF CREDIT

信用状は、OLPCのパソコンを協力相手の政府に大量に購入させる唯一の明確な方法として、OLPCのなかでは比較的早い段階で浮上した案だった。最初に発行した信用状はウルグアイが購入した10万台に対するもので、約1800万ドル分に相当する。ウルグアイは製造に必要な手元資金を持っていたし、パソコンの購入費用全額をまかなえるだけの歳出予算もあった。だが、メーカー側は、ウルグアイが支払いを怠った場合に補償してくれる第三者がいなければ製造をはじめたくないと言ったのだ。シティバンクが発行した信用状が、その問題を解決してくれた。これでOLPCは量産を開始できた。

ただし信用状に伴う災難もあった。代金を回収できないリスクはなくなるが、販売プロセスがおそろしく複雑になってしまうのだ。信用状は発行に相当の時間と労力を要するし、政府は追加の費用がかかるため信用状を嫌がる傾向があった。信用状が確定されてから部品を取り寄せ、パソコンを組み立て、出荷するので製造の着手が3ヶ月以上遅れてしまうということもあった。もうひとつの「災難」は、正式な信用状の発行に要する細かい作業だった。そのためにかかる時間や手間のせいで取引が白紙に戻されてしまったり、量を大幅に減らされてしまったりするのだ。とはいえ、製造協力企業に「非営利組織では信用がない」とはっきり言い渡されていたOLPCに選択の余地はなかった。信用状が発行されなければ、取引も成立しないのだ。

## 販売サイクルを確立する

製造協力企業とのパートナーシップが確立され、OLPCのプロジェクトを開始させるために不可欠な提携各国の膨大な資金を確保し、支払保証の仕組みもできあがった。次の課題は、販売契約の締結だった。初期の取引がすべて失敗してしまった以上、OLPCが自らのミッションとその主張だけに注力するのではなく、数百万台規模の契約を締結できるプロフェッショナルな営業チームを持たなければならないのは明らかだった。このときのOLPCを言い表すのにぴったりな、古いイギリスの諺《ことわざ》がある。「ライオンはネズミを狩らない」。ライオンのように大きな動物がネズミのように小さな獲物を狩っても労力に見合わない。賢明な者は効率の悪い行為はしないという意味だ。100ドルという価格の公約に加えてメーカー側への量産の約束、そして1台1ドルの利益でいけるはずだという目測はすべて、一取引あたり100万台という契約を何件も締結できることが前提となっていた。OLPCはずっとライオンのように吼えてきたのだから、そろそろライオンらしく狩りをする頃合いになったのだ。

2006年に最高財務責任者となったチャールズ・ケインが就任初年度に重点を当てたのは、それを実現させるための仕組みやチームを構築することだった。そのためにまずは、二人の地域別営業部門リーダーたちと協力して仕事にあたった。中南米を担当していたロドリゴ・アルボレダ（マイアミ在住で、今はOLPC協会の代表を務めている）と、欧州・アフリカ担当のウォルター・

デ＝ブラウワー（さまざまな企業を創業し、最近では「TEDxKids @ブリュッセル」を立ち上げた）だ。チームは営業を管理するプラットフォームの構築に取り組み、営業全体の仕組みをつくり、主要国との関係を深めるべく地元に強い人材を採用してグループを拡大させていった。OLPCの営業チームは100万台のパソコンが売れるとにらんだ国に接触し、OLPCがMITで主催したシンポジウムへの参加などで関心を示した国にも営業をかけた。クラウドコンピューティング会社のセールスフォース・ドットコムがライセンスを提供してくれたので同社の営業管理プラットフォームを使えるようになり、営業ルートをしっかりと把握できるようになった。運営面では、毎週定例の国際電話会議を開き、契約が本当に交わされるかどうかを評価するための標準化された営業体制を確立した。そして戦略的には、大量のXOの販売開始を勢いづけられるような、革新的で大胆なアイデアを考えはじめた。「シンクタンク」のようになるのをやめ、実績のある経営戦略を採用するようになったのだ。

OLPCの営業体制は、近代的なIT企業にはよく見られる構造だった。底辺に大規模な営業チームを擁するピラミッド構造で、周到な営業活動が何層にも分かれて管理され、それぞれの層が戦略を重視しつつ、幅広い地域をカバーする。このピラミッド構造は、販売完了までの進捗状況を、さまざまな角度から客観的に評価するツールによって管理されている。

この構造をOLPCに適用するうえで難しかったのは、契約に向けて着実に前進するやり方を構築することだった。契約はいつなんどき破綻するかわからず、文書が発行されて現金がやり取りされる瞬間まで取引が成立する確信を持てないというのが、ＯＬＰＣが経験上学んだことだった。この問題が、これまでの営業管理手法に大混乱を巻き起こした。営業チームのリーダーたちは、締結の可能性が一番高い案件に現場の営業チームを集中させるような、効率的な営業活動ができずにいたのだ。

### 無駄ではなかった努力

ここまで読んできてわかるように、ＯＬＰＣは最初から順調な組織だったわけではない。戦略、財務、運営の面で独り立ちできるようになるまでには多大な苦労があった。ＩＴ業界では、ほとんどの企業がハードかソフト、あるいはサービスに特化しており、「単一事業」の企業として数百億ドルもの財産を築き上げている。だがＯＬＰＣは製品を提供するためにこれら3つの分野すべてに取り組んでいるのだ。ＸＯのハードウェアも開発したし、追加コストなしに教育ソフト「シュガー」を提供しているし、サポートも提供している（大量展開を完全にサポートするにはかなり不完全ではあるが）。時を経るにつれて責任の範囲は広がったが、活動するスタッフの数は、当時も今もごく少数だ。ひとつはっきりしているのは、最初に組織のビジョンとミッションを思い描いたとき、どれほどの困難が待ち受けているかを予測しきれていなかったということだ。そうしたことは活動を進めるうちに、予想もしなかった内外の要素がいくつも出てくるなかでわかってきた。大々的に宣伝した公約と、活動の過程でおこなってきたいくつかの選択が、意図せずして（だが大幅に）ＯＬＰＣの成功を難しくする結果となった。

だがそれでも、ＯＬＰＣは存続しているし、成果をあげている。１９９９年から２００９年の間にアメリカで新規登録した非営利組織は、平均して年間約３万８０００団体にのぼる。そのうち全国規模にまで成長するのはごくわずかで、ほとんどは5年以内に消えてしまう。この世界で、ＯＬＰＣのように営利と非営利との間に橋渡しをして製品を生み出し、凝り固まった非効率な教育制度に大胆な観点から取り組み、社会変革のために資本市場を巻き込む恐れ知らずで革新的な非営利組織は、ほんの一握りしか存在しない。これまでに２５０万台のＸＯを配布したＯＬＰＣの財務実績は目を見張るほどのものだ。「フォーチュン５００」にランクインするような平均的なＩＴ企業の従業員一人あたり年間売上高は約18万ドル。一方ＯＬＰＣのそれは７００万ドルで、業界平均の35倍にもなるのだ。ウォールストリートもびっくりだろう。

## 教訓と反省

**❶あらゆる組織は、キャッシュフローで動いている。**世界中どこであろうと、銀行に貯金がなければ、口約束と握手などなんの意味もない。現金がなければ、取引も存在しないのだ。

そこで重要なのは、事業を持続可能なものにするためには何が必要かを、前もって考えておくことだ。成功してきた社会起業家たちは、洞察力があるだけでなく、優秀なビジネスパーソンでもある。先端技術の世界には、構想や内容は良かった、あるいはすばらしかったのに、持続可能な経営モデルとしては成立しなかったプロジェクトや製品、サービスがあふれている。利益とミッションとのバランスを取らなければならないのだ。

**❷目をちゃんと見開いて、そこに映るものを信じる。**どのような組織も、外的要因の影響を受ける。経済情勢の変化、社会における考え方の変化、競合他社の存在による市場の力関係の変化。ビジョンを持つことは大事だが、目標のために視野が狭くなると、社会事業組織は予期せぬリスクにさらされることになり、進化するチャンスを逃してしまうかもしれない。大局を把握し、変化を予測し、柔軟に対応できるよう、前線に立って観察することが重要だ。戦略的成長計画は、市場の動きに対する願望や思い込みではなく、現実に沿って立てなければならない。

**❸適応できるものだけが生き残れる。**ＯＬＰＣのミッションに対する経営課題は、そのほとんどが反省から生まれたものだった。どのような事業でも、旗揚げのときには壮大な目標と大きな野心に燃えているものだ。ＯＬＰＣも例外ではなかった。だが、予定通り

に事態が運ぶことなどめったにない。組織が変化にどう対応するか——OLPCの場合、発注を確保するために経営組織を構築し、パートナーシップを結び、パソコンを製造すること——が、研究から生まれた単なるアイデアではなくひとつの立派な企業に組織を変えていくのだ。OLPCは途中でいくつも間違いを犯したが、最終目標から目をそらすことなく適応できたからこそ、生き残れたのだ。

**❹組織の形が選択肢に影響する。**OLPCを非営利組織として立ち上げるという決断には、プラスの効果もマイナスの効果もあった。プラス面からいくと、ソーシャル・ミッションに惹かれて協力企業が集まってくるなど、非営利ではなかった場合に比べてずっと楽にパートナーシップを構築することができた。たとえばクアンタはパソコンの開発にかかった経常外費用を実質的に全額負担してくれ、辛抱強くサプライチェーンを管理して原価を抑える努力をしてくれた。これは、非営利組織と営利目的企業との協力関係だったからこそ実現したことだ。また、顧客も——「2台購入して1台寄付しよう」キャンペーンの参加者であれ、国家元首であれ——契約から納品までの長い待ち時間に（おおむね）柔軟に対応し、寛容でいてくれた。

一方マイナス面はというと、ベンチャー資金や投資銀行といった従来の財務システムが利用できないため資本の調達手段が著しく限定されてしまった。OLPCの場合、これによって新たな市場への拡大や新しいアイデアの模索が非常に難しくなった。社会的・環境的問題を解決するためにビジネスの力を活用しようと活動する「Bコーポレーション」のような混合型組織の形を受け入れる方向へと市場が変化していくなかで、OLPCが強いられた制約も少しずつ緩んでいるとは言えるかもしれない。

**❺ときには、「急がば回れ」が正解なこともある。** 2007年から2008年にかけて、OLPCはペルーとウルグアイでパソコンを売ることに没頭するあまり、エネルギーと集中力をそれに使い果たしてしまった。販売したパソコンがOLPCの最終目標である「子どもの学習に役立てる」使い方をされているかどうか確認するための、余分な人員も精神的余裕もなかったのだ。キャッシュフローと組織の支払能力を維持するために売上を伸ばす必要性に追われ、組織を立ち上げたまさにその目標を見失ってしまっていた。ときには、拡大するスピードを抑え、学ぶ時間を取ることも重要だ。

5

FROM THE WAREHOUSE TO THE SCHOOLHOUSE

# 倉庫から校舎まで

「教育が変わらない大きな要因は、ミクロや個人レベルで学習に対する考えが欠如しているからではない。マクロまたは組織的レベルで成長と変化のモデルが欠如しているからなのだ」

――デイヴィッド・カヴァロ（『BTテクノロジー・ジャーナル』誌掲載記事「成長モデル」より）

2007年後半までに、OLPCはパソコンを製造・販売する方法を見つけていた。シティバンクの協力を得て製造に必要な資金も得られ、台湾の製造協力企業クアンタが出荷、保険、輸送費の管理を取り仕切ってくれることになった。製品を工場から要望のあったペルーのリマ、ウルグアイのモンテビデオ、ルワンダのキガリといった港へ送れるようになったが、そこから先の条件はかなりまちまちだった。OLPCのセキュリティ担当のイヴァン・クリスティッチがリマの倉庫から送ってきたこの報告が、当時OLPCの直面していた状況をまとめている。

「ペルーの第一出荷便は4万台で、ジャングルや高山、平原などに点在する約570の学校に展開される予定。電力の有無は場所によって大きく異なり、インターネット接続はどこの学校にも存在しない。対象学校の多くは何種類もの交通手段を使わなければ到達できず、郵便さえ届かないような僻地にある。この問題に比べれば、僕がやっている技術的な仕事など遊びみたいなものだ」

リマの倉庫にパソコンを納品するのと、それをアンデス奥地に住む子どもたちの手に届けるのとはまったくの別問題だ。2008年最大の難関が、パソコンを子どもたちに届けるための、送り先国内での輸送手段の確保だった。[※1] 2007年に最初の展開を開始してすぐに、XOの展開を完全にサポートすることと先端技術を社会に溶け込ませることの難しさと複雑さがわかることになる。そして徐々に見えてきたのが、まずはXOを倉庫から校舎へと確実に運ぶシステムをつくるために、そしてその後はパソコンでの学習を実現するために必要なサポートを提供するうえで、OLPCがどのような組織になるべきかということだった。

本書執筆時現在、OLPCは世界40カ国以上に250万台を超えるパソコンを配布している。この章では、OLPCがどのようにしてそれを各地へ届けたかを説明する。物流問題をどのように解決したか、教師の研修とサポートにどう取り組んだか、パソコンによる学習の実現可能性を高めるために協力企業とどのように連携したか、そして現地の人々がどのように参画したかなどを詳しく紹介していく。成功についても語るが、失敗についても隠しはしない。そして最後に、このプロジェクトを大規模に展開させるための進化モデルと「成長モデル」について説明する。

立ち上げ当初から、ＯＬＰＣはパソコンを配布する効率的なシステムを備えていた。ただし、各地域へパソコンを直接届けてくれるよう、現地クライアントに依存するものではあったが。ＯＬＰＣの配布システムは、現地の言葉で使えて、各国のニーズに合わせてカスタマイズしたソフトを満載したパソコンを、確実に子どもたちに届けられるように構築されていたのだ。これは、3つの並行する努力によって実現したシステムで、次のようなフローになっていた。

⑴ソフトを現地の言語で機能するよう、現地語化プロセスを整備する。教科書や練習帳などのコンテンツもまとめてパッケージにする。これがクアンタに渡され、完成したパソコン1台1台にインストールされる。

⑵ＯＬＰＣのセキュリティシステムが、ＵＳＢに起動用の認証キーを生成する。

⑶ＵＳＢはパソコンとは別便で届けられる。

パソコンはこの認証キーがなければまったく使えない仕組みだ。そして最後に、中央倉庫から各地域への実際の流通に必要な労力をクライアントが予測し、計画を立てられるようにした。つまり、クライアントが配布の任務を責任を持って引き受け、パソコンと認証キーを別々に届けることに合意しさえすれば、製品は無事に子どもたちの手元に届けられ、すぐに使えるはずだった。だがこの配布システムに対応するクライアントの能力の振れ幅は、中南米のようなひとつの地域だけで見ても極端なものだった。ペルーとウルグアイはどちらも野心的な目標と強気なスケジュールをもって展開に臨んだが（表5－1）、物流に関する能力は大きく異なっていた。ペルー訪問から戻ったクリスティッチは、いくつもの欠陥のなかで、特にがっかりしたのは教育省に在庫管理システムが一切ないことだと報告した。※2 一方ウルグアイでは、展開はラボラトリオ・テクノロジコ・デル・ウルグアイ（LATU）という組織が引き受けた。これは官民をまたぐ組織で、全国的なインフラプロジェクトの調整を何十年もおこなってきた経験から蓄積された、物流に関する豊富な専門知識を持っていた。

OLPCが配布を支援するために取った第一歩は、「展開ガイド」を作成することだった。※3 パソコンを各学校へ届けるために何台のトラックが必要か、電源には何ワット時の電力が必要かといった細かいことがすべて記載されたガイドだ。現地のプログラ

**表5-1 強気な展開スケジュール（1カ月あたりのパソコン配布台数）**

| 日程 | ペルー | ウルグアイ |
|---|---|---|
| 2008年 2月 | 25,000 | 30,000 |
| 2008年 3月 | 15,000 | 12,500 |
| 2008年 4月 | – | 50,000 |

ムディレクターが計画、展開、運用という3段階で参考にできる内容になっていた。奨励される基本計画は、現地特有の性質、背景、強み、能力などに応じて展開ごとに適応可能。さらに、重要な手順、決断のポイント、スケジュールを記し、成功へのロードマップを示していた。

ほとんどの場合、OLPCは実際にパソコンを倉庫から校舎へ届けることができた。そして、盗難が相次ぐのではないかという大方の予想に反して、3年の間に盗まれたパソコンは1000台につき1台にも満たなかった（それも配達途中ではなく、現地到着後の盗難だった）。しかし、パソコンが目的地に到着した途端、いくつもの問題が浮上した。ソロモン諸島（南太平洋に浮かぶ、1000近くの島から成る主権国家）で実施されたOLPCのパイロットプロジェクトについてオーストラリア教育研究評議会（ACER）が2010年におこなった調査では、パソコンの現地での使用の壁となる要因が浮き彫りにされた。これは、XOが出荷された他の多くの場所でも見られるものだった。

- **電力不足**……最も頻繁に見られた基本的な問題が、電力供給の不安定さだった。ソロモン諸島のパイロットプロジェクトで対象となった3つの学校のうち、子どもたちが日中にパソコンを充電するための発電機を備えているのは1校だけだったのだ。他の学校の生徒たちは、学校からかなり遠くにある通信教育センターまで行かなければならなかった。
- **無線インターネットを確保することの難しさとそれにかかる費用**……XOによる真の恩恵

を享受するには衛星インターネットが必要不可欠だった。ソロモン諸島の場合、初期のパイロット実施時はこの費用はOLPCが負担していたが、学校はその後の回線接続費用を払い続けられなかった。そのためプロジェクトは尻すぼみに終わってしまった。

**・技術的トラブルの発生とメンテナンスサポートの不足**……ソロモン諸島の3つの学校のうちのひとつ、ニウエでは、生徒のやる気と学習能力にある程度の手応えが見られたにもかかわらず、プロジェクトを中止すると学校運営者が決定した。XOに問題が発生したときに現地で修理する能力がなく、誰かに頼む費用もなかったのだ。

ウルグアイではインターネットの接続問題に対してもすばらしい取り組みが見られた。インターネット接続を確保する必要性は最初から展開計画に織り込まれ、LATUがその計画策定の任務を負ったのだ。その結果、LATUは見事、どこでもインターネットが使える仕組みをつくり上げた。一方ペルーでは、同じくらいの熱意を持ってはいたものの、地理的な問題があった。世界銀行の報告によれば、3年におよぶ努力の結果、ペルーでインターネット接続が確立できた学校は全体の2%に過ぎなかった。インターネット接続ができなければXOの真価は半減してしまう。ソフトウェアのアップグレードもできないし、教材のオンライン配布もできないのだ。

2008年初頭までにわかったことは、現地での配布が自立的に成功する地域もあるにはあるが、多くの地域では、たとえ「展開ガイド」があったとしても、OLPCの介入がなければ成功は難しいということだった。何をすれば良いかを認識していることと、実際にそれをやることとの間には、まだ大きな隔たりがあったのだ。

提携各国での展開を支援するうえで、選択肢はいくつかあった。極端な方法のひとつは、「置き去り」戦法だった。つまり、合意した台数のパソコンを子どもたちに届けるところまでしか保証しないのだ。このやり方における成功のポイントとは、パソコンとソフトウェアが移動に耐えるということのみであり、ＯＬＰＣは学習の促進に対して追加責任を負わない。しかし、ＯＬＰＣの最終目標を考えると、この戦法は心から支持できるものではなかった。

もうひとつの極端な方法が、「すべてを仕切る」戦法だった。ここでは、ＯＬＰＣが配布と展開のあらゆる側面で責任を持つ。ＯＬＰＣは世界規模で展開し、明確に変化を起こすことを願ってはいたが、それぞれの市場に物流チームを派遣することなど到底できなかった。それには、ＯＬＰＣがどれだけがんばってもかき集められないほど膨大な人的・経済的リソースが必要となってしまう。それに、展開が自立しておこなわれるように現地の能力を開拓するという、ＯＬＰＣが明言していた目標にも反することになる。

そこで落ち着いたのが、この2つの戦法の間のグレーゾーンだった。ＯＬＰＣは助言やツールを提供するものの、配布と展開に関しては現地が責任を持たなければならないというものだ。ＯＬＰＣの限られたリソースとプロジェクトの持続可能性を考慮し、先端技術を取り入れた豊かな学習環境を整えるには多大な努力と膨大な時間が必要だという事実を踏まえた戦法といえる。

## パソコンでの学習を確実に実現させる

オーストラリアのクイーンズランド州で教育訓練省の移動型学習プロジェクトを担当しているジョナサン・ナルダーは、パソコンを届けたときの自らの経験をこう語った。「過去4年間、このオーストラリアで先端技術の展開をサポートしてきた経験から言うと、学校に届ける最初の段階はものすごく負担が大きいけれど、パソコンが届いたときの子どもたちの興奮ぶりはすごい。それにやりがいを感じて、ついうっかり、『任務完了』と思い込みそうになる」。実際には、僻地に暮らす子どもにパソコンを届けるよりも、届いたパソコンがちゃんと学習のために使われるようにするほうが難しいのだ。配布から運用へと移行するなかで、パソコンを「学ぶことを学習する」ツールとして使うという目標を限られた人員で最も効果的に実現するための方法を考えるのが、OLPCの次の仕事だった。

最初に取り組んだのは、今では「教科書型展開」と呼んでいる手法の実験だった。教科書を配布できるならパソコンも配布できるはずだという前提に基づいている。この手法は、各国の教育省が次の1歩を踏み出し、全国規模のカリキュラムにパソコンを組み込むかどうかにかかっていた。国家元首と握手さえすれば販売は確約されたも同然だというOLPCの当初の思い込みと同様、このトップダウンの展開手法もやはり、制度の惰性と無責任さによってしばしば活力を失った。

次にOLPCが取り組んだ手法は今も継続的に進化しているもので、地域の参画に成否がかかる手法だった。この手法を実行し発展させたのは、カーラ・ゴメス＝モンロイ。ナイジェリア、インド、メキシコ、ペルー、モンゴル、ウルグアイ、パラグアイでOLPCのパイロットプロジェクト立ち上げを手伝ってくれた。彼女の展開手法はやはり、国家のトップクラスの官僚からの大きな協力がなければ成功できないものだった。だが、すべての展開において初期の段階から地域の参画と研修を伴う、ボトムアップの取り組みが並行してなされることも狙いとしていた。地域の継続的な努力と主体性が、成功のカギとなるのだ。誰かに何かをしろと命令することは絶対しない、というのがモンロイの原則だった。むしろ、パソコンが教育に与え得る影響に教師やプロ

### 草の根の開発支援　GRASSROOTS DEPLOYMENT SUPPORT

地域開発における現地パートナーが、直面した問題を解決する革新的な方法を思いつくこともよくある。しかも、他の国でも応用できるものを。たとえばパラグアイでは、現地の展開チームが在庫管理システムを開発し、倉庫から教室までの輸送経路を、パソコン一台ごとに追跡できるようにした。このシステムは現在ペルー、ニカラグア、ルワンダ、その他多くの国で活用されている。

ジェクト管理者が気づき、さらには地域のなかにある潜在能力にも気づくよう、手助けするのだ。

ゴメス＝モンロイのアプローチは、パソコンの活用以上に地域の活性化と取り組みの促進を重視していた。彼女の実施した地域参画モデルでは、各地域がXOを展開するためのリソースを活用して問題を特定し、解決できるようなプロセスが開発された。その結果は、すぐに3つの重要な成果として上げられた。コミュニティの人々は、まずコミュニティ内でパソコンの使い方の研修を受けた。そして、コミュニティの組織化と問題解決のやり方を指導され、コミュニティがどうにかしたいと思っている問題をXOで解決する実例を目にしたのだ。この手法は世界中のほぼどこでもうまくいくことが証明されていたが、その成功の度合いは学習プロセスをとりまとめ、研修を実施するリーダーが現地にいるかどうかによって左右された。OLPCの課題は、この手法を大規模展開し、世界各地の地域で共通の方法を見つけ出すことだった。

## OLPCプロジェクトの概要

本書の巻末には、OLPCの展開プロジェクトの詳細なケーススタディを6件記載している。この6つが選ばれたのは、プロジェクトを展開した状況の多様さ、現地で生まれた「変化を起こせるエコシステム」の多様さ、そして現在に至るまでの成果の多様さを示すためだ。これらのケースはアメリカ、中南米、アフリカ、アジア、オーストラリア、太平洋諸島を含む世界各地域の40

カ国以上でOLPCが実施してきた展開プロジェクトのほんの一部に過ぎない。OLPCの展開の多様さは、先端技術と学習の世界では前例がないくらいだろう。

展開がおこなわれる環境は場所によって顕著に異なる。国の大きさはどのくらいか？　都市部と僻地間の移動や通信のしやすさはどうか？　子どもたちの住まいは都市部か農村か？　貧しい暮らしをしているか？　どの程度の貧しさか？　他に関連する社会経済的要素はあるか？　子どもたちは過去にパソコンに触れたことがあるか？　などなど、書きはじめたらきりがない。

環境やインフラの特徴はわかりやすいかもしれないが、多様性の特徴の多くは少し目線を上げ、変化がもたらされている地域のそれではなく、展開自体の特徴を評価してみたときに初めてわかるものだ。オーストラリア教育研究評議会（ACER）が実施した調査にも、こう記された。「現在のXO展開プロジェクトはどのように構成され、資金が拠出され、運営され、実施され、支援されるかなど、ほぼすべての側面においてそれぞれ異なる。どのプロジェクトにも複数の組織がかかわっており、その組織の種類も国際協力機関、国家の省庁、地方の教育省や情報通信企業、非政府組織や民間の非営利財団などと幅広い」

## 主役

提携国での展開の進化に影響を与える最も重要な要素は、その国のどこが主導権を取ったかと、支援の度合いだろう。これまでに40カ国以上で展開してきたプロジェクトは、おおまかに5つに分けられる。

(1)中央政府の行政機関が主導権を取ったもの
(2)教育省が大きな役割を果たしたもの
(3)民間の活動からはじまったもの
(4)小規模の、大体においては地方のNGOが率先したもの
そしてこちらも数としては地方が多いが、
(5)コミュニティの誰かが率先して活動したもの

たとえばルワンダでプロジェクトを主導したのはポール・カガメ大統領で、プロジェクトを内戦後復興と社会・経済的発展という幅広い目標の一環として位置付けていた。実施に際しては教育省が大きな役割を果たしたが、国の小ささと「優しい独裁政治」によってプロジェクトは中央で厳しく管理され、政府の有するリソースを全面的に活用できるという利点があった。同様にウルグアイでも、OLPCはタバレ・バスケス大統領に「接続性を高め、情報格差を減少させる」チャンスを提供した。プロジェクトは、国の社会的平等性を高め、国民への機会の幅を広げるという政策の一貫だったのだ。ペルーでは、教育省のオスカー・ベセラがプロジェクトを率い、プロジェクトの支援に必要なリソースが使えるよう多大な労力を費やして、政府の幅広い関係者た

ちから賛同を得た。この展開プロジェクトの経緯を見ればわかるが、ベセラはすばらしい成果を上げた。ペルーは色々な意味で、トップダウンとボトムアップの取り組みがうまく調和して、教育のための先端技術の活用を支持することに成功した国の見本になったのだ。

とはいえ、プロジェクトが国家元首の責任下に置かれることには、リスクも伴う。そのひとつが、政情の不安定さだ。たとえばタイとパキスタンでは、それぞれ当時の首相だったタクシン・シナワトラとパルヴェーズ・ムシャラフが退陣させられて国外追放となり、プロジェクトの進行が妨げられてしまった。逆に言えば、政権交代を生き延びることがプロジェクト成功のひとつの目安になるとも言える。大統領主導で実施されたプロジェクトの場合、展開を開始したときの政権が代わってもプロジェクトは継続された。ウルグアイではホセ・「ペペ」・ムヒカがバスケス政権のはじめたプロジェクトをそのまま引き継いだし、ペルーでもオジャンタ・ウマラが優先順位を多少変更はしたものの、アラン＝ガルシア・ペレスのはじめたプロジェクトを継続させている。そしてルワンダではカガメ政権がまだ続いているが、プロジェクト遂行への強い決意をたびたび明言している。

現地でOLPCを主導する非政府組織の存在が、成功するプロジェクトの新たな基準となりつつある。パラグアイでプロジェクトをゼロから進めてきたのは、「パラグアイ・エデュカ」という小さなNGOの創立者兼責任者のセシリア・ロドリゲス＝アルカラだ。ここでのイニシアティブで定められた狙いは、政府主導のプロジェクトのそれよりも小さく、狭い。彼女の目標は、

2万台のパソコンを子どもたちの手に届け、「発展のためには欠かせない」と彼女が信じている新たな能力の育成に注力することで、国を良い方向へと変えていくというものだ。また、マリア＝ヨセフィーナ・テラン＝デ＝サモラとロベルト・サモラ＝リャネスによる家族財団が管理するプロジェクトも、民間組織がいかに大きな変化を起こせるかを示す良い例だ。官民の協力関係を通じて、サモラ家は2万5000人以上の子どもたちにパソコンを届けた。同様の協力関係が、コロンビアと南アフリカでも起こりつつある。

中央主導のプロジェクトと小規模な草の根の活動との違いから学べることは数多い。まず、大統領は公的権力を使ってOLPCについて語り、世論を動かすことができる。その一方で小規模なNGOはただ道筋を示し、皆が後に続いてくれることを祈るしかないという点で、長く厳しい旅を強いられるかもしれない。また、プロジェクトの立ち上げ当初の規模もかなり限定されたものとなる場合が多い。これは、動いてもらいたい多様な関係者に働きかける力とリソースが、NGOではかなり限られるからだ。

とはいえ、初期の規模は、後々の成功とは直接関係がないようだ。展開が大規模なら関心も多く集まり、持続可能なものをつくり上げる人材も集まるだろうというOLPCの当初の思い込みは、間違っていた。なかにはもちろん大規模なプロジェクトもあったが、小規模な展開は数という側面からだけでなく、将来的成長に向けて環境を整えるという側面からも、プロジェクトの成長に大きな役割を果たしたのだ。

徐々にわかってきたのは、パラグアイやニカラグアなどでの小規模展開も、リーダーシップと現地の関わりの両方があれば十分に実行可能だということだった。また、こうした小規模展開は外部のリソースに頼る必要がどうしても出てくる。そのため、「自分たちのやり方でなければ」という観念にとらわれることなく、どこからでも成功例を取り入れ、応用することにためらいを覚えない。規模の小ささに対して多大な注力が必要なため、ＯＬＰＣにとってこれらは簡単なものではなかった。だが、最も強力なマーケティングツールであることは間違いないのだ。

## 社会変革の方針

展開を進化させるもうひとつの要素は、社会変革の方針だ。特に、焦点が学校制度の改善にあるのか、子どもの学習の促進にあるのかによって大きく左右される。この2つの方針は、一見近いように思えるかもしれないが、実際はかなり隔たりがある。学校制度の改善は通常、知識と技能（読み書き算数）の習熟度が目に見えて向上することを志向する。一方学習の促進は、子どもが自ら現実を変えていけるような、人生に役立つ能力を身につけさせるという、もっと野心的な狙いがある。さらに、イノベーションや実験、現地コミュニティが参画する余地ももっとあるのだ。必ずとは言えないが多くの場合、中央主導によるプロジェクトは必然的に正規の学校制度に注力してしまう。その一方で草の根によるプロジェクトは学習の促進と子どもの人生におけるチャンスを増やすことに注力する場合が多いのだ。

中心となるのが政府であれ、NGOであれ、民間企業であれ、プロジェクト全般、なかでも教育の方針に対する深いコミットメントがある場合には、そのプロジェクトはおおむねうまくいく。広報活動程度の取り組みしか見られないような場合には、失敗することが多かった。メキシコでの初期の展開などの事例では、子どもたちがより幅広く先端技術に触れられるようにする計画の一部としてパソコンが配布されただけで、OLPCの理念や現地の妥当性などは考慮されなかった。こうした場合、子どもの暮らしをよくしようという熱意は純粋だったものの、XOとシュガーが開発された教育学的背景に対応する取り組みはおこなわれなかった。このような実施方法を、OLPCは成功とはみなさない。

数々のプロジェクトを見てみると、社会変革の指針の新たな側面が現れる。社会参加の促進と、社会的平等の向上への注力度合いだ。多くの場合、この代用としておこなわれるのが、都市部での展開か農村部（または農村部を含む地域）での展開かという選択だ。多くの開発途上国では、都市部だからといって質の高い教育が保証されるわけではまったくない。だが、農村部へ行くと、あったとしても質の低い教育しか提供されない場合がほとんどなのだ。ウルグアイなどの小さな国のように、網羅的な展開が現実的に可能であるような状況を除き、農村部（または半農地域）にまず注力するのが通例だった。ウルグアイでも、最初は地方からはじめて、その後首都のモンテビデオで展開された。ペルーでは、農村部を最優先としたのはプロジェクトの主要な促進力であり、特質ともいえるものだった。この取り組みの利点は、貧窮者に手を差し伸べること以上に、展開の成功しやすさにある。そして欠点はもちろん、パソコンと電力、インターネットを僻地に届けることの難しさ、そして継続的な支援や研修にかかる負担だ。いずれにせよ、政治的理由であれその他の理由であれ、地方を対象とする政府やＮＧＯが圧倒的に多かった。

## ＯＬＰＣオーストラリア OLPC AUSTRALIA

ランガン・スリカンタは、オーストラリアで大手会計事務所デロイトに就職する前から、ＯＬＰＣプロジェクトのことを聞いて知っていた。しばらくの間、彼は昼間の仕事とプロジェクトの活動とを掛け持ちしていた。「昼休みに会社を抜け出して、フィジーやサモアにパソコンを出荷していたよ」。このプロジェクトをオーストラリアの先住民であるアボリジニの子ども向けにも展開したいという思いが募り、スリカンタはついにデロイトを辞め、のちにＯＬＰＣオーストラリアとなる組織でフルタイムの仕事に就いた。彼がオーストラリアの大手企業から集めた寄付金によって、何千台ものパソコンの配布と研修支援プログラムが展開された。これがきっかけとなってオーストラリア政府はさらに5万台を追加発注し、国の最貧地域で教育制度を向上させようという長期的な決意を固めるに至ったのだった。

## 総合的または非連携的活動

展開プロジェクトのなかには、配布から教育までのすべてを総合的にひとつの組織のなかでおこなったものもある。また、展開の様々な要素を縦割りにし、通信省がインターネット接続を担当し、財務省が予算と電力について考え、教育省が内容を検討するといった取り組みもある。

プロジェクトを成功させるためにはあらゆる要素を適切に配置しなければならない。その指標になる総合的な取り組みの良い例が、NGOパラグアイ・エデュカ主導のプロジェクトだろう。物流、教育、マーケティングの専門知識を総動員し、力強く集中的な運営をおこなった。

パラグアイ・エデュカは独立の組織なので、ころころ変わる政治体制にわずらわされることがなかった。また、最高クラスの工業大学と緊密な関係を構築していたので、専門知識や研修生を活用することもできた。高い品質のサービスを提供することに全力を尽くしており、プロジェクト全体の明確なビジョンを持つ有能なリーダーがいた。何よりも重要なことに、パラグアイ・エデュカは需要が生じるずっと前にインフラを構築していたのだ。そして最初からパートナーシップの構築に重点を置き、強力な技術チームと教育チームを編成した。いずれの場合でも、投資は初期の展開で当面必要とされていた額に比べれば並外れて大規模だった。だが一番の成果は、パラグアイ・エデュカが大規模展開を実現できる存在となっただけではなく、明確な成果を上げ、他の組織に基準を示す存在にもなったことだろう。

一方、ウルグアイでプロジェクトの大部分を率いていたのは、広域のインターネットアクセスの提供を引き受けた技術チームだった。その結果、教育プログラムはごく最近まで、かなり開発が遅れていた。だが、教師個人やコミュニティの有志による草の根レベルのすばらしい貢献もあり、プロジェクトの基礎が築かれたことも述べておかなければならないだろう。ペルーでは、省庁が教育に取り組み、教師向けの優れたガイドを作成した。だが地方におけるインターネット接

## 再考されたコロンビア計画　PLAN COLOMBIA REVISITED

1999年、アンドレス・パストラナ大統領が「コロンビア計画」を立ち上げた。これは中央政府と対立している左右両翼の過激派間の緊張を緩和することを目的とした、一連の社会開発プロジェクトだ。アメリカの出資と協力を受けたこのプロジェクトは、麻薬の密輸を阻止し、左翼による反政府活動と闘うことに重点を置いていた。このような状況下で、ロドリゴ・アルボレダ、ニコラス・ネグロポンテ、ウォルター・ベンダーが、軍が奪還した地域で1人1台のノートパソコンを展開する提案書を米国国際開発庁（USAID）に持ち込んだ。つまり、武器をパソコンに置き換えようと言うわけだ。この提案は当時けんもほろろにはねつけられたので、10年後にコロンビア軍を通じて元反乱軍の子どもたちにXOが届けられたのはとりわけ嬉しい成果だった。

続の問題を解決することはできず、いまだにそれを解決してくれるパートナーも見つかっていない。また、プロジェクトに地方政府を積極的に参画させることも、最近まではできずにいた。このように総合的に取り組めなかったことが、プロジェクトに対する大きな批判へとつながり、近隣諸国に比べてペルーでの進捗がある程度遅れている原因ともなっている。

こうした展開例を見て言えることは、ＯＬＰＣプロジェクトが試験プロジェクトからムーブメントへと進化するには、次の３つの要素が必要だということだ。

(1) ビジョンの幅広さと訴求力
(2) ビジョンの実現を可能にする支援とリソース（政治的、社会的、経済的、人的資源）の規模と継続性
(3) 目標とするインパクトへの貢献度

## 変化を起こすエコシステムの誕生

論文「成長モデル」のなかで、デイヴィッド・カヴァロは「複製してスケールアウトする」モデルの落とし穴について語っている。これは既に創り上げられた変化が階層的にトップダウンで押しつけられ、結局拒絶されるだけで終わってしまうという例だ。また、カヴァロは小規模パイロットモデルについて、有意義な規模にまで成長することがめったにないと批判している。パソ

コンを中央の一カ所から配布するというOLPCのやり方は、表面上はトップダウンに見えるかもしれないが、パソコンの活用法はあらかじめ定められているわけではない。むしろ、その活用法が創発的であることが前提で、それが与えるインパクトの規模や種類は教師や生徒、保護者たちが共に学び、新たな可能性を発見し、それらを共有するなかで副産物として生まれるものなのだ。OLPCはごく最近まで、すべての子どもがパソコンのプログラミングを覚えるという一点を除いて教育カリキュラムにはあまりこだわってこなかったが、学習に関しては確固たる姿勢を保っている。可能性を広げ、新たなツールを提供し、現地主導の取り組みを実現させ、経験的学習を支援する「成長のための環境」とカヴァロが呼ぶものを創り出すために、OLPCは展開を推し進めてきたのだ。[※4]

これまでにOLPCがおこなってきたプロジェクトは多様だが、成功例では必ず、官、民、そして非営利部門の参加者から成る分野横断的なグループを含む一種のエコシステムが生まれている。それはカヴァロが記した特徴の多くを備えている。種類や順序こそ違うかもしれないが、「変化を起こすエコシステム」はどれも、子どもの学習を促進するために先端技術を約束する活動の前に立ちはだかる3つの主要な障壁――（1）教師の研修支援、（2）カリキュラムへの統合、そして（3）ゴメス＝モンロイが提案した地域参画モデルをより完全に実現するための支援――を乗り越えることに取り組んできた。

## 教師の研修

開発途上国の学校で、授業にパソコンを取り入れたことのある教師は、いたとしてもごくわずかだろう。皮肉屋だが現実主義者でもあるネグロポンテは、この現状をうまく言い表している。「こうした地方の学校を見てみると、教師は善意をもって教育に取り組んでいるかもしれないが、小学校6年分の教育しか受けていない場合がある。国によっては、学校に出てこない教師が全体の3分の1にものぼるところまであるのだ」[※5]。ほとんどのOLPCの活動国ではネグロポンテが言うほど状況がひどいわけではないが、教師が効果的に自分の役割を果たす準備ができておらず、先端技術の導入にはあまり貢献しない丸暗記指導法に戻ってしまう場合が多いのはたしかだ。プロジェクトについて聞かされた教師の多くが、反射的に身構えたのも無理はない。教師という立場は開発途上国では高い地位であることが多く、パソコンが生徒に教師以外の情報や知識の源を与えることになれば、教師の権威が損なわれると感じる者が多かったのだ。また、自分たちの使いこなせないツールを生徒たちの前で使う際、自信と指導力をどう示せばいいかわからないという声も多々あった。XOがこうした環境で良い変化を起こせるとは保証できなかった。

OLPCは、政府や教育関係者が抱く典型的な期待に応えつつ、パパートが明言した学習の文化に変化を起こすように教師を訓練するという困難に立ち向かうことになった。教師を訓練するにあたっては、実に地味な昔ながらの手法（ほとんどの場合において講師が丸暗記型の授業をおこなうやり方）から教師を脱却させ、構築主義における学習の特徴である真の問題解決に取り組む生徒たちを育てるための研修を実施することが重要だった。予想していたことだが、どの国にも必ず1人は型破りな教師がいて、すぐにパソコンを存分に活用できるようになり、他の教師たちの先陣を切ってくれた。逆に、先端技術を学ぶのに時間がかかったり、指定のカリキュラムからそれてしまったりする教師もいる。

## OLPCからの思いがけない派生物

AN UNEXPECTED OFFSHOOT OF OLPC

世界中のOLPCプロジェクトで、子どもや教師が先端技術を独創的に活用して新たなビジネスをはじめている。この傾向が特に強いのはウルグアイで、生徒たちが何十個ものシュガー用アクティビティをプログラミングしているのだ。クリストファー＝ヤエル・ロイバル＝ペレスは初期の頃からのユーザーで、今では才能あるソフトウェア開発者として頭角を現しつつある。モンテビデオ北東に位置する小さな町で育ったクリストファーは、シュガーそのものの改良に取り組んでいるのだ。最近、彼はウブントゥ（GNU／リナックスをベースにしたOS）で走る新しいデスクトップ「ユニティ」を使いはじめたのだが、気に入っていたシュガーの機能のいくつかが使いたくなったので、2つのシステムを自力で「混ぜる」ことにしたのだ。積極的に問題解決に取り組む自分の能力に自信を持つクリストファーのような子どもが、母国の未来のリーダーとなることは間違いない。

全般的に、ＯＬＰＣ活動国での教師の研修は、初期のプロジェクトではひいき目に見ても最小限のものでしかなかった。だがパソコンが政府公認のルートを通じて売られ、学校へ届けられる以上、教師の賛同と対応力は絶対に必要だということがすぐにわかってきた。そして同じくらい明らかになったのが、こちらの希望に反して「教科書型展開」は絶対にうまくいかないということだった。というのも、教師の研修を自分たちで計画しなければならない、ということは全く想定せずに、教育省はプロジェクトに取り組んでしまいがちだからだ。そこを補うためには、ＯＬＰＣが介入しなければならなかった。

## カリキュラムへの統合

もうひとつ、常に障壁になっていて、エコシステムの各関係者が協力して取り組んだ問題が、教師や学校運営者がＸＯを使った活動を正規の学校カリキュラムとなるように支援することだった。公式・非公式の展開支援として、ＯＬＰＣは先端技術をカリキュラムにどう関連づければいいかという基準づくりを支援しようと努力してきた。また、パソコンを使ううえで重要な「課外」時間が授業日のなかに組み込まれるか、その他の方法で確保されるようにすることによって、学習環境にも影響を与えようと試みた。たとえばペルーでは、シュガーを基にしたプロジェクト型の学習に関するガイドが教師に与えられた。これは、標準的カリキュラムを補うものだ。一方パラグアイでは、課外時間にパソコンを使う方に重点が置かれた。パソコンの独創的な使い方に特化した土曜日の授業に出席する生徒が大勢いたのだ。また、ルワンダでは、安全上の懸念から子どもがパソコンを自宅へ持ち帰ることを政府がいまだに許可していないため、課外時間が授業日に組み入れられることになった。

長年にわたってOLPCのパイロットプロジェクトを数多く率いてきた経験を基に、ゴメス＝モンロイは後に続く者たちに教訓をまとめた。

**子ども**

・「やってみたい」という生まれ持った好奇心が、子どもの最良の教師である。
・冒険させよう。
・時間をかけさせよう。

**教師**

・どんな教師にも、子どもの部分がある。
・自分でも冒険しよう。
・自分に時間を与えよう。

**プロジェクト実施者**

・どんな子どもでも、教師としての一面を持っている。
・子ども、教師、コミュニティに目を向けよう。
・彼らから学び、彼らのために活動しよう。

## 教訓と反省

2006年に『テクノロジー・レビュー』誌に掲載されたOLPCに関する記事で、ジェームズ・スロウィッキーはこのような大胆なコメントをしている。

「OLPCは、成功した暁には、非営利、民間、公的機関を効率的かつ生産的に連携させる活動の新たなモデルとなるだろう。(中略) NGOや一般企業では (それを言うなら政府でも) 解決しきれないほど大きな問題が、世のなかには存在する。こうした問題には、新たな形の連携が必要なのだ。そういう意味でOLPCは、ただ新しいパソコンをつくっているだけではない。常識を打ち破ってどうにか形になった、100ドルのパソコンという新たな博愛的製品を作っているのだ。残る問題は、これらのパソコンが実際にどの程度うまく動くのかということだ」

スロウィッキーは、OLPCが「壮大なインパクトを及ぼすプロジェクトをつくり上げようとしている」だけではなく、「慈善活動の基準から言っても驚くほど低い」予算でそれをやろうとしていると語って前述の見解を強調した。以下に記すのは、この多様な経験からOLPCが学んだいくつかの教訓だ。

**❶フリーサイズはどれにも合わない。**展開の状況は場所によって大きく異なるので、成功のためには現地（町、地域、国）固有の状況に合わせて慎重にプロジェクトの計画を策定しなければならない。そこには、プロジェクトごとに「偵察期間」を設け、プロジェクトチームが成功を支えるために現地で活用できる既存のリソースを探す活動も含まれる。たとえばウルグアイでは、配布の拠点として、既存の地方配送センターを活用した（各地のリソースの主な格差を特定し、その差を埋める段階的計画を策定することも重要となる）。既存のリソースを活かせば効率と持続可能性はかなり高まるし、地元の賛同と参画も得やすくなる。

**❷近道はない。**XOを配布することを最終目標としていた当初の計画と、製品だけに目を向けた一部の提携国の認識の結果、プロジェクトのなかには活動の成功に必要な時間と資源を低く見積もりすぎたものもあった。時間を経るにつれてわかってきたことは、プロジェクトの展開には学習のエコシステム全体を検討する必要があり、パソコンはその一

部分に過ぎないということだった。ＯＬＰＣはエコシステム全体を構築するべく活動するが、その活動は多大な努力を必要とするものであり、過小評価してはならない。あらゆるニーズに対応するには、連携が必要だ。どのような社会起業家でも、成果を出すために必要な支援を自分でおこなうにせよ、外部から見つけてくるにせよ、その全貌をはっきりさせておくことが重要となる。

❸**他者（の失敗）から学ぶ。**世界には、多くの成功例や失敗例があふれている。ＯＬＰＣが単独で実行しようとしたプロジェクトはしばしば過去の誰かの失敗を繰り返すものになり、些細なことでつまずいてしまった。広く支援を求めたプロジェクトは急速に進歩し、大きな目標のために協力するという感覚にさらに後押しされることとなった。ほとんどの社会事業にとっての基本は、他者とつながり、お互いから学びを得ることだ。

❹**成功は最終的には自分がすることだけではなく、他者がすることによっても左右される。**ペルーとウルグアイでは、ＯＬＰＣは望むものをすべて手に入れられた。つまり、すべての子どもに１人１台ずつのパソコンを、という概念を完全に受け入れてくれる国だ。この２つの国での成否がＯＬＰＣの長期的成功に重大な意味を持つことは明らかで、成功を確実にするためにはどんなことでもするという無言の決意があった。とはいえ、大抵

のことがＯＬＰＣだけではどうにもできないレベルだった。コントロールできることだけに集中し、できないことに関しては緊急時の対応策を用意しておくことだ。

**❺現地の能力を開拓する。** 成功への近道でもないし即効力があるものでもないが、現地の能力は長期の持続性には欠かせない。ＯＬＰＣは一貫して現地の能力開拓に注力するようになり、現地のＯＬＰＣスタッフや提携先にプロジェクトの管理方法を指導したり、いずれ成功するために必要なリソースを自ら開発できるように支援したりした。国際的組織になりたかったら、すべてを自分だけでやろうなどと考えてはいけない。

# 6 魔法でもなければ超高速でもない——OLPCの成果を評価する

NEITHER MAGIC NOR FAST

「教育に投資するには貧しすぎるとか、教育への投資は金の無駄だなどと言う人には一度も出会ったことがない。誰かが飢えていれば、食料が最優先される。戦争で命が脅かされている人がいれば、平和が最優先される。だが、世のなかをもっと良くしたいなら、そのためのツールには必ず教育が含まれる」

——ニコラス・ネグロポンテ

「裕福な学校ならどこでも何の反論や抵抗もなく広範囲に情報通信技術が使えるのに、貧しい子どもたち向けの場合に限って情報通信技術への投資を疑問視する声が多く上がるのはなぜだろう?」

——ホセ=アントーニオ・チャン(元ペルー文部大臣)

2010年12月6日の演説で、アメリカのオバマ大統領は国の将来の経済展望が減退している証拠として、OECD生徒の学習到達度調査(PISA——世界70カ国で実施されている、学習到達度の相対評価）の成績が悪く、さらに悪化している現状に触れた。オバマ大統領いわく、PISAの結果はアメリカがまたしても「スプートニク・ショック」に陥っていることを示唆している。1957年に旧ソ連がアメリカに先んじて人工衛星スプートニク一号を打ち上げ、それに危機感を強めたアメリカ社会は科学、先端技術、教育を推進した。オバマ大統領は、現在のアメリカで低下しつつある学習到達度も、イノベーションと教育に再び投資せよという警鐘であるとの観点を示した。[※1]そして、教育は国家の経済の基盤であり、イノベーションにとってあらゆる基礎を成す前提条件だと語った。

きちんと機能している教育制度と質の高い教育を受けた若い人々こそ、社会の幸福が構築される基盤だということは一般的に認識されてはいる。しかしアメリカ内外の教育改革者たちは過去何十年間も、教育における「成功」がどのようなものなのかを定義しようと努力し続けてきた。そのなかには、生徒の経験と学校の特色に注目するものもある。生徒は落ち着いてリラックスし、勉強に集中できるように、ちゃんと食事を与えられているか？ 安全で設備の整った学校で学んでいるか？ 資格を持ち、優秀で、長期間務め続ける教師が授業を教えているか？ 業績の悪い学校では、生徒の成功を妨げるものに取り組む改善計画に対して、明確な進捗が見られるか？

外から見ると、測定結果に対するこうした概念的要素だけに目を向けていてはいけないことがわかるのだが、実際にどの結果が本当に重要なのかはよくわかっていない。全国統一テストの成績がもっと高ければいいのか、中退率が低ければいいのか、高卒者の割合が増えればいいのか、出身を問わず大学へ進学する生徒の数が多ければいいのか、大卒者の割合が増えればいいのか、就職への備えができていればいいのか、あるいは他に影響のある要素があるのか？

オバマ大統領の「スプートニク」発言が示しているのは、成功のまったく異なる定義なのかもしれない。それは教育よりも学習のほうに、すなわち生徒ではなく学習者に焦点を当てた定義だ。この観点から見れば、教育の成功とは、若者がこの世界で生き延び、うまくやっていくために必要なスキル、思考、能力を与えることになる。そして重点が置かれるのは独創性と革新的能力、批判的思考、問題解決能力の開発なのだ。

ＯＬＰＣはその活動を通じて、学習者一人ひとりと活動国における学習の文化の目に見える変化に重点を置くべく努力してきた。政府と連携してパソコンを配布するという活動の歴史は、従来型の「学校の有効性」のほうに注力する人々の理解を得るべく努力してきたものでもある。と同時に、ＯＬＰＣの根本は構成主義的学習論とフレイレの革命的な教育理論に基づいており、学習者の能力と、学習者が人生や社会のなかでいかに変化の触媒としての力を身につけられるかに重点を置いている。これが、成果に関する議論をしばしば中断させる原因となってきた。長年の活動における最大の課題は、ひょっとすると、数多くの利害関係者に対して、プロジェクトの成果を目に見えるもの、理解できるものにすることだったのかもしれない。

## 定義するのも難しいが、測定するのはもっと難しい

ＯＬＰＣのように多くの子どもたちの人生を変えてきたプロジェクトにとって、そのインパクトの明白な証拠を示すのは実は難しい。たしかに、これまでの活動実績は見事なものだ。40カ国におよぶ何百もの町や村に住む２５０万人以上の子どもたちにＸＯを届けてきた。教育ソフトウェアのシュガー（ＸＯに内蔵された「シュガー・オン・ア・スティック」版とダウンロード版も含む）は数百万人の子どもや教師が使っている。寄付は５０００万ドル、パソコンの売上による収益は5億ドルにのぼる。２０１２年に開発途上国で配布するべく、10カ国以上が既に何百万台ものパソコンの購入契約を結んでいる。

だが、成功を測るために取り組みを「数える」のには明らかに限界がある。子どもたちに届けたパソコンの台数を測ることはできるが、それがどのように使われたかはわからない。パソコンが使われた時間の統計を取り、子どもたちが使ったアクティビティの記録をつけることもできるが、パソコンを使うこととパソコンで学ぶことの相関図は、簡単にはつくれないのだ。子どもたちに共通テストを受けさせるという手もあるが、そのようなテストは子どもの知識を測るためだけのものである場合がほとんどで、その知識で何ができるかは測れない。つまり、データを集積するのは比較的簡単でも、成果を測定するのはとても難しいのだ。

多くの注目を集めた活動であるにもかかわらずＯＬＰＣがインパクトの測定に苦労した事実は、社会貢献プログラムという幅広い背景に照らせば特別なことではない。「エビデンスに基づいた政策を推進するための連合」が述べたように、「教育、貧困削減、犯罪減少などに取り組むほとんどの社会政策において、プロジェクトは証拠《エビデンス》をほとんど考慮せずに実施されることが多い」[2]のだ。だが、証拠を考慮する努力をしたからといってそれで許されるわけではない。OLPCは意図的に評価を中途半端に放棄したわけではないが、当初の取り組みが不十分だったのは事実なのだ。

2007年にウルグアイとペルーで活動を開始したとき、ベンダーとカヴァロはOLPCのすべての展開プロジェクトの指針となるべき「評価フレームワーク」を作成した。これがあれば、提携国の出資者や大学、プログラム管理者が一貫性のあるデータ収集をおこなってくれるだろうと考えたのだ。どのプロジェクトも「評価フレームワーク」を活用し、インパクトの度合いを積極的に測ってくれるだろうと思っていた。なにしろ、XOを購入する機関は、出資者に成果を示す責任があるのだから。

だが現実には、評価は何百という展開プロジェクトで、それぞればらばらの方法でおこなわれたに過ぎなかった。想定外だったのが、クライアントの多くにとって評価が必ずしも優先順位の高いものではないということだった。政府からは購入したパソコンをすぐにでも配布しろというかなり強い圧力があり、そのためにXOはしばしば評価計画が整備される前に配布されていた。もうひとつのよく見られた、だが予期できなかった理由は、XOが明確な変化をもたらせなかったら、政府が金を無駄にしたと思われるのではないかというクライアントの恐怖心だった。後々わかったことだが、分権化して現地に責任を持たせた展開方法の欠点のひとつが、評価基準の甘さだった。結果として、プロジェクトの多くについて評価は実施されず、実施されてもデータが不十分なものになってしまった。[※3]

成果測定のもうひとつの制約が、プロジェクトが現地のリソース、意欲、特徴などに合わせてかなりカスタマイズされていることだった。オーストラリア教育研究評議会（ＡＣＥＲ）が実施した調査には、「現在のＸＯ展開プロジェクトはどのように構成され、資金が拠出され、運営され、実施され、支援されるかなど、ほぼすべての側面においてそれぞれに異なる。どのプロジェクトにも複数の組織がかかわっており、その組織の種類も国際協力機関、国の省庁、地方の教育省や情報通信企業から非政府組織や民間の非営利財団まで幅広い」と記され、最後にこう結論付けられている。「利害関係者たちはプロジェクトに対してそれぞれ異なる期待を持ち、評価は必ずしもすべてが教育的成果を測ることに焦点を当てたものではない」。

結果的に言えるのは、シュガーを搭載したＸＯが子ども一人ひとりに手渡されたという以外に、ＯＬＰＣの全プロジェクトに共通するものを推定するのは非常に難しいということだ。これほどまでに多様なプロジェクトの成果を評価するのは、不可能ではないにしてもきわめて困難だと言える。ＯＬＰＣの手法を信じるのであれば、現状でも成果の評価を示すデータは存在する。逆に成果が出なかったことを示す事例データを抽出することも可能だ。

## 生徒へのインパクトを評価する

元々「OLPC評価フレームワーク」は、共通テストで知識の獲得度合いを評価するところから、習得した技術を評価するところへと焦点を移していくために作成されたものだ。[※4] 特に、子どもたちが「学ぶことを学習した」証拠が見られるかどうかの測定が目的だった。このフレームワークは、出席率、留年率、中退率等を含む生徒の学校での行動も測るものだ。また、先端技術へのアクセスやその使用についても、授業中やそれ以外の時間にパソコンに接した時間の統計といったことから、生徒がどのようにパソコンを使っているかなどのさらに詳細な項目までを測定していた。ゲームをしているのか、チャットをしているのか、プログラミングをしているのか? 生徒へのインパクトは先端技術の習得度、従来の学校で求められる技能（読み書き計算やコミュニケーションの能力）、そして独創的思考、問題解決能力、協調性、チームワーク、自己学習などの、構築主義的学習論に直接関連する、これまでとは異なる側面の技能が測定された。[※5] このような測定項目の他にも、意欲、知識や技能の獲得、その結果向上する自信の度合いや、やればできるという自己肯定の度合いなどのインパクトにも目が向けられた。

では、ここから生じる課題、そしてそこから得られる機会はなんだろう? まずは数々のプロジェクトからの部分的証拠を俯瞰《ふかん》的に見てみることだ。そして、生徒がパソコンを与えられ、それを使うことにより意欲や学習の向上、能力構築、人生における可能性の拡大へとつながっていく、一連の成果の関連性を見出すことではないだろうか。

## 学習に対する生徒の意欲

２００８年にＯＬＰＣがパイロットプロジェクトを実施したソロモン諸島の3校のうちひとつ、パトゥカエ小学校のブライアン・バード校長は、太平洋諸島の教育者たちのメーリングリストへＯＬＰＣの起こすインパクトに対する明確な意見を投稿した。「先端技術そのものが変化を促進するわけではないというのは事実だが、学習と学習意欲の変化を促進するために活用できるツールではある」[※6]。他の地域での結果も、このメッセージに同調するものだ。２００９年に米州開発銀行（ＩＡＤＢ）がペルーで実施した調査[※7]では、パソコンを受け取った学校の教師の95％が、パソコンは子どもの教育と学習の改善に貢献したと考え、学校へ行こうという意欲も高まったと答えた。ソロモン諸島では、生徒がパソコンの目新しさに肯定的な反応を示し、新しいことを学ぶのに使えるかもしれないといつもわくわくしていることに教師たちは気づいた。

ＸＯが生み出す意欲と可能性の向上は、仮に一時的なものであったとしても、学校での行動に変化を生む。ニカラグアでは、ＸＯが配布された学校の中退率が2年の間に50％も減少し、留年する生徒の数も同様に減少した。ルワンダでも、授業を欠席する生徒の数が大幅に減り、学業のために情報を求める生徒たちの取り組みが増加したことを学校のデータが示している。

ＯＬＰＣの成果のなかで、最も頻繁に報告されるが最も測定が難しいものが、パソコンを受け取ったことで子どもに生まれる自信と自尊心ではないだろうか。ペルーの教育工学事務局（DIGETE）が実施した調査によれば、OLPCのプロジェクトに参加している生徒は学校への関心が高く（XOを与えられていない生徒と比較すると11%高かった）、学校に通うことの重要性を感じる度合いも大幅に高まった。学校での能力に対する意識も高まった。そして何よりも重要なのが、調査を受けた生徒の50%が、今では人生に選択肢が増えたと感じていることだった。

### 生徒によるXOの活用

XOの使われ方に目を向けると、検討すべき重要な側面がいくつか浮かび上がってくる。使用の頻度と程度、授業時間中なのか課外なのか、学校なのか家庭なのか。さらに、生徒たちがXOで何をするかも重要だ。文章を書いているのか、ゲームをしているのか、もっと独創的で、個性的な試みに取り組んでいるのか？

#### ・使用頻度

ソロモン諸島でのプロジェクトに関するACERの報告によれば、生徒たちがXOを「充電されていれば毎日」、学校でも家庭でも使っていたことがわかっている。教育プログラム向けの情報通信技術のほとんどが計画的な学校での使用を重視しているものの、最も独創的な学習がおこなわれるのは課外での使用だろうとOLPCは想定していた。これを念頭に置き、学校でも家庭でもパソコンを使えるようにすることが必要不可欠だったのだ。

家庭での使用を支持する者は、このほうが課外使用の時間が増えるため、独創性や問題解決能力を促進するような使い方が増えると主張する。一方批判者は、子どもがただゲームをしたりあまり学習に重きを置かないことにパソコンを使ってしまい、宿題をしたり外で遊んだり、家族や友だちと触れ合ったりといった時間が奪われてしまうと主張する。ペルーでＩＡＤＢが実施した調査では、80％の生徒がパソコンを自宅へ持ち帰ったと報告されている。その場合、家での使用時間は一時間から二時間で、その半分が学校の宿題に、残りの半分がゲームや友だちとのチャットなど、遊びに費やされた。[※8] 全体を見れば、ＸＯが学校と家庭との間により強い学習の結びつきをつくる可能性があると言える。

パソコンの配布直後に学習への関心が高まることと、導入後はきちんと定期的に使用されるということはわかったが、このパターンは継続するのだろうか。ハード面での問題が使用を妨げたり、パソコンを充電する設備が不十分だったり、ＸＯと学校の正規のカリキュラムとの間で連携が不足していたりといった事例が多くのプロジェクトで聞かれ、いずれはパターンの減少が見られるものと思われた。使われなくなった大量のＸＯが物置にしまわれるという恐ろしい展開がプロジェクトの批判者によって一部で囁かれてはいたが、それはひどく大げさな話だとＯＬＰＣは考えている。とは言え、必要なインフラ、適切なサービス、そしてハード面のサポートに加えて、学習面での適切なサポートも提供することが、この数年間でＯＬＰＣが学んだ重要な教訓であったことは間違いない。

### ・使用目的

非営利調査機関ＳＲＩに所属する教育工学の世界的専門家であるロバート・コズマはこう述べる。「情報通信技術の利用可能性や使用と生徒の学習との間には、一貫した関係性は見られない」[※9]。生徒たちがパソコンをどのように使っているか、その具体的な方法をもっとじっくりと見る必要がありそうだ。

「プラン・セイバル」のデータを見ると、ＸＯとシュガーの導入が、生徒のパソコンの使い方に興味深く、かつ重要な変化をもたらしていることがわかる。ＸＯの導入前と後のパソコン使用に関する調査では、行動の変化が明白だった。ＸＯを受け取る前、子どもたちはパソコンでゲーム以外のことはほとんどしなかった。だが導入から一年後、まだゲームもしてはいたが、パソコンを使う時間の大半がインターネットでの情報収集、作文、作画、チャット、作曲、動画作成、メール、ブログに費やされるようになっていたのだ。

同様に、ＸＯを使用したハイチのサマーキャンプでは生徒のパソコン使用が記録され、その当時のＸＯで使えた17のアクティビティのうち４つ（「記録する」、「書く」、「インターネットを見る」、「絵を描く」）が、キャンプ参加者による使用目的の88％を占めていた。ペルーのアレキパで靴磨きをして生計を立てている11歳のカイン・アベル少年の話も同様の傾向

## ウルグアイで新たに生まれた自信　A NEW CONFIDENCE GAINED IN URUGUAY

これは、教師のロサメル・ラミレスが、自分の受け持ちクラスにいたペドロという名の生徒について語った話だ。ペドロは14歳で、文字を読むことができず、行動と社会性に深刻な問題を抱えていた。XOが届くと、ロサメルは生徒たちに、自分の好きな物語を作文したらどうかと提案した。ペドロは最近ある劇で見た役柄について書きたいと思い、ロサメルに言った。「先生、僕、ナチョのことを書きたいんだけど……どうやったら書けるかわからないんだ」。ロサメルはペドロに、物語を声に出して話すようにと言い、その物語を発音のとおりにXOで一語ずつ書けばいいと教えた。ペドロはアルファベットはほとんど理解していたが、言葉のつづり方も、言葉をつなげる方法も知らなかった。ロサメルが「すてきな作品ね！　クラスのみんなに読んであげて」と言うと、ペドロは言った。「でも、僕、読み方がわからないよ」。ロサメルはウインクしてこう答えた。「あら、大丈夫よ。自分で書いた物語なんだから」。ペドロは物語を何度も黙読し、それから前に出て同級生の前で読み上げた。そして最後に興奮してこう叫んだ。「読めた、読めたよ！」　ペドロにとっては、忘れられない一日となったのだ。

――ロサメル＝ノーマ・ラミレス＝メンデス、ウルグアイの6年生の担任教師。スペイン語から英語への翻訳はガブリエル・エイレアによる。

が見られることを示している。

「このパソコンは僕の友だちだよ。妹みたいなもの。家に一人でいるときはパソコンを立ち上げて遊ぶんだ。遊ぶ気分じゃなかったら、お話を書いてる。一番好きなのは、絵を描くこと。ウィキペディアも好きだよ、何でも書いてあるから。ものすごく大きな図書館みたいなんだ」

批判者はチャットなどのアクティビティを、洗練されていない、パソコンの無駄な使い方だとして否定している。しかし、主な目的が読み書き能力と独創性をはぐくむことであれば、読み書きや芸術的活動に取り組むよう直接子どもたちに働きかけるアクティビティの使用は、良い結果を生むと言っても差し支えないはずだ。

データはパソコンを使った活動の変化を示すだけでなく、子どもの年齢によって使用パターンが異なることも示した。ソロモン諸島でのACERによる報告書では、年少の生徒は読んだり文字を書いたり、算数を覚えたりするために使う傾向が強かった。一方、年長の生徒は作文をしたりインターネットに接続したり、ゲームをしたり動画を作成したりといった目的で使っていた。また、年長の生徒たちはXOを探求と創造のツールとして使って自己学習をおこなったり、他の生徒たちと協力して学んだりもしていた。これもやはり、基本的能力と知識の基盤が整えば、生徒がパソコンを使ってもっと高度な能力を構築できるようになるという、OLPCが提案する新たな学習の形に一致している。

## 生徒の学びへのインパクト

生徒の習熟度を評価する際、知識の獲得（伝統的な正規教育の範疇である読み書き計算）と、構築主義が最も重要視する領域（独創性、イノベーション、真の問題解決能力）の能力の育成とを区別することが重要になる。

知識の獲得に対するXO導入のインパクト評価は現在のところはまだ暫定的だが、それでも肯定的なものではある。ペルーのアラウアイにある学校でXOが導入されてから5カ月後、読解力に進歩が見られ、間違える子どもが減った一方で、より難易度の高い内容で好成績をあげる子どもが増えたと教師たちが報告した。算数でも、同様の報告がなされている。学習はコミュニティのなかでおこなわれるというOLPCの主張に基づいて教室の外へと目を向けると、教師たちは子どもたちが教室内外で頻繁にコミュニケーションを取るようになり、アイデアの共有も増えたと述べた。このアラウアイの案件についてAP通信社はこのように報じている。「地方の貧しい子どもたちが小さい風変わりなパソコンから恩恵を受けられるのかという疑問は、OLPCのプロジェクトによって50人の小学生がパソコンを受け取ってから6カ月後、アンデスの丘のてっぺんにあるこの小さな村に降りる朝露と同じくらい、あっという間に消え去った」[※10]。

オーストラリアの先住民族が多く住む、北西クイーンズランド州に位置する公立ドーマジー学校で取られたデータによれば、主要な教材あるいは主要な学習参加戦略としてXOを導入したことによって、3年生では算数の基本的知識の理解度が31％向上した。南太平洋のニウエにある学校では、プロジェクト導入から2年後、子どもたちのパソコン技能、さらには気候変動などの世界的問題に関する知識が、目に見えて向上したという。ジャマイカのOLPCは、XOが教室に導入されて以来、算数の成績が12％向上したと報告している。[※11] 特に算数に関して、XOとシュガーは学習を楽しいものにしてくれるようだ。生徒は教科書を使う場合よりも、シュガーのアクティビティを使った方がもっと算数を勉強したいという気になる。エチオピアでは、ゲーム形式のアクティビティの内容が教科書の内容とほぼ一致していたため、教師は授業時間中に、学習補助ツールとしてXOを使わせることもできた。

OLPCプロジェクトが社会的知能や情動的知能といった要素に注意を払い、知性の源を複数発掘することをプロジェクト成否の重要な指標に据えているという点は、10年前であれば大いに物議をかもしていただろう。だが近年、従来型の教育制度のなかでもこうした要素が生徒の成長を測る要素として重要視されるようになってきている。OLPCペルーのプロジェクトチームが、この考え方の変化をうまくまとめてくれた。

「教育業界は、共通テストだけがインパクトの評価基準ではないという理解が進んでいます。問題解決能力、批判的思考、複数の情報源の活用といった要素（中略）そして自律的学習能力こそ、影響を測定する新たな基準なのです[12]」。

こうした能力を生徒が獲得したかどうかを評価する一番良い方法は、一歩後ろに引いて、教師と生徒との交流、生徒同士の交流、生徒が自らXOを使う様子などを観察し、教室全体の活動の性質を測ることだ。つまり、構築主義は「学習は実践すること」を重視しているのだから、生徒の活動そのものを見る以外に、重要な能力がはぐくまれているかどうかを測る術はないのだ。

OLPCプロジェクトが導入された教室は、一見無秩序状態に見える。生徒たちがきちんと列に座って静かに前を向いていないからだ。ではどうしているのかというと、子どもたちはあちらこちらでグループをつくって一緒に作業し、気づきをシェアしている。XOが導入された学校のほぼすべてで、生徒たちのグループ学習や協力、アイデア共有の数が明らかに増加している。また、従来型の教室よりも、同級生同士での学習が大幅に増えていることもわかる。たとえば、ウルグアイの「プラン・セイバル」が集めたデータでは、子どもたちの45％が同級生からXOの使い方を教わっている。また、70％近くが親や兄弟姉妹、他の子ども、そして場合によっては教師など、他の誰かにXOの使い方を教えたことがあると回答している[13]。

OLPCは反教師的だという批判を多く受けているが、子どもが学習のためにXOを受け入れる術を学ぶには、大人の「案内役」の存在が重要だと常に認識してきた。OLPCが大きく誤解されているのは、ＸＯ（とその根底にある構築主義論）が教室や教師中心ではなく生徒中心の学習方法を、そして、特定のカリキュラムよりも学習への取り組み方を重視する教育を実現すると主張しているからのようだ。だがＸＯを導入した教室でも、教師は重要な役割を果たしている。グループからグループへと見て周り、生徒に質問を投げかけたり、もっと上のレベルまでがんばってやってみるように励ましたりするのだ。ソロモン諸島のある学校の校長は、ＸＯプロジェクトが「教師に力強く、生き生きとして優れたツールを与えたことによって教室が『活性化』した」と述べている。[※14]

教授主義から構築主義的指導法へと変化するのに苦労する教師の話が、ほとんどのプロジェクト評価報告に登場する。こうなると、教室でのパソコン使用率はどうしても低下してしまう。教師がこの変化を受け入れるには、多少の研修と、とにかく信じてみるという気持ちが必要だ。研修の質と量はプロジェクトごとに大幅に異なるため、進捗度合もまちまちだ。

最上級のサポートが得られたパラグアイでは、変化は急速に実現した。ほとんどの教師が孤立した環境で働いているペルーでは、変化がやや遅かった（放課後や週末の「合宿」を実施したプロジェクトでは順調な進展が見られた。教師が特定のカリキュラムに固執しなくてもいい非公式な環境では、経験と自信が身につけられたのだ）。教師の研修にあたって、最も総合的な取り組みをおこなったのはおそらくオーストラリアだろう。教師は導入ワークショップに出席し、オンラインの継続教育プログラムにも参加し（このプログラムを修了すると教育省が認定した証明書が授与される）、教師向けのソーシャルメディアサイトにも参加した。これらの方法によって、教師たちはお互いが学ぶ様子を見る機会ができ、学習を助け合うことができたのだ。

これまでとは異なるこの取り組み方を完全に受け入れ、生徒たちの成果を目の当たりにした教師たちは、その成功体験を他者と共有する場合が多い。ペルー南西部に位置するプーノという小さな町の教師、スデンカ＝ゾベイダ・サラス＝ピルコは、100ページにわたる1冊の本を書いた。*The XO Laptop in the Classroom*（未邦訳）というこの本は教師たちの間であまりに話題になったため、アラビア語を含む5カ国語に翻訳された。モンテビデオの体育教師、グスマン・トリニダードは、パソコンを使ってごくわずかな費用でできる科学実験をいくつも開発した。自分の授業がないとき、トリニダードは全国を巡ってこの実験のやり方についてワークショップを開いている。ウルグアイ中央部の教師、ロサメル＝ノーマ・ラミレス＝メンデスは、学習目的でのパソコンの使用方法が傑出していて、ウルグアイにとっては幸いなことに、その実績を出し惜しみすることがなかった。自分の経験を成功も失敗も含めて他の教師たちに伝えたいという情熱に突き動かされた彼女は膨大な情報量のブログを管理し、メールやフェイスブックなどのソーシャルメディアを活用したオンラインのディスカッションを主催し、全国フォーラムにも参加している。

## 教師への影響

生徒の学習から一歩引いて教室への導入に目を向けると、XOが「先端技術の使い方を熟知し、教授法の実践にパソコンを取り入れことが可能な教師によってサポートされること」が重要であるのは明らかだ。[15] これは言うのは簡単だが、教師の先端技術の活用という面において、先進国でさえ現状はこの理想とは程遠い。インターネットやパソコンさえ十分に普及していない開発途上国ともなると、なおのことだ。[16] キューバ、チリ、コスタリカ、ウルグアイなど、一握りの中南米諸国ではたしかに教師の80％が日常的にパソコンを使っている。[17] その用途は基本的には情報を検索するためだけで、それ以上の高度な使用はほとんど見られない（前述の国々で、2011年時点でメールアドレスを取得していた教師は50％に過ぎなかった）。教師の研修プログラムも、先端技術には少々触れる程度のことが多い。アメリカでさえ、ごく最近までは先端技術の活用に関する教師向けの研修はおこなわれていたとしても微々たるものだった。

　ＯＬＰＣは、プロジェクトの多くで教師からの強い反発を受けてきた。だがはっきりしているのは、展開を計画し、十分な研修と支援を提供し、ＸＯをカリキュラムに組み入れる際のサポートも提供するにあたって教師の参加がなければ、学習におけるＸＯの可能性は聞かれないまま終わってしまうということだ。ＩＡＤＢがペルーでおこなったＯＬＰＣプロジェクトに関する調査では、教師への研修がごくわずかしかおこなわれないというのが最近までの典型的なパターンだったことが判明した。たとえば89％の学校で最低一人は教師が研修を受けてはいたものの、技術サポートを受けたと答えた教師はわずか10％で、ＸＯをカリキュラムに組み入れる際のサポートを受けたのは7％に過ぎなかった。これは、教師たちをより前向きな取り組みへと向かわせるために必要なサポートとしては、まったく不十分だ。

教師がサポートを受けたところでは、生徒と同様に教師たちもパソコンの存在におおむね意欲が高められたことが、評価のデータから見て取れる。また、XOの導入によって実際的な利点もあったという報告も多い。IADBがペルーで調査した教師たちは、パソコンのおかげで授業計画の策定や教材の準備、より品質の高い指導がしやすくなったと言い、生徒をもっとしっかりと取り組ませるようなアクティブ・ラーニングの戦略を支持した。また、教室で黒板に書く必要も少なくなったと言い、そのために1週間分や1学期分の授業計画を立てられるようにもなったし、授業計画や宿題の準備も全体的にしやすくなったと語った。ソロモン諸島の教師たちは、子どもの活動や進捗の記録、提出物の管理が簡単にできるようになったと述べている。

ここで重要なのは、XOの導入によって、教師が生徒一人ひとりのニーズに合わせた教え方に取り組めるようになる可能性（と容易さ）が向上するかもしれないという点だ。過密状態で、様々な年齢で様々な能力レベルの生徒たちが1カ所に集まっていることが多い開発途上国の教室では、これは大きな効果を生む。教師は、生徒の多様なニーズに応えるために授業計画をもっとカスタマイズできると感じるようになるし、勉強の遅れている子どもには補助教材を、勉強が進んでいる子どもには追加の課題を与えたりすることもできるのだ。

## 家族やコミュニティへの波及効果

ＯＬＰＣは当初、新たな形の技能を身につけ、やればできるという自信を持ち、自分が生活する経済圏や社会に今までとは違った形で関わることができるようになった生徒一人ひとりが、コミュニティや社会へ広範囲に変化を起こしていくようになるはずだと考えていた。だが、ＸＯの導入により、保護者やコミュニティそのものにも波及効果が見られるようになってきた。保護者の場合、子どもの教育に対する態度が変化した。ソロモン諸島のパトゥカエ校のブライアン・バード校長が説明したように、保護者が子どもの教育を以前より応援するようになり、もっと教育に取り組むようになったのだ。ルワンダでは、学校の教師や経営者たちが、子どもの日々の教育に対する家族の参加が増えたと報告している。保護者が、自分たちにもパソコンの使い方を教えてほしいと要請するようになったのだ。

だが多くの場合、考えは凝り固まったままだ。リークスメイの一番初めの学校を立ち上げた共同創立者であり、小さな非営利の教育組織「カンボジアＰＲＩＤＥ」の代表でもあるエレーン・ネグロポンテも、そのためにカンボジアで悪戦苦闘している。子どもが小学校を卒業してすぐ、あるいは小学生のうちにでも、一家の収入に貢献できるようにと保護者が学校を辞めさせてしまう傾向がいまだに強いのだ。

ＯＬＰＣの当初の目標のひとつは、階層化されている場合が多い開発途上国の社会における情報へのアクセスと学習の機会の均等化を推進することだった。この点で成果を示す証拠がいくつか出て来つつある。多くの場合、XOを与えられることによって初めて、子どもは社会が自分に投資をしてくれるという経験をするのだ。それは、子どもの価値観の大きな指標となる。たとえばハイチでは、「XOが機会と成長のシンボルとして一般に広く認識されている」[⌘18]。アフガニスタンでは、XOは小学校の男子生徒だけでなく、女子生徒にも公平に配布された。インターネットアクセスとメッシュネットワークを併用したノートパソコンにより、過去には女子を排除してきた教育制度に女子生徒も参加できるようになった。インターネットを通じて家から授業に参加するのが、社会的タブーを回避する容認可能な方法となったのだ。

### 棒切れを投げ捨てる　THROWING THE STICK AWAY

ナイジェリアのアブジャでは、言うことを聞かない生徒には躾のために太い棒切れを使うのが慣習だった。だがXOが導入されてから、体罰のために使っていた棒切れを窓の外に投げ捨ててもいいのだと、ある教師が気づいた。棒で「促す」ことなく子どもたちが進んで勉強に取り組むようになったので、棒切れが必要なくなったのだ。

ウルグアイのバスケス大統領が「プラン・セイバル」をあえて立ち上げたのは、「すべての国民に情報通信ツールへの均等なアクセスの機会を提供することで、社会正義の実現を推進するため」[※19]だ。立ち上げ当初から、大統領の目標は社会の平等を促進することだった。先端技術へのアクセスの平等性という観点から、この政策は成功している。本書執筆時現在、ウルグアイに住むすべての子どもがノートパソコンと無料のインターネットアクセスを与えられているのだ。実際、ウルグアイは、一家庭あたりのパソコン普及率が世帯収入と反比例している唯一の国でもある（貧しい家庭は子どもが多い傾向があるというのが理由のひとつだ）。先端技術へのアクセスを地域全体で実現するという観点から、ウルグアイは他に類を見ない成功を収めているのだ。

他のプロジェクトの多くもバスケスのように平等なアクセスを目標に掲げているが、「プラン・セイバル」ほど成功しているところはない。ペルーは台数が不足しており（ペルー国内のXOの台数はウルグアイより多いが、子どもの数はそれよりもっと多いのだ）、インターネット接続も不十分だ（海岸沿いの都市部を除き、ペルー国内でのインターネットアクセスの提供は非常に難しい）。ソロモン諸島では、アクセスの平等性は実現できたかもしれないが、インターネットアクセスのコストがとにかく高いため、多くの学校がわずか数年でプロジェクトを中断せざるを得なかった。

社会参加の問題は、単にアクセスできればいいというだけのものではない。「わかりやすく言うと、技術的サポートや社会的支援なしにただ子どもにパソコンを渡しただけでは、使い方が階層によって異なってしまうのだ」[※20]。低所得家庭の場合、先端技術になじみがあってすでに自分でも使っているという家族の割合が低いと推定される。また、保護者が長時間働くため、家を留守にしている場合も多いだろう。そうなると、パソコンの使用はチャットやゲーム、メディアのダウンロードなど、ごく基本的な内容にとどまってしまう。この場合、やはり学習の案内役として能力ある大人が取り組むことが重要なのだ。

## 現在示される証拠の限界

2009年にソロモン諸島で実施された評価では、参加者はXOを学校に導入する本当の目的について質問された。パイロットプロジェクトの参加者からは、かなり多様な意見が聞かれた。「教育のリソースを増やし、アクセスを均等化するため」と答えた者もいれば、「識字能力が低い子どもを支援するため」と答えた者もいる。また、「リソース不足の学校を後押しするため」という回答もあった。パソコンは教師の質を高めることに一番役立ったと感じる者もいれば、子どもを先端技術に触れさせるという単純明快な目標に注目した者もいた。どれも先端技術によって子どもの学習の新たな形を推進するというOLPCの意図にとっては重要なものだ。だが、プロジェクトの目標に対する明確で共通の理解（と、その成功を測る指標）がないことは注目に値する。そして、それはOLPCの評価手法の複雑さを浮き彫りにするものでもあるのだ。

成功はどのように定義するべきだろう？　経済的発展か、教育か、その両方か？　測定は直接おこなうのか、それとも間接的におこなうのか？　ＯＬＰＣの有効性に対する総合的評価には、多変数の多層的な取り組みが必要となる。ＯＬＰＣは、型破りな「成功」の定義を示すと同時に、それを測る型破りな手段も積極的に促進してきた。教育における成果の典型的な測定方法の先へ目を向け、「学習」と、社会的・経済的発展に対する学習の適用性に注目したのだ。ＯＬＰＣは、それぞれ異なる評価手法を支持している。振り返りと自主性をはぐくむために学習成果が生徒自身にわかるような評価であり、学びを認識して称えるような評価、家族やコミュニティに学んだことを伝えるような評価だ。

ＯＬＰＣは評価を通じて学習のニーズに応えるだけでなく、ステークホルダーの要求にも応えなければいけない。パソコンやインフラ、研修に何億ドルも投資している人々がいるのだ。彼らの戦略的意思決定プロセスをサポートし、展開方法を改善して投資に対する最終的な成果を評価できるデータを提供することが求められる。

教育への投資が必要だという点においては、誰もが同意するだろう。その重要性を無視する社会的・経済的代償はあまりに高く、まさに「安物買いの銭失い」となってしまう（注21）。だが本当の問題は、教育への投資の潜在的な裾野の広さを考慮したとき、開発途上国の子どもたちの暮らしを本当に変えるために投資すべき対象が、ＯＬＰＣかどうかなのだ。私たちは、現在までにＯＬＰＣが蓄積したデータの深さと、ＯＬＰＣの結論の強さに満足してはいない。今のところ、インパクトの評価はまだ決定的ではない。教師と生徒に情報を提供し、既存の投資者と潜在的投資者にも情報を提供するという観点からは、現在入手可能なデータは良く見積もっても部分的な成果に過ぎない。ＸＯの導入と実際に報告された学習成果との間に、はっきりとした因果関係を示すこともできていないし、変化の度合いについて明確で一貫性のある、十分に裏付けられた実例も、現時点では集められていない。ただ、自信を持って言えるのは、ＸＯの導入は少なくとも、学校への参加を向上させ、学習意欲を高めるきっかけとなったということだ。このきっかけにより、子どもたちを膨大な情報に触れさせ（カンボジアの子どもたちがかつてはその存在すら知らなかったブラジルのサッカーチームについて知ったというネグロポンテの話を思い出してほしい）、知識を深めさせたという変化の明らかな証拠はある。そして何より重要なのが、子どもが生涯学びつづける者になり、最終的には社会変革の触媒となれるような、自ら学ぶ力と真の問題解決能力を身につけることとなのだ。

評価とモニタリングのしっかりとした枠組みがつくられ、生徒の学習成果に対する先端技術の使用方法とそのインパクトのパターンが、時間と共にどう変化するかを記録するための時間もできた。それによって、これからの数年間はＯＬＰＣが唱える変革理論の真価を問う、本当の意味で最初のチャンスとなるだろう。ＯＬＰＣが評価を進化させる次の段階へと動き出したと同時に、教育機関にも先端技術や構築主義の考え方を教室に取り入れようという、好ましい変化の兆しが見られるようになってきた。また、プロジェクトが思慮深く展開され、徹底的にサポートされたときにどのようなインパクトをもたらすかについての心強い実例も集まりはじめている。

## 教訓と反省

ペルーの学習における先端技術活用の先駆者として、オスカー・ベセラはこう説明する。「良くも悪くも、教育の改善に先端技術を活用したことの成果（または成果がないこと）の証拠を十分に集めるという作業は魔法のようにも超高速でも起こり得ないし、完全に実現するには献身的努力と忍耐が必要だ」

❶**評価を測定できるようにしておく。**自分自身が評価され、関係各方面に対する説明責任を負うのだから、何をするにせよ測定できる仕組みをつくっておく。指標として考慮すべきなのは成果（何が起こったか）と経緯（どのようにして起こったか）だ。OLPCが測定していた、受け入れ窓口に何台のパソコンが届けられたかという指標も重要な成果ではあるが、ミッションの第一段階に過ぎない。測定はプロジェクト全体にわたり、成否を評価するものでなくてはいけない。

❷**成功の適切な指標を定義する。**社会福祉分野以外の人にしてみれば、非営利の社会事業組織を運営することは営利目的の組織を運営するよりもずっと簡単に思えるかもしれない。非営利組織のミッションは非常にはっきりと定義されており、規模も一般的には小さいことが多いからだ。だが現実には、非営利組織のリーダーは1人で2つの仕事をこなし

ている。対象受益者に望ましいインパクトをおよぼす明確かつ魅力的なモデルを策定することと、潜在的投資者に対して魅力的な価値ある提案をすることだ。資金面における成功の目安は多様な資金源が継続的に確保されることだろう。だが、こうした資金源を確保できるかどうかは、組織がそのミッションをどのように訴求し、成果をどのように測るかに依存する部分が大きいのだ。

**❸自分がどのように測定されるかを管理する。**自分の成功をどのように測るかを知っておくこと。さもなければ、他者にそれを定義されることになる。そして大抵の場合は批判的な結果が、予期せぬ不当な形で出てくる。測定結果について責任を負うのは自分なのだから、正しく測定されるように留意すること。変化に対する明確な理論を持っておくなど、変化を起こしたいと思っている目標が何なのかについての対話はきちんと制御することが重要だ。OLPCは「パソコンが補助する学習」、「パソコンを使う能力」、「従来型の学習」という観点から批判を受けてきた。だがOLPCの真の目標は独創性と問題解決能力であり、その測定を体系的に取りはじめたのはごく最近に過ぎない。

**❹批判者はどこにでもいる。**批判は必ず受けるものだから、備えておくことが大事だ。批判のなかには正当なものもあるだろうし、不当なものもあるだろう。達成しようとしてい

る目標に関する知識のなさからくる批判もありうるので、常にメッセージを補強し続けるべきだ。ＯＬＰＣの場合、その教育理論はいつも誤解されてしまう。子ども中心であるということは、反教師であることとは違うのだ（体験しながら学ぶということは、自分だけで学ぶこととは違う）。プロジェクトに世間の目が注がれていると、どのような欠点でもさらしものになってしまう。批判は避けられないので、面の皮を厚くする必要はあるが、頭蓋骨まで分厚くしてしまってはいけない。批判のなかにも、叡智の種が隠れていることはよくあるからだ。批判には耳を傾けること。それで落ち込むのではなく、失敗や批判から学ぶのだ。

❺**しっかりとした考えを、ゆるく持っておく。**自分の想定を検証し、進化させられるようにしておくこと。成果の主な要因を特定するためにデータを活用する。ＯＬＰＣの場合、開発途上国の若い学習者たちに狙い通りのインパクトを与えるうえで、現行のハードウェア主体のやり方に関する重要な議論をはじめた。実際には、学習ソフトに焦点を当てるだけで目標へと大きく前進できるのではないだろうか、と。「ＯＬＰＣのインパクト」を評価するなかで出てきたデータは、むしろ学習を推進するうえでの「シュガーのインパクト」を示唆しているのかもしれない。

❻**学習する組織になる。**ＯＬＰＣの新たな展開手法の基盤は、しっかりと構築された一貫性のある評価への取り組みだ。その評価によって生徒、教師、コミュニティに狙い通りの変化を起こせるように、プロジェクトを調整することが可能になる。現地クライアント（つまり展開プロジェクトの関係者）も学習できるような学習環境をつくっておくこと。具体的には、プロジェクト間で学習を促進できるよう、データの集約と共有を可能にしておくことが重要だ。

PART 3

# そしてこれから

LOOKING AHEAD

OLPC NOW AND IN THE FUTURE

# 7 OLPCの現在と未来

「教えることにあえて取り組む者は、学ぶことをやめてはならない」
——ジョン・コットン・ディーナ（ニューアーク公共図書館長）

「OLPCはうまくいけば非営利、民間、公的機関を、効率よく生産的に連携させる活動の新たなモデルとなるだろう。（中略）世のなかにある大きな問題は、もはやNGOや一般企業、さらには政府だけでは解決できない。新たな形の連携が必要だ。OLPCは、新しい機械をつくっているだけではない。どうにか形になった、常識破りの100ドルのパソコンは、すべての人を手助けするためのパソコンだ。残る問題は、これらの機械が実際にはどの程度うまく動くのかということだ」

——ジェームズ・スロウィッキー（『テクノロジー・レビュー』誌、2006年11月）

2010年、マサチューセッツ州ケンブリッジ市のハルト・インターナショナル・ビジネススクール（営利目的で、世界で最も急速に成長を遂げているビジネススクール）に通う大学院1年生のアフマド・アシュカルは、チャールズ・ケインがもつソーシャル・アントレプレナーシップの授業で、OLPCについての講義に出席した。OLPCの困難について聞いているとき、アシュカルはひらめいた。OLPCのプロジェクトに段階的な変化をもたらすようなアイデアを、コンテストで募集したらどうだろう？　パレスチナ難民としてイスラエル西部のガザ地区で育ったアシュカルは、ガザのような環境での教育改善に関心を持っており、OLPCを母国で展開する可能性がないかと考えたのだ。まず考えたのは、世界5カ所（ボストン、サンフランシスコ、ロンドン、ドバイ、上海）にあるハルトのキャンパスで、世界中のビジネススクールから代表チームを招いて競争させることだった。各チームはOLPCのケーススタディを基に、組織をどう改善すればいいか、あるいはそのモデルにどんなイノベーションをもたらせるかを考えて発表する。5つのキャンパスからひと組ずつ代表チームが選ばれ、5チームが優勝をかけて競うのだ。

　実際のケーススタディを基にしたケース・チャレンジやビジネスプラン・コンテストは、ビジネススクールでは昔からおこなわれてきた。その目的は、プロジェクト志向や解決志向型の学習に取り組ませることによって現実世界の問題を解決する学生の才能を集めるというものだ。アシュカルの工夫は、その既存のツールを、社会的な変化を起こすために活用するところにあった。そして3年後、ハルト・グローバル・ケース・チャレンジ大会の開催に至る。これは「世界の社会問題を解決することを目的とした、世界最大のクラウドソーシング（不特定多数の人の力を活用し、何かをつくり上げること）」と銘打たれており、2012年に開催された大会では、世界中の100以上のビジネススクールからMBA（経営学修士）の学生たちが集結し、活動を世界規模に拡大するための戦略的・経営的課題の解決に取り組んだ。

2012年のその大会では、3つの社会事業組織が取り上げられた。教育分野からは、OLPC。住居分野からは、家を建てることで平和を築く国際NGOハビタット・フォー・ヒューマニティ。そしてエネルギー部門からは、アフリカで子どもの死因の上位に挙げられる灯油コンロを削減する活動をおこなっているソーラーエイド。2011年の大会では、元アメリカ大統領ビル・クリントンが基調講演と審査員を務めた。2012年には超党派組織クリントン・グローバル・イニシアティブが活動の共同主催者となり、審査員には再びクリントン元大統領と、今度はグラミン銀行の創設者ムハマド・ユヌスも加わった。学生たちは3つの組織が世界規模でインパクトをもたらすための主な課題を特定し、解決策を提案した。各分野の優勝チームが決勝戦で直接対決し、優勝したチームには提案を実行するための費用100万ドルが授与された。

教育分野には、84のビジネススクールから何百ものチームが参加した。大会初年度に優勝したのは、カーネギーメロン大学テッパー・スクール・オブ・ビジネスのチームだった。彼らの提案は、シュガーの活用を促し、世界のソフトウェア開発業界を巻き込むような、教育ソフトやサービスを提供する「アプリケーションストア」をつくるというものだった。2012年の優勝者アメリカン大学イラク校のチームは、IT学科の学生たちが社会から取り残された女性たちにパソコン研修をおこない、それを単位として認めることを提案した。その研修を受けた女性たちが中学校の子どもや教師たちにパソコンの使い方を教え、子どもへのパソコン配布も担当するという内容だ。ハルトのサンフランシスコ校から参加したチームは、パソコンの購入資金を拠出するためだけでなく、インフラや研修にも使えるソーシャルインパクト債券を提案した。

ハルトの大会から生まれたOLPC向けのアイデアは、大きく2つに分けられる。大半は、OLPCが提唱する変革理論について効率性や有効性の面での問題点を指摘し、解決策を提案するものだ（アプリケーションストアがその一例）。だが他にも、OLPCの最も基本的な手法に改善の余地があるという前提から取り組むアイデアもあった。コロンビア大学社会福祉学部のチームはXOではなくシュガーのほうに注目し、学習ツールの広範な普及を実現することが変化を推進するカギだと訴えた。もっと斬新な手法を提案したチームもあり、OLPCはパソコンの販売とシュガーの使用をやめてアンドロイド端末用の学習ソフト開発に取り組むべきだと主張した。このような提案は組織の最も根源的な前提に疑問を投げかけるものなので、組織側としてはなかなか受け入れがたい。だが同時に、深い自己評価を強いられるという点では貴重な意見でもある。

進化か革命かというこの2つのアイデアは、OLPCのみならず、どのような社会事業組織の持続性と成長にとっても欠かせない。OLPCが直面する課題は、進化的成長と革命的成長のバランスをどう取るかだ。現在のユーザーをサポートしながら、より多くのユーザーへと活動を広げていくためにはどうすればいいか。この課題の解決を読者の皆さんにも手伝っていただけたらと思う。

## 進化するOLPC

エジプトの王プトレマイオス1世は、数学者のユークリッドに「幾何学をもっと簡単に勉強できる方法はないだろうか」と質問した。するとユークリッドはこう答えた。「陛下、幾何学に王道はございませぬ」。問題のなかには本質的に難しく、成功への近道や楽な道など存在しないものがある。OLPCの過去10年の経験は、まさにそのような問題の連続だった。設立当初から、OLPCはハードウェア、ソフトウェア、販売の実現、展開への取り組みという4つの重要な経営項目を改善しようと、常に努力し続けてきた。ここまで読んできておわかりのとおり、OLPCは運営構造の面でも協会と連盟への分離、シュガー・ラボの設立など、大幅に進化を遂げている。そうすることによって、ミッションを最も効率的に達成するにはどのような組織であるべきか、様々な角度から模索してきたのだ。以下に記す例はすべて、OLPC自体の「実践からの学び」に基づく重要な、進化とも漸進とも言える改善を示している。さらに、これまでにOLPCに協力してくれた無数の個人や組織による分析と助言、そしてOLPCの取り組みとインパクトに対する調査結果を示すものだ。

## ハードウェア――進化するXO

OLPCは、これまでにXOのハードウェアに大きな改善を加えてきた。パソコンの外観は「緑色のノートパソコン」と呼ばれた初代XOの形と色を残しているが、中身はまったく違う。2012年にARMベースのXO1・75が実用化されたことで、着想から7年以上を経てようやく、人力あるいは低価格な太陽光による充電という条件を備えた2ワット以下という超省電力のパソコンが実現した。これに加えてタッチスクリーンなども改良され、2005年にOLPCが思い描いたパソコンがまた一歩現実に近づいたのだ。XOは性能、コスト、消費電力の面で最先端を走り続けるためにも、進化を続ける必要があった。また、いまや大量購入者に与えられるようになった数多くの選択肢のなかでも競争できる性能を維持し続ける必要もあった（低価格タブレットやスマートフォンの台頭により、世界のネットブック市場は2009年後半にピークを迎えたかに見える）。

タブレットは、少なくとも検索や読むこと、鑑賞などに関する限り、コンピュータの使われ方に大きな変化をもたらした。iPadなどのタブレット型機器への移行に合わせ、OLPCは2012年の国際家電ショーで、タッチ操作が可能なシュガーを搭載した次世代のXOタブレットを発表した。批評家たちのうけは良く、特に低消費電力が注目され、ARMプロセッサによって小型の安価なソーラーパネルで充電できる点が称賛された。こうしたイノベーションは、安定した電力供給がない環境への展開を容易にする、新たな可能性を開くものだった。ただし、本書執筆時現在、タッチ操作のみで機能するシュガーもタブレットも、まだ完全に量産可能な段階には入っていないことを注記しておく。

この数年でパソコン業界に見られた大きな変化は、スマートフォン市場の成長だ。ブロードバンド接続はまだ世界的に実現しているわけではないが、利用可能な地域では、インターネット接続、メール、ショートメールが使えるように、低価格でどこでも利用できる基盤となりつつある。ブロードバンドやスマートフォンの急激な成長と反比例して減少しているのが、デスクトップとノートパソコンの市場だ。多くの消費者にとっては、新しく登場した機器が彼らのニーズを満たしてくれる。一方、ブロードバンド接続は開発途上国の地方にはまだ到達していない。そのため、教育に変化を起こす目的でこの方向に進むことは、OLPCの視野には入っていなかった。だが、音声・データ通信へのアクセスは、OLPCにとってなくてはならないものだ。現在、OLPCは低帯域幅電話で教師たちのオンライン学習コミュニティが構築できないかと実験を重ねている。ペルーの僻地など、OLPCが活動する多くの地域では、インターネットに接続できない教師がほとんどだ。そうなると、メールでのコミュニケーションやオンライン・コミュニティを活用して教師をサポートすることができない。だが、たいてい携帯電話なら持っている。そこでペルーでは、ショートメールによる教師のサポートシステムを構築し、利用者がショートメールで質問を送って回答を受け取れるようにできないかと考えている。また、特にニーズが高い地域へは、指導者が移動巡回することによって、ある程度のサポートも受けられるようにする。

## ソフトウェア――シュガーの学習環境を成長させる

ＯＬＰＣの初期に生まれたシュガーによる学習環境は、２つの面でイノベーションを遂げた。シュガー・ラボの設立によって独立組織としてスピンオフしたことと、プラットフォームの開発を継続したことだ。２００８年にシュガー・ラボができたとき、設立者のベンダーは、経費ゼロでコミュニティ主導のプラットフォームによってシュガーの拡張と改善を続けるという明確なビジョンを持っていた。シュガーをＯＬＰＣから独立させたことにより、コミュニティはＯＬＰＣの組織的制約から解放され、さらに重要なことに、シュガーがＸＯ専用のソフトウェアであるという概念からも解放されたのだ。

ＯＬＰＣから独立して以来、シュガーは３つの側面で進化してきた。一番わかりやすいのが、規模の面だろう。２００８年前半には、シュガーのアクティビティはわずか数十個、開発者もほんの一握りだった。現在は数百にも及ぶアクティビティと開発者がいる（この変化は、専業プログラマーの参入だけによるものではない。シュガーのユーザーたちが開発したアクティビティの数はどこまでも増え続け、開発者のなかには小学生もいるのだ）。次に、やや目に見えにくい進化が、自己評価とプログラム評価のためのツールを学習者や関係者に提供したことだ。ポートフォリオ関連ツールは成熟し、シュガーのユーザーインタフェースは評価に関連するデータをよりうまく集められるように大幅な改良が加えられてきた。3つ目の変化は、開発者たちにしかわからないものだが、世界のシュガーコミュニティによる取り組みの増加だ。シュガーが成熟し、基盤となっているプログラム群が改善を続けるなかで、より幅広いフリーソフトウェア業界の取り組みを活用することが容易になってきた。これによりマルチタッチ機能やアクセシビリティ・ツールなどの新たな機能が、学習という目標からそれることなく取り込めるようになったのだ。また、シュガーのメンテナンスもより簡単になった。

２０１０年に開催されたフリーソフトウェア業界の年次総会「リブレプラネット」で、ソフトウェア・フリーダム法律センターの創立者エベン・モグレンは、フリーソフトウェア業界によってどれほど多くのことが成されてきたかについて語った。そしてはっきりと、フリーソフトウェアはもはや単なる選択肢のひとつではないと述べた。大規模なイノベーションを起こそうと思ったら、フリーソフトウェアは「必要不可欠」なのだ。ＯＬＰＣは、シュガー・ラボとの密な協力関係を通じて、フリーソフトウェア業界に教育業界のニーズを認識させ、教育業界にはフリーソフトウェアの力と費用対効果がよいという認識を広める重要な役割を果たしてきた。シュガー・ラボの技術的課題への取り組みは今も日々続いているが、ＯＬＰＣの主たる課題は、協力と批判を重視する文化が学習には欠かせないのだと、教育業界に強く印象づけることなのだ。

展開――ＸＯをもっとうまく子どもたちに届けられるようになる

ロドリゴ・アルボレダとロバート・ハッカー率いるOLPC協会は、これまでに250万台以上のパソコンを製造・配布してきた。だが、協会の仕事はパソコンを売ることだけではない。パソコンを効果的に活用できるよう、展開プロジェクトを支援するという重要な役割も果たしてきたのだ。対象国内のクライアントと協力し、協会は物流、安全、メンテナンス、修理、システムソフト、カリキュラム策定、教師の研修、評価など、展開のあらゆる側面を支援している。

近年、OLPC協会は事業として成長してきた。アルボレダとハッカーは、多国籍企業の経営に関しては2人合わせて60年以上の経験を持つ。だからMITの学者たちが当初やっていたよりも厳しく、より焦点を絞った経営をおこなっているのも不思議ではない。意外なのは、彼らが事業に持ち込んだ独創性のほうかもしれない。現在、協会はルワンダでのXOの組み立てなども含む現地メーカーとの協力の可能性を模索している。また、需要の創出と展開プロジェクトの確実な運営のため、官民の協力関係の構築も続けている。そして、大規模なイニシアティブを立ち上げるのに必要な資本を蓄積するため、OLPCは革新的なビジネスモデルの推進も続けている。

## 販売と資金調達――クライアントが教育に投資できるようにする

資金不足は、多くの国でOLPCの導入を遅らせたり中止させたりしてきた。プロジェクトを立ち上げる際に必要となる多額の資金がどうにも捻出できない国が多いのだ。1台188ドルという価格では、当初の必須条件である100万台のXOを購入するには1億8800万ドルという初期投資が必要になる。生徒1人あたりの平均教育支出が年間1000ドルに満たないような国では、手の出せない額だ。資本へのアクセスは、資本主義の原動力となる。資本が入手できなければ停滞が生じる。道路や発電所を建設するための国債や政府機関債も多くはないが、教育の改善という課題に取り組むことを目的とした債券は、驚くことにひとつも存在しない。ここに見いだせる可能性に、世界中の大手金融機関が「金融工学」の才能を振り向け、自身の市場取引の力を活かそうとしている。教育は、低リスクで収益を得られる善意の投資をおこなうには、理にかなった出発点なのだ。

OLPCでは、政府が教育に投資できるよう、低価格の長期資本へのアクセスを提供する金融ツール一式の開発と試用に取り組んでいる。その一例が教育専門の「教育債」で、政府は教育へ資本を投資するという選択肢を選びやすくなる。教育債は、ただXOの購入費用に充てるためだけのものではない。教育関連なら校舎の建設や電力の供給、パソコン、インターネットなどのインフラ投資にも使える。またサービス面では、教師の研修やカリキュラムの改善に投資しても良い。これらすべてが、開発途上国の学習レベルを大幅に向上させることができる。

## 進化vs革命

ＯＬＰＣも、他のどのような組織とも同じく、進化的（漸進的）成長と革命的（急進的）成長との対立に苦しんでいる。ＯＬＰＣの起源は間違いなく革命的だが、ＯＬＰＣ支持者やユーザー

### 教育債　EDUCATION BOND

開発途上国では、政府機関債・国債はごく一般的に使われている。これがあれば、道路の建設などの経済活動促進プロジェクトの資金を確保するため、世界の資本市場にアクセスできるようになる。教育債は、マーケットが果たす社会的責任に関心ある投資家たちを集め、学校の建設、電力の供給、地域へのインターネットの供給といった教育プロジェクト向けの資金を確保するものだ。子どもたちも、パソコンの提供を受けることで、こうした教育プロジェクトを存分に活用できるというわけだ。本書執筆時現在、金利は史上最低額にまで下がっており、ハイリスク・ハイリターンの「ジャンク債」にでさえ手が出せるようになっている。社会的責任感のある投資家は、投資に対する「市場」利益を得ながらも、善い行為のために投資しているという安心感も得ることができる。国家は教育プロジェクトを活性化し、借金を長期間にわたって返済していける。そうすれば、この投資によって教育を受けた国民が、いずれは元の借金を返してくれることになるだろう。

の世界的コミュニティを構築・維持する活動は、自然と漸進的なものにならざるをえない。OLPC協会が実現してきた最近のイノベーションの事例も、やはり漸進的な道筋を示している。だが、OLPCはただ生き延びるだけの組織ではありたくない。組織として、コミュニティとして、そして世界中どこでも教育が受けられるようにする活動の母体として、漸進的進歩と急進的改革との間のバランスを適切に保たなければならない。

### 当初のミッションと変革の理論

進化か革命かという問題を考慮するにあたっては、OLPCの当初のミッションを思い返し、そこから過去7年間にわたる活動のなかで変化してきた側面を考えると良いだろう。当時から、開発途上国のすべての子どもたちに学習の機会を与えることがOLPCのミッションだった。ミッションの遠大さを考えると、その目標がまだ完全には達成されていないのも不思議ではない。開発途上国で10億人以上の学齢の子どもたちが育っている現状では、数百万人の子どもの「役に立った」といっても、問題全体の膨大な規模からすればごくわずかな成果に過ぎない。250万人以上の子どもたちに直接インパクトを与えられたと喜ぶこともできるし、まだ手を差し伸べられていない子どもが数億人いると嘆くこともできる。どちらの観点を選ぶかによって、進化的変化と革命的変化のどちらが正しく思えるかは異なる。OLPCでも、全員が声を合わせて勝利を宣言したり、次の活動を決定したりしているわけではない。だが、2つの要点については、総意がある。まず、子どもたちにXOを与えることで達成しようとしている成果は、万国共通ではないということ。子どもが置かれているそれぞれの状況が、XOによって得られる利益を左右するのだ。そして、変化の規模が十分ではないということ。たった1人の子どもに光を当てられただけでも喜ぶべきではあるが、OLPCの思い描く変化はもっと大きなものなのだ。

OLPCの変化の理論は、ほとんどの開発途上国（先進国でも同じだとOLPCは考えているが）の教育制度に見られる3つの穴を埋めることを基本としている。1つめの穴は、子どもたちが内に秘めた学習能力を解き放つために必要なツールや情報が与えられていないということ。そして次の穴は、1つめの穴を先端技術が埋めて世界中の情報にアクセスできるようにしたとしても、適切なハードウェア（低価格、省電力、頑丈、持ち運び可能なもの）がないということ。最後の穴は、幼い子どもを対象に、構築主義が奨励するような学習方法（真の問題解決能力、革新や創造の余地など）を促進する、適切なソフトウェアがないということだ。OLPCが掲げるこの変化の理論は変わっていないが、この7年間で世界は大きく変化してきた。先端技術への取り組み方も変わったし、アクセスの方法も変わったし、子どもの学び方や教え方に対する観点も変わった。どれも、OLPCにとっては重要なテーマだが、意気を高揚させてくれるのは、これらの変化がいずれも、正しい方向へ向かっているように思えることだ。

教育の世界では、ピアジェによる構成主義、そしてパパートによる構築主義の理念が以前よりも受け入れられるようになってきている。学習とは経験やアイデアが交わるところで意味や背景を見いだすという積極的な行為であるという基本理念を、生徒や教育者、人々が受け入れつつあるのだ。教育とは事実を伝えるだけのものではなく、意味の発見を手助けすることだと信じる人も増えている。つまり、教壇に立つ賢者という構図は、もう古くなりつつあるようだ。

パソコンのハードウェアが、初代XOがつくられたときから大幅に進化しているのは当然のことだ。OLPCは低価格で省電力のパソコンを製造した先駆者だったが、今では、この市場に製品を提供しているメーカーが数多く存在する。インド政府は立て続けに10ドルのノートパソコン、35ドルのノートパソコン、そして最も新しいところでは60ドルのタブレット型パソコンの製造を宣言した。政府補助金による大幅な割引をもってしても、これらはまだ実現されてはいない。だが、いずれ開発途上国の教育市場に適した、低価格な製品を製造できるようになることは間違いない。XOが品質と機能性の面で今も別格だとは信じているが（2012年秋現在、XOの電力効率やディスプレイの品質に少しでも近づいた製品はいまだに存在しない）、市場もいずれは追いついてくるだろう。

ソフトウェアの面では、革新的競争はかなり少なかった。とはいえ、一般的なOSのうえに作業をこなしたり情報を消費したりするだけのためにつくられたソフトウェアを搭載したパソコンが教育にとって有効な選択肢なのかどうかという本質的な問題については、今も熱い議論が交わされている。ソフトウェア面での大きな改善のひとつが、世界中の政府や大企業によるフリーソフトウェアの容認度が向上したことだ。フリーソフトに対する抵抗感が減る一方で、今度は2つの新しい発明に対するプレッシャーの高まりが著しい。クラウドコンピューティングと、アンド

## 学習のためのソーシャルネットワーク A SOCIAL NETWORK FOR LEARNING

パパートは15年前、子どもたちの間のソーシャルネットワークが教育の大きなブレイクスルーを生むだろうと予言した。その例として挙げたのが、ボストンのジェイムズ・W・ヘニガン小学校で働いていたミシェル・エヴァードだった。1990年代半ば、エヴァードは生徒が質問を投げかけて他の生徒たちに（さらには教師にも）答えを求められるような、バーチャルなオンラインコミュニティを構築した。フェイスブック化した現代社会では、ソーシャルネットワークなど目新しくもなんともない。だが開発途上国の生徒と教師たちにとっては、それこそ今まさに起こりつつある革命なのだ。ウルグアイでは、バーチャルな学習コミュニティに教師たちがアクセスできるようになったことでXOが受け入れられ、先端技術を活用した教育方法へと方針を転換させた。生徒たちに役立ったのが、ビジネスプラン・コンテストから生まれたアイデアのひとつで、世界中の子どもたちが直接やり取りできるようなXOネットワークの構築だった。

ロイドだ。どちらも業界の成長分野で、シュガーのデスクトップ版に比べて一定のメリット（とデメリット）がある。シュガーの中核である連携、振り返り、普遍的アクセス、そして誰でも使用し修正できるコードという要素を犠牲にせず、こうした傾向を最大限に活用するにはどうすればいいかという議論は、ＯＬＰＣ内で現在も続いている。

最後に、社会開発に触れておこう。後発開発途上国に対する先進国の見方、そして世界各国の相互依存性に対する見方も、大きく変わってきた。「ＢＯＰ層」（1日2・5ドル以下で生活している25億人の人々）に多大な注目が集まり、調査がおこなわれ、議論が交わされるようになってきている。ＢＯＰを潜在的顧客とみなす者、起業家であり革新者であると言う者、ビジネスパートナーとみなす者たちが活発に議論を交わすなか、ＯＬＰＣが感じた変化は、多様な背景や関心を持つ多くの人々が、ＯＬＰＣの対象とする子どもたちに目を向けはじめているということだ。

## まっさらな紙

ここで、ＯＬＰＣを1から完全につくり直すと想像してみよう。立ち上げ当初と比べ、今は自由にできることがたくさんある――これまでにつくってきたもの、学んできたこと、ビジョンに向けての気運、正しいと思われる方向へ進みつつある先端技術と教育の現状における重要な変化の数々。活動をどう進めていくべきかというアイデアはいくつかあるが、他にも、ＯＬＰＣ内からはまだ出ていない優れたアイデアがあることもわかっている。規模を達成するためには、そうしたアイデアや支援が必要だ。ここに、今ＯＬＰＣが苦労している３つの問題を記すので、ぜひ解決策を提案していただきたい。

## 二者択一ではない

ＯＬＰＣは当初、一番難しい問題を最初に解決すれば、他の要素はみな収まるべきところに収まるだろうという前提に立っていた。そして一番難しいと考えられたのは、ひとりぼっちで木陰に座る子どもに、学び方を教えることだった。この最悪のケースを解決して、そこから逆に道筋を辿って行けばいい。だがやがてわかったのは、最悪のケースがひとりぼっちの子どもではなく、従来型の教室で規制の構造のなかに押し込められた生徒かもしれないということだった。ＯＬＰＣは子どもが自由時間にパソコンを使えるようにすることに取り組んできたが、大規模にパソコンを展開するということは、購入者が政府で、教室に配布されるということになる。ここで、授業時間と自由時間との間に対立関係が生まれてしまったのだ。

ＯＬＰＣコミュニティ、とりわけ対象国内のパートナーたちは、ＸＯとシュガーを学校のカリキュラムに組み込むべく多大な努力を費やしてきた。ＯＬＰＣはその努力を活用し、拡大していきたいと考えている。だが同時に、子どもが最も効果的にパソコンを使って学習できるのが自由時間であることもわかっているので、子どもが授業以外で学習に取り組めるようにするための一番良い方法を見つけ出し、大規模展開することにも注力している。共有できるリソースはすべて活用して授業と授業外の学習というこの2つのシナリオを実現しつつ、外部からの提案やOLPCの活動のなかで生まれてきた解決策を実施していかなければならないのだ。

### 成功の条件

展開の対象が学校であれ課外活動であれ他の何かであれ、学習が根付いて成功するために何が必要かについて、OLPCは多くのことを学んできた。所得水準、コミュニケーションのレベル、コミュニティの信頼度、学習と子どもをどのくらい重視しているかの度合いなど、すべての要素がそれぞれに大きく異なるなかで、活発で持続可能な学習環境を構築しなければならないのだ。クラウディア・ウレアが取り組んだ学習者の世界的ネットワークの構築や、ゴメス＝モンロイが取り組んできた、真の持続的な学習を実現する基盤としての地元の学習コミュニティの構築などは、OLPCの未来の兆しと言えるだろう。OLPCは、XOとシュガーの学習環境が、教育への普遍的アクセスを阻む2つの制約のうちひとつを解決するだろうと考えている。もうひとつの制約は、現地に持続可能な学習コミュニティを構築することだ。学習コミュニティこそ、XOとシュガーのインパクトの大きさを決定づけるカギとなるのだ。

### OLPCが個性的な点、最善な点、後れを取っている点は？

ＯＬＰＣの当初のビジョンは、ＯＬＰＣだけができることをしようというものだった。人材や人脈を活用して子どもたちのニーズに応える革新的なノートパソコンと学習環境をつくり、それが経済的に非常に魅力的なために市場に受け入れられ、紙や鉛筆と同じくらい手軽にどこでも手に入るようなツールになるというビジョンだ。ＯＬＰＣには意欲があり、他の意欲ある人々としっかりつながっている。だから、パソコンとソフトウェアに関してだけでなく、やがては対処しなければならなくなる展開やカリキュラムの策定、学習コミュニティの構築など、継続的なイノベーションを手伝ってくれる多くの人々を引き寄せられるはずだと考えていたのだ。

ここまで読んでこられておわかりとは思うが、事情は変わるものだ。ＯＬＰＣが、今も知識と学問、壮大な夢の持つ力を活用してより良い未来が実現できることを証明しようとする組織であることに変わりはない。だが同時に、その未来を現実のものにすることに多大な努力を注ぎ込み、その過程で当初は予期していなかった役割を担うことにもなった。なかにはＯＬＰＣ特有の役割もあるし、ＯＬＰＣが一番秀でている役割もあるが、他者に後れを取ったものもある。世界的な影響を与えるための戦略を立てるなかで、ＯＬＰＣは後発開発途上国に注力し、教育に対する信念を調和させてより幅広いパートナーシップを構築し、ＯＬＰＣ独特の能力を発揮しつつ他者の成功事例を採用できるようにしていく必要があるのだ。たとえば、どれほどＯＬＰＣがＸＯを愛しているといっても、最先端だったハードウェアは時の流れと共に旧式化している。ＸＯ３・０タブレットは、とりあえずの解決策だ。もうひとつの戦略が、シュガーをより広範囲に展開できるよう、他のハードウェア会社とパートナーシップを構築することだ。あるいは、世界中のネットカフェとのパートナーシップを模索し、その過程で子どもたちがもっと手軽にシュガーを使えるようにする地元の持続可能な事業を立ち上げるという手もある。もっと多くの子どもたちに学習の機会を提供できる活動があるなら、ＯＬＰＣはその成功に支援を惜しまない。

## 障壁か集中か?

ＯＬＰＣが持続可能な変化を大規模に実現するうえで、同時に越えなければならない障壁が3つある。ツールの格差、学習の格差、そして、情報の格差だ。ツールの格差とはパソコンのことだけではなく、ハードウェアもソフトウェアも、子どもが学ぶため、そして教師が教えるために必要なすべてのツールにかかわる。学習の格差は、学習と教育における目に見えない手法、たとえば教育理論、研修、そして学習者と指導者双方が利用できる実例や問題や教訓を包含したカリキュラムなど、学習目的でのパソコン使用の助けになる手法における格差だ。そして情報の格差は、人が情報にアクセスし、距離を超えてコミュニケーションを取れるかどうかに関わる。情報へのアクセスもコミュニケーションも、学習と連携、サポートには欠かせない要素だ。ＯＬＰＣプロジェクトにおける情報の格差の問題は、基本的にはインフラの問題でもある。電力と通信はどちらも昔から建築・維持・使用に高い費用がかかるものだった。そのため、その費用をまかなえる商業分野のためだけにつくられることが多かった。そして、そのインフラがあれば実現できるかもしれないソーシャルインパクトに対しては、ほとんど注意が向けられてこなかったのだ。

OLPCがまだ組織としても立ち上がっていなかった本当に初期の頃から、OLPCはこれらの障壁が持続的かつ普遍的な教育の改善に対する制約になっていることを理解しており、3つの障壁すべてに同時に取り組まなければならないとわかっていた。だが、OLPCは今でも100

## 「第三の場所」の必要性

THE NEED FOR A "THIRD PLACE"

レイ・オルデンバーグは著書『サードプレイス』（2013・みすず書房）のなかで、「第三の場所《サード・プレイス》」、つまり家庭と職場（あるいは学校）の間にある公共の場は、市民社会と市民の参加にとって重要だと訴えている。OLPCでも、子どもが非公式な学習に取り組める第三の場所の必要性を訴えてきた。パラグアイのカアクペで開催されている土曜日の学習クラブでも、マイアミのホームズ小学校が実施した夏休みの合宿でも、第三の場所がサポートの受けられる環境で学習するために必要な空間を提供してくれることがわかった。OLPCの展開プロジェクトそれぞれに第三の場所を見つけることが、成功のカギとなる。

ドルのパソコンで有名なため、ツールの格差問題を解消することだけを目的とする組織としてしか知られていないのだ。

成功へのカギがこの3つの領域すべてが交わる地点にあるとわかってはいるものの、これらのうち2つの領域だけが交わる地点でも部分的な成功事例が見られてはいる。非営利の教育ウェブサイト「カーン・アカデミー」は、「体育、物理、経済、歴史などのあらゆる科目を網羅した何千本もの動画と、何百問もの練習問題のライブラリ」を生徒にオンラインで提供している。これまでの授業回数は1億3200万回を超える。これを活用すれば生徒は「学びたいことを、学びたいときに、自分のペースで学ぶことができる」のだ。[※1] カーンは、自己学習カリキュラムも提供している。これはたしかに便利なリソースではあるが、子どもたちに学び方を教えるには十分ではない。

大学院レベルの物理をブラジルで教えた経験について語るなかで、ノーベル賞受賞者リチャード・ファインマンはカーン・アカデミーの取り組みの限界について意見を述べている。ファインマンは、ブラジルでは科学が教えられていない、と語った。なぜなら、生徒は見聞きしたことを丸暗記するだけだからだ。実験をすることがないため、本当の意味で科学を学べていないのである。ファインマンは、政府指定の物理の教科書から無作為に1ページを選び、「摩擦発光《トリボルミネッセンス》（結晶同士が衝突したときの摩擦により起こる光）」の定義を読み上げ、こう続けた。

これが科学だろうか？　違う！　これは、ある言葉が別の言葉でどういう意味かを伝えたに過ぎない。その性質について、衝突させたときに光を発する結晶はどれか、なぜ光を発するのかについては一言も触れていない。家に帰って、試してみる生徒がいるだろうか？　試してみたくてもできないのだ。だがもしこう書いたらどうだろう。「暗いところで、砂糖の塊をペンチでつぶしてみよう。青っぽい光が見えるはずだ。他にも同じような反応を示す結晶がある。その理由は判明していない。この現象は《摩擦発光》と呼ばれている」と。家に帰って試してみる生徒が必ずいるはずだ。[※2]

カーン・アカデミーはすばらしいリソースを提供してくれるが、それだけでは3つの障壁を克服することはできない。インターネットに接続できることを前提としていて、学習という背景にアイデアを組み込むプロセスを無視しているからだ。

ツールと学習の領域が交わるところには、ヴァルドルフ学校のような場所もある。ここでは、経験的・実践的学習を通じて子どもが成長するという理念に基づく教育法がとられている。ヴァルドルフ学校が支持している自己発見の側面には、構築主義と共通する点がある。違っているのは、ヴァルドルフが先端技術を忌避している点だ。ヴァルドルフ教育法の支持者に言わせれば、パソコンは創造的思考、活動、生身の人間との交流、集中力を阻害する。[※3]ヴァルドルフ方式は高く評価されているし、効果的なものでもあるが、世界中にインパクトを与えられるスケールにまで展開するのはほぼ不可能だ。また、パソコンに対する否定的な見方にもOLPCとしては同意できない。パソコンは無限とも言える学習環境、規模、子ども一人ひとりのニーズや関心に合わせたカスタマイズが可能だからだ。

学習ツールと情報格差が交わる例は、オンラインの教師育成・指導教育プログラムを構築しようという努力のなかに見られる。NPO法人ニュー・ティーチャー・センターのeMSS（「生徒の成功を目指すオンライン指導プログラム」）は科目ごとに分かれており、アメリカ国内の科学、IT、工学、数学（それぞれの頭文字を取って「STEM」と総称される）および特殊教育を教える教師の専門能力育成と開発を支援し、離職率を抑えるオンラインの指導プログラムだ。[※4] STEMおよび特殊教育の教師たちは教育制度のなかで広範囲に散らばっていることが多く、科目特有の研修や育成支援を受けたり与えたりする機会も時間もほとんどない。eMSSは全国各地に散らばった教師たちのためにオンラインコミュニティを構築し、お互いにアイデアを共有したり学んだりできるようにしたのだ。ニュー・ティーチャー・センターのこのプログラムは、地理的に分散している教師たちが効果的な実践の場を構築するための貴重なリソースであり、教師の有効性を高めるような指導力の育成と開発を支えるために必要となる重要な方策を数多く示してくれる。

OLPCの未来は、初期の理想を改めて表明し、受け入れ直し、3つの障壁の交わるところに立つところからはじまる。OLPCの未来は、実際には解決策にとらわれないものになるかもしれない。OLPCはこれまでにも既にハードウェア、ソフトウェア、展開に関する知的財産とプロセスに関する知識を切り離しており、測定可能で持続可能な変化をどのような規模であれ達成させてくれるような解決策なら受け入れる用意がある。そして、仲間たちが奨励する2つのアイデアも受け入れている。ひとつは、最終目標に向けての進歩はどのようなものでも、たとえ必ずしも公平ではなかったとしても良いものであるということ。もうひとつは、最高の解決策はたったひとつだけである可能性は低いということだ。学習、共有、指導のための相互強化システムを構築し、子どもたちが「学び方を学習できる」ようにするための持続可能な先端技術を大規模に展開するには、ツールの格差、学習の格差、そして情報の格差の解決策を見つけなければならない。生徒と教師には、解決志向の学習を実現できるツールが必要だ（おそらくはパソコンというツールが）。それに加えて、カリキュラム、環境、支援してくれる教育者のコミュニティも必要だ。そして、生徒と教師の双方が、インターネットによる、距離を超越した豊富なコンテンツとコミュニケーションを利用できるようにする必要があるのだ。

## 教訓と反省

第1章で、社会事業の直面する問題をいくつか示した。本書を通じて、それらの問題に、OLPCの観点から部分的に答えてきた。ここに、現在のOLPCと未来のOLPCを形づくっている教訓と反省を記しておく。

**❶仕事をやり遂げられる組織を構築する。** 何かに秀でること。すばらしいアイデアを持ち、それをうまく実践できるようになるといい。OLPCはすばらしいアイデアを持ち、それを（一部とはいえ）実行するために最高のエンジニアチームを編成した。のちには最高の経営チームも編成し、目標にさらに近づくことができた。そして今、展開プロジェクトの成功を支援するには何が必要かを学び、その支援をおこなうためにOLPCが限られた人材やその他のリソースの範囲内でどんなことをすればいいかを学んでいる。

**❷イノベーターは先陣を切らなければならない。** 起業するということには、何らかのイノベーションを起こすことが期待される。最先端にい続けたければ、組織内にイノベーションの余地をつくり、これまでとは違う考え方をするために、人と時間とリソースを割く必要がある。ここで忘れてはならないのが、革命の指揮をとりたいと思うような人々は、組織を運営したがらないということだ。イノベーションを賢く組織内に配置するか、さもなければ組織の外に留め置くことだ。OLPCは後者を選び、財団（イノベーション）と協会（運営）に分かれたが、外から見れば、まだひとつの組織のままだ。

**❸成長のためには、ときには創造的破壊が必要である。** すべきことや行動原則は時間が経て

ば変わるもので、それに合わせて組織も進化できるようにしておく。既存の組織（あるいは市場）を解体して新しい製品やサービスのための余地をつくるというのは、どのような組織にとっても困難なことだろう。社会事業も、ときにはこの困難に立ち向かわなければならない。とはいえイノベーターは、創造した後にそのイノベーションをどう活用するかについては経営側の意見に従うべきだ。でなければ、構築しようとしている組織そのものを、意図せずして破壊してしまうかもしれない。ＯＬＰＣによるタブレットの「公約」が、結果的にはＯＬＰＣプロジェクトの実施を検討していた潜在顧客に、決定を見送らせてしまったケースがその典型的な例だ。

**❹資金確保に創造力を働かせることが、大規模展開を実現するうえでより重要になってくる。**

有り体に言えば、成長には資本が必要だ。プロジェクトの資金をどのように確保するかは、製品主導の社会事業を成長させるために必ず解決しなければならない問題となる。ＯＬＰＣでは、非営利を選んだために通常の資金源へのアクセスが制限されたが、その問題にどう対処するかについては最先端の考えを持っていた。それらの考えのいくつかはまだ実現に至っていないが、従来の金融商品をどう活用できるか、他の組織形態を選んだ場合の費用対効果はどうか、といったことを創造力を働かせて考えようとしている。

8

A CALL TO ACTION

# 行動を起こそう!

「我々の目標は、問題解決能力を持ち、批判的思考ができる世代を育て、思考と自立的学習の文化を構築することだ」
——ウォルター・ベンダー

「イノベーションは、想像力を通じて実行されたときが一番強力だ。創造的な解決策も重要だが、想像力の持つ力はイノベーションを新たなレベルにまで押し上げてくれる。単に問題に対処するだけではなく、世界を創り上げることができるからだ」

——ジョン・シーリー・ブラウン(ゼロックス社のパロアルト研究所、元ディレクター)

本書の執筆にあたって、私たち筆者は3つの目標を定めた。第1の目標が、OLPCの真実の物語を伝えること。知名度の高さや世界的イニシアティブについての大げさな話と、組織や個人――（多くが無償で）時間や労力や創造力を貢献してくれた――が達成したことを切り離すように努めた。また、成功の一部にも光を当てようと考えた。製品主導型で広範囲にわたる、ネットワークを基盤とした社会変革に取り組んだ組織としては、OLPCが先駆者だった。OLPCは子ども用ノートパソコンと学習ソフトを開発し、教育制度の改革を目指し、さらに最も厳しい環境の開発途上国でそれらを実現しようとした最初の組織のひとつでもあった。

第2の目標は、OLPCの成功と失敗の両方から読者が学ぶ機会を提供することだ。他者の実例から学ぶことで自らの成功を加速できると、私たちは心から信じている。OLPCは、どこへ向かっているのかよく理解しないまま歩きはじめた。そしてその過程で、大小いくつもの間違いを犯してきた。だが、OLPCが選んできた道筋の一歩一歩をありのままに紹介し、活動しながら学んだ教訓を紹介することで、今後読者が社会を変えようと行動を起こしたとき、起こりうる基本的な問題をあらかじめ知ってもらえればと思う。こうした行動は誰が何をしたという事実だけでなく、どのように、なぜそうしたかも記録するように努めた。これらが後に続く人々の役に立つことを願う。

私たちの第3の目標は読者であるあなたに、できれば多面的に刺激を与えることだった。OLPCのミッションに対する情熱は本文からはっきりと伝わっただろうと思うし、パラグアイ・エデュカのセシリア・ロドリゲス＝アルカラやペルーのオスカー・ベセラなど、共通の社会的大義のために前に進み続ける起業家たちのように、読者も行動を起こしてほしいと願っている。もしあなたがOLPC協会とシュガー・ラボに協力し、世界中のすべての子どもたちに教育を与えるというミッションを支えてくれるなら、願ってもない。また、本書を読んで新たな可能性を見いだし、世界の人々がその潜在能力を十分に発揮することを妨げる問題を解決しようと、社会起業家精神をもってソーシャルイノベーションに取り組む人が1人でも生まれるかもしれないという、その可能性に私たちは胸を躍らせている。残念ながら、世界には地域特有の切実な社会問題に事欠かない。あなたの琴線に触れる問題に取り組み、行動を起こしていただきたい。

## 本書からの教訓

本書の原題、『Learning to Change the World』には、2つの重要な意味が込められている。ひとつが、より良い世界を創るには学習がカギだということ。アメリカの教育哲学者ジョン・デューイは、1897年にこう書いている。「教育とは、社会的意識のなかで共有しようというプロセスを統制するものである」。言い換えれば、大人が子どもをどのように教育するかが、私たちの生きるこの世界を新たな良い方向にどの程度進化させるか、あるいは悪い方向にどの程度退化させ、崩壊させるかに大きく影響するということだ。視野を広げ、新たな可能性の視覚化と現実化を促す真の学習は、個人レベルのエンパワーメントには欠かせない。そして学習とは、より良い社会、より良い経済、より幅広く享受される人類の繁栄を生む、基本的なDNAなのだ。

もうひとつの意味は、ＯＬＰＣが根底では真の学習する組織であろうとしているということだ。先端技術と教育に対して深く強い信念を抱いてはいたものの、プロジェクトがはじまってからのＯＬＰＣは、教育改革と社会変革の推進を実現するには何がうまくいくかを学ぶことに集中してきた。マクロなレベルでの学びは、３つのテーマに分けられる。教育と学習に関する経験から得られたテーマ、ソーシャル・イノベーターであり社会起業家である組織としての経験から得られたテーマ、そしてＯＬＰＣをはるかに超えてより大きく広がる社会変革の一部としての経験から得られたテーマだ。学んだことはすべてプロジェクト特有の経験に基づくものだが、そのうちのいくつかは、現在であれ将来であれ、社会変革を起こそうという多くの人々が参考にできるだろう。

## 教育について学ぶ

私たちが学んだことのひとつが、慣性の法則は物理と同様に社会的大義にもあてはまるということだ。動いている物体は動き続けようとするし、止まっている物体は静止し続けようとする。教育制度の変化は氷河のように動きが遅く、大抵の場合は既に向かっている方角に向かってじりじりと動いていく、巨大な世界規模の営みなのだ。パパートが語った、ヴィクトリア朝時代の教師が近代にタイムトラベルする話は、子どもの教育に対する根本的な取り組みが何百年も変わっていないことをあらためて強調している。構築主義の概念が発表されて50年近く経ち、ジョン・デューイが教育に関する持論を展開して一世紀以上が経ってなお、それらの概念が教育機関に受け入れられているという兆しはようやく見えはじめたばかりだ。しかも、その教育理論の進化は、公平に広まっているわけではない。開発途上国のほとんどが、丸暗記の教育法を採用し、実施し続けているのだ。

教育のために先端技術を開発し、活用するという動きも、同じくらいペースが遅い。ビジネス界ではほぼ世界中でパソコンとインターネットが活用されているにもかかわらず、教室にパソコンが取り入れられている例はほとんど見られない。１９７１年に米国研究学会（ＡＩＲ）が実施した調査によれば、指導目的でパソコンを導入しているアメリカの高校はなんと13％にものぼったそうだ。[※1] ところが40年後、ジョージ・ケンベル〔スタンフォード大学d－スクールの共同創立者〕が描写した教室の姿――「学生たちは何時間も講堂に座っているのではなく、共有スペースで協力し合っている。そこでは未来の医師や弁護士、ビジネスリーダー、エンジニア、ジャーナリスト、芸術家たちがそれぞれの問題解決の手法を統合し、共に革新していく方法を学んでいる」――は２０１０年現在の現実ではなく、まだ２０２０年という未来のビジョンに過ぎない。[※2]

非常にゆっくりとした変化が何十年も続いているなかでも、学習と教育の革命的変化が可能な地点に近づきつつあるとＯＬＰＣは信じている。氷河から時折氷山が剥がれ落ちるように、急激な変化もときには起こり得るのだ。本書を執筆している今でも、南極大陸のパインアイランド氷河から、マンハッタン島の15倍もの大きさの氷塊が分離しつつある。その氷塊には、アメリカ全土で使う4年分の水をまかなえるほどの真水が含まれているのだ。スケールの大きな話に聞こえるかもしれないが、これは文字通り氷山の一角に過ぎず、南極の氷冠全体に比べれば取るに足らない量なのだ。ＯＬＰＣが世界中の子どもたちに届けた２５０万台のパソコンも、同じことだ。ＯＬＰＣの変革理論のどれかひとつの側面にでも賛同する立場から見れば、支援を受けた子どもの数は膨大だ。それでも、全体に比べればわずかな数でしかない。ＯＬＰＣだけでは、プロジェクトをその１０００倍の規模で展開することはできない。10億人の子どもたちにパソコンを届けるには、これまでと同程度かもっと大規模な活動が、何百回分も必要なのだ。しかも、大規模展開するなかで連携を取り、お互いに学んでいかなければならない。

活動間における連携の必要性は、そのまま次の要点へと続いていく。地球規模の教育問題に、特効薬など存在しないということだ。本書の執筆をはじめた当初の仮題は、『パソコンのこと（だけ）じゃない』だった。この題名をつけた理由のひとつは、ＯＬＰＣが１００ドルのノートパソコンだけにとどまらない活動を常に目指していることを執筆陣に思い出させるためだった。ＯＬＰＣは、ハードウェア、学習ソフト、研修、カリキュラムの統合、現場でのサポートなどを一体化させた解決策を構築し、開発途上国の子どものために教育を改革していくことを目指していた。だが、そうしたＯＬＰＣの活動も、完全な解決策とは言えない。ケーススタディで見てきたように、プロジェクトはそれぞれに独自の環境で展開されてきた。多様な国々で成功してきたために、標準化された解決策を提示することが、不可能ではないにしてもかなり難しいのだ。私たちが取ることができた最善策は、中核となる基礎的要素を常に改善し続け、それを新しい場所に柔軟に展開し、適応させていくことだった。

## 「私にはわからないけれど、あなたもそのはずです」

ＯＬＰＣはＸＯとシュガーをとても誇りに思っており、このハードウェアとソフトウェアが他の選択肢と同じくらい、あるいはもっと、優れていると今も信じている……多くの場合は。だが、「多い」と「すべて」は異なる。世界的な教育改革の未来のためには、自分たちは場所によって異なる多面的な問題を解決しようとしているのだという、複雑な現実を受け入れなければならないのだ。世界中の教育改革者が取り組むべき課題は２つある。まず、世界中で実践された活動のなかから、特に優れた成功要素をもっとうまく（そしてもう少し謙虚に）見つけ出す必要がある。もちろん、誰か１人がすべてを把握できるわけではない。だが、見つけたものを持ちよれば、優れた解決策に必要なポイントを多く見つけられるはずだ。次に、これらの多種多様なアイデアを組み合わせ、学校や地区、市、地域、国などそれぞれの現場向けに適応し、カスタマイズできる総合的な解決策に仕上げなければならない（ここが難しいところだ）。

カスタマイズと連携の必要性がわかったところで、３つ目のテーマに移ろう。インパクトと規模は、根本的に対立関係にある。社会のなかでその対立がなくなるには少なくとも生徒３世代分はかかり、どれほど努力や投資をしても早めることはできないとＯＬＰＣは考えている。オスカー・ベセラが前述したように社会変革は「魔法のようにも超高速にも起こらない」のだ。したがって、長くゆっくりとした文化の適応を待つしかない。教育改革活動の土台となる基盤を改善し、精錬し、標準化するためにできることのなかで、最も重要なのは現場のコミットメントを引き出すことだ。時間と多大な努力を費やせば、この基盤を現地の状況に合わせて適応させたり再構築したりすることができる。そして、さらに時間と費用を投資すれば、現地のコミットメントを引き出し、コミュニティの力を高めることができるだろう。

教育セクターで活動するすべての人々が採用した初期の教育改革モデルは、大規模展開できるものでも持続可能なものでもない。そして、持続可能性に関する最大のリスクは、進捗があまりに早く測定されすぎるために、投資利益率が少ないと判断されることだ。こうした地域の活動を立ち上げて持続させるのはたしかに難しいが、教育は社会に蓄積するものだと私たちは信じている。今の世代が良い教育を受ければ、その次の世代を教育するのもそのぶん楽になる。教育改革は、3世代目になってようやく完成する。45年から60年もかかる計算なのだ！　学校改革は、学習に対する期待が今とはまったく異なる世代の子どもたちが自ら運転席に乗り込んだときに初めて実現する。つまり、ボトムアップの改革だ。1つのムーブメントとして、小さな変化が全国的、そしていずれは世界的規模にまで成長していけるよう、活動を連携させる能力を改善し、気運を維持し続けどんな施策がありどんなステップを踏めばいいのかを見出していかなければならない。

## ソーシャルイノベーションと社会起業家精神について学ぶ

「ソーシャルイノベーション」と「社会起業家」という言葉は、同じ意味で使われることがかなり多い。だが私たちは、この二つが根本的に異なる役割や活動を担うもので、各地特有の社会問題を解決するにはどちらも欠かせないと考えている。この2つの違いが、OLPCを理解するうえでは重要になる。イノベーションは、ソーシャルなものであれ、そうでないものであれ、根本的には実験を通じて改善を図ったり、まったく新しい物体やプロセスを創り出したり、既存のものを組み合わせて価値を生む新しい方法を見つけることを意味する。一方、起業家精神には、必ずしもイノベーションは伴わない。こちらは、パソコン用の小型アプリであれ社会計画であれ、ある「製品」をつくって売り、事業を立ち上げて運営する際のリスクを負うことを意味する。

OLPCは当初、純粋に「イノベーター」として自らを見ていた。そのため、組織の行動理論はOLPCが実践するビジョン、すなわち開発途上国の子どもの学習ニーズに応えるパソコンを開発し、それを教育改革のツールとする活動に市場の起業家が賛同するかどうか、そして起業家自身が事業を立ち上げて同様にリスクを負うかどうかにかかっていた。イノベーションに対する前倒しの投資も、他の人間が行動を起こすことを前提としていた。つまり、当初OLPCは自らを「起業家」とみなしていなかったのだ。実際、この点に関してまったく不適格だった。だが、民間企業もNGOも政府も含め、市場に私たちの考えが十分に適応しなかったため、OLPCは社会起業家にならざるを得なくなった。XOとシュガーの開発にあまりにも多くの努力を費やしてきたため、また組織のビジョンが正しいだけでなく実現可能であると強く確信していたため、活動の範囲に製造と配布、販売、サポートまでを含めるべきだと感じたのだ。

　自らの能力を超えた領域まで活動を拡大させたことで、その後の数年間にわたって無数の問題が発生した。辛辣な、だがおおむね正しい批判の多くは、それらの問題が大きな要因となって生じたと思われる。だが、ソーシャルセクターに目をやると、ＯＬＰＣだけが例外ではないことがわかる。高い知名度と国際舞台での際立つ存在感のために、ＯＬＰＣが苦労し、失敗し、時折学びを得るたびに突出して見えたのだろう。教育、公衆衛生、都市開発、環境科学などなど、あらゆる分野のソーシャル・イノベーターたちは、社会問題に対するすばらしい人的・技術的解決策を提案するだろう。彼らは、本当の意味で人々の人生、あるいは地域全体さえも変えられるようなアイデアを持っているのかもしれないのだ。だが、そのアイデアを大規模に展開して確実に世界を変えられるようにするには、彼らもＯＬＰＣと同様、起業家としての能力と経営者としての能力の両方が必要となる。だが、その二つを最初から備えている組織は少ない。つまり、変化を大規模に広げるには、ソーシャル・イノベーターと社会起業家、両方になる必要があるのだ。

## 製品主導のソーシャルイノベーションが直面する固有の問題

ソーシャルセクターで広く名の知られている組織の多くが、主に人的サービスを大規模に展開している。ピースコアやアメリコープなど、つまりは意欲ある（低コストな）人材を現地に送り込んで社会問題に取り組ませるプログラムが支持を得ているのはそのためだ。ＯＬＰＣは、製品主導の事業をベースとして社会を変えようとする、ごく少数の組織のひとつだ（他にも開発途上国の農家に低価格の灌漑システムを提供するキックスタートや、不安定な電力供給に対処するために太陽光発電機器の発明を先駆的におこなったソーラーエイドなどがある）。社会問題の解決策の中心に製造を要する「モノ」があるなら、効果的な起業家になることが何よりも大事になってくる。

「言うは易く行うは難し」というが、アイデアを思いついてから成果につなげるまでの道筋の最後の10％が、全体の努力の90％を占める。製品主導型のソーシャル・イノベーターの活動は、アイデアから製品、そしてインパクトへとつながっていく。ここには、いくつもの意味が隠されている。製品をつくるときは、アイデアを製品化するために分野横断的な努力をおこない、製造と配布に取り組む民間の協力企業によるサプライチェーンをつくり上げることが必要となる可能性がかなり高い。したがって、いくつもの多様な組織の動機を理解して調和させ、民間企業は柔軟性が低いかもしれないということを、最初から理解しておくのが重要だ。また、製品からインパクトへのバリューチェーンを組織的にマネジメントしていかなければならない。製品主導型の社会起業家の場合、構想やアイデアを製品化するためのコストは高くなるが、この重要な投資なくしては現場にインパクトをもたらすことなどまずできない。そうなると、実際に購入が確約され、しっかりとした実行計画が策定されていることがますます重要になってくる。ＯＬＰＣの経験からもわかるように、こうした制約を理解してそれを踏まえた計画を事前に策定しておくことが、

ＯＬＰＣがその甘さゆえに引っかかってしまった問題や、組織の危機を避けることにつながるかもしれない。

## いつでも確信、ときどき正解

ソーシャルイノベーションと社会起業家精神について、特にアメリカのソーシャル・セクターがようやく認識しはじめていると思われる教訓がある。現場・制度間のイノベーションや起業家精神、言い換えればアイデア同士を結びつけることの重要性だ。イノベーションは必ずと言っていいほど、既存の解決策の価値や有効性に疑問を投げかけるところからはじまる。ＯＬＰＣは、自らの信念に強い確信を抱いていた。そして傲慢にも、他の努力や成果は自分たちよりも劣るものだとみなすことがしばしばあった。その結果、規模と持続性を実現するために必要なパートナーシップを構築する機会を逃してしまった。

期待を下回る業績を容認するべきでは決してないが、活動や成果が不十分だと思われる組織でも、連携するよう説得できれば、違う側面で活用できるリソースを持っているかもしれないのだ。「一緒にやろう」と言うのは、「列の後ろに並べ」と言うよりもずっと感じがいい。協力関係の構築には時間と労力がかかるし、パートナーシップを組むことによって当初のビジョンが多くの意見でこねくりまわされてしまうが、その努力は適切なパートナーシップがもたらす規模と奥行き、そして活動の広がりという形でいずれ報われる。

## 信じるものを見ることと、見たものを信じることとのバランスを取る

イノベーターは洞察力に優れている。そして、自立できるようになるまで自らの革新的アイデアを守りつつ推し進めなければならない。社会革新者は個人的利益よりも公共の利益を目標として活動するため、なおさら防御的で情熱的だろう。守りながら推し進めるという考え方は、信じるものしか見ないという形で現れる。自分のアイデアに合わせて世界を変える方法を探すというやり方だ。だが、世界を見るレンズがたったひとつしかない以上、信じるものしか見ないというのは危険な行為かもしれない。社会革新者や社会事業は、ビジョンを守り、推進しつつも、自らの変革の理論や行動の理論の根本が間違っているかもしれないという可能性に心を開いていなければならないのだ。反事実的データや反対意見は検証と改善のための強力な武器だが、ビジョンを守り推し進めるという強烈な動機によってふるい落とされてしまっては意味がない。

ＯＬＰＣは、自らの活動をあまりにも強く確信していたため、立ち止まることなど考えもしなかった。だがその情熱が視野を狭くし、やがて責任を負うことになる活動の範囲に気づけなかったのだ。パソコンを製造してソフトウェアを開発するなど、いくつかの決断が持っていた妥協を許さない性質にも気づけなかった。自らの役割は市場を刺激し、動かすことだけだと信じたまま、市場が担うべきだと思っていた役割を担うことになった。市場がいずれは追いついてきて、事実上の活動を引き継いでくれるはずだと思っていた。と同時に、自分たちが創り上げた製品にあま

りに愛着を持ち過ぎ、手放したくない気持ちもあったのだ。現実には、市場はまったく異なる反応を示した。ＯＬＰＣの選んだ道が正しいものではあるし、重要でもあるが、営利目的の企業が乗り出すにはあまりにも危険で不確実だというものだ。パートナーシップに際しての共通のビジョンや成果は、パートナー同士がお互いの動機やリスクへの姿勢を理解していなければ崩壊することもあるのだと、ＯＬＰＣは学んだ。営利目的の市場は社会変革を生むために活用できる強力な場所だが、市場を動かす要素を変えることはできないし、たとえ同じ大志を抱いていたとしても、民間企業がこちらと同じような考えを持っているとは思い込まないことだ。

## ムーブメントの一部になることを学ぶ

アメリカ南北戦争中、モービル湾の海戦でデヴィッド・ファラガット少将はこう言ったと伝えられる。「魚雷など知ったことか、全速力で前進しろ」。たしかに、ときには警告や反対派の意見を無視してでも前に進み続けることこそが正しく思えることもある。だが、革命的なアイデアを携えて前へ前へと突き進むことと、実行部隊がついてきてくれるように速度を落とすこととの間には緊張関係があることもＯＬＰＣは学んできた。ネグロポンテが、１００万台のパソコン購入を確約しようとしない国に「列の後ろに並び直していただきたい」と言っていたことをご記憶だろうか。挑戦的な（受け取る人によっては奮起させられる）言葉だ。だが、ＯＬＰＣが直面するいくつもの根深い問題に対して、完全な勝利を宣言できる日は来ないだろう。初期の興奮が冷め、長く終わらない戦いが目の前に控えているときには、同志がいると心強いものだ。

単独で活動するとじかにインパクトを起こせるし、自分の意見とビジョンはほぼ確実に守られる。だが時間を割いてでも幅広い関係者と協力関係を築き、支援を取りつけ、批判を吸収するほうが、最終的にはより良いインパクトを与え、規模と持続性の両方を実現できるかもしれない。より良いインパクトが何かという議論は、単にアイデアが熱意ある多くの思想家たちによって詳細に吟味され、改善されるということだ。ハイテク産業では有名な「ジョイの法則」をご存じだろうか。「あなたがどれほど偉くても、優秀な人材は大抵、他の誰かのために働いている」というものだ。IT企業サン・マイクロシステムズの共同設立者ビル・ジョイが言ったこの「法則」は、組織間のつながりを構築することの重要性を説いている。現在、多くの組織が直面している重要な知識の問題は、どのような活動であっても、的を得た知識の大半は、組織の外に存在する

### 7つの秘密 SEVEN SECRETS

MITメディアラボの所長を務めていたとき、ウォルター・ベンダーはメディアラボが分野を横断して革新的なアイデアを生む個性的で強力な研究所になれた、「7つの秘密」についての短い文書を発表

した。その秘密は、「違う考え方」をして世界に変化をもたらしたいと願うすべての人に当てはまるものだ。

1. 太陽は、あらゆる場所に光を当てる刺激的なものだ。暗闇は存在しない。そこには自由な意見交換の場がある。知的財産の蓄積がある。パートナーと活動の間に壁はない。
2. 月の満ち欠けは、定期的なイノベーションのプロセスを意味する。「想像して気づくこと」。アイデアを思いついたらプロトタイプをつくる。本当の意味で批判的な議論を交わす。それを繰り返す。失敗と成功から学ぶ。
3. 炎は、燃料を指す。人々の活動にではなく、情熱に燃料を注ぐこと。変化をもたらすのは、人のなかに燃える炎なのだ。
4. 水は、プラトンによるヘラクレイトスの解釈を思い起こさせる。「同じ川に二度足を踏み入れることはできない」。変化だけが唯一の不変なものだ。ひとつの手法にとらわれてはいけない。新しいアイデアを取り入れ、使い古されたものは捨ててしまおう。
5. 木は、設計と工学の比喩として使われる。この2つは、混ぜ合わせる必要がある。
6. 掘り出されるべき金は、アイデアの衝突から生まれる。批判的対話によって自らを表現する分野横断的なコミュニティこそ、鉛を金に変える場なのだ。
7. 我々は、真の問題に取り組み、リスクを負う。

というものだ。大きな変化やイノベーションを起こしたい者にとっての主要な課題は、その知識を手に入れる方法を見つけることだ。[※3] ＯＬＰＣはハードウェアとソフトウェアの開発にあたって、幅広い分野から思想家たちを集めるという偉業を成し遂げた。だが、実際に活動を展開し、思い描いたとおりに教育と学びの目標を達成できるようなプロジェクトを構築する段になると、貢献度はぐっと減り、ときには抵抗さえ見られるようになったのだ。

## 最後に

もし違う道を選んでいたら、現在のＯＬＰＣがどうなっていたかはわからない。ＯＬＰＣは子どもたちに焦点を絞り、実績を研究し、改善することに重点を置いてきた。ごく最近まで、「もしこうだったら」という方面の検討にはほとんど時間を割いてこなかった。しかし、重要なのは未来だ。複雑で多面的な問題はひとつの方法だけでは解決できず、いくつかの解決策を組み合わせても解決できず、単独の組織だけではもちろん解決できないということをＯＬＰＣは学んできた。ＯＬＰＣは組織として、子どものために有意義で直接的なインパクトを生み出す必要性と、パートナーシップを通じてさらに大きな変化を起こせるモデルを見つけ出し、ＯＬＰＣが懸念する問題の根本原因に対処する幅広い学習コミュニティとのバランスを取るムーブメントへと進化しつつある。今後、パートナー組織をＯＬＰＣの活動に巻き込むことは、組織の成功を測る重要な指標となるだろう。最後に、ソフトウェア・フリーダム法律センターの創立者、エベン・モグレンの言葉で締めくくりたいと思う。

——私は、より良い世界を生み出す活動に引き寄せられた数多くの意志と手のひとつになれたことに感動している。

1：カンボジアのリークスメイの子どもたちとパナソニックのタフブック™（写真：Nancy Seives）

2：「チュニス」型パソコン。OLPCとデザイン・コンティニュアムのチームが共同開発した100ドルパソコンの実用型試作品で、2006年にチュニジアのチュニスで開かれた世界情報社会サミットでニコラス・ネグロポンテとコフィ・アナンによって紹介された。その記者会見の際にアナン氏は、OLPCが意図した持ち運べるパソコンの象徴である、黄色のクランク部分を壊してしまった。
©Continuum LLC 2006

3：1人1台のパソコンの先駆けとなった1982年セネガルでのシーモア・パパート。
©Bob Mohl

2

3

1

4：XOを持って馬で通学するウルグアイの子どもたち（2007）。OLPC Collection

5：XOを使ってデータを集めているタイのバン・サムカの子どもたち。
©2009 Barbara Barry

6：XOを修理するパラグアイの子どもたち。©2009 Bernardo Innocenti

7：コロンビア革命軍から奪回されたばかりの地域でパソコンを配布するコロンビアの兵士。©2009 Rodrigo Arboleda

8：マダガスカルのノシ・コンバの子ども。シュガーの記憶ゲームをクリアして笑みを浮かべている。
©Laura de Reynal 2012

7

8

# 各国のケーススタディ

CASE STUDY

CASE 1

# カンボジア、10年後

ニコラス・ネグロポンテが当時の妻エレーンと共にカンボジアを訪れ、出資して建てる学校の場所を選んだ際、彼はその場所を文字通り高い所から決定した。1999年、ネグロポンテはカンボジア空軍が当時唯一所有していた（そしてのちに墜落してしまった）ヘリコプターで地方の上空を飛び回ったのだ。そして地上を見下ろし、十分な数の生徒が集められるよう、近隣の村からそれなりに近いと思える場所を選んだ。それがプレアヴィヒア州のリークスメイ、OLPCの成り立ちを語るうえで度々その名が出る学校の所在地だった。ところで、堂々たる人格のネグロポンテと対照的なのが、元妻のエレーンだろう。穏やかで誠実、目立つことを徹底的に避けるエレーンは、細部に気を配る人間だと自分を分析する。ネグロポンテがリークスメイの丘を指さして以来14年間、彼女は毎年6カ月間をカンボジアで過ごしている。彼女こそ、カンボジアで教育にコンピュータ技術を活用する初期の実験からずっと活動を続ける501（c）（3）の小さな独立非営利組織、カンボジアPRIDE（「地方に革新的デジタル教育を提供する」の頭文字）の立役者なのだ。[※1] PRIDEの目的は、「生徒の生活の質を向上するために、自立的思考と問題解決を奨励する」ことだ。

OLPCの発端となり、エレーンが活動を続けてきたこのカンボジアのプロジェクトは、2011年まで正式にはOLPCとは関連がなかった。本書執筆時現在、PRIDEはOLPCの第2種支援組織になる可能性について、OLPCと協議を続けている。第2種支援組織とは実質的に「兄妹関係」になることで、2つの組織の目標や運営が特定の形でつながるものだ。[※2] 現時点では正式にO

LPCの一部にはなっていないが、OLPCのミッションとビジョンの力と可能性を測るという意味では、OLPCが正式に携わっているどのプロジェクトとも同じくらい、カンボジアでの活動も正当なものだ。基本的に地方にあり、ひどく貧しい社会に影響をおよぼす努力の実例としては、むしろ最高の例のひとつとも言えるだろう。

## カンボジアの教育ニーズ

カンボジアの複雑で血にまみれた歴史は、ごく最近まで続いていた。ベトナム戦争の余波で受けた被害は甚大だった。田畑は破壊され、作物は失われ、農作業用や食用の家畜は大量に殺され、カンボジア人男性の数は大幅に減ってしまった。

カンボジアの人口の約3分の1が貧困層であり、そのほとんどが地方に暮らしている。かつて、カンボジアでは教育は仏教寺院《ワット》でおこなわれており、したがって学校に行けるのは男子だけだった。クメール・ルージュ時代は教師や僧侶をはじめ、教育を受けた者はほとんど、ただ読み書きができるというだけでも政府によって殺害された。クメール・ルージュ政権終了後の1993年に策定されたカンボジア憲法は全国民に対する9年間の無償義務教育を保障し、基本教育への普遍的権利を支持している。にもかかわらず、教育の質や範囲は、地方によって大きく異なる。エレーンが言うように、「子どもの数がとても多いのです。1日おきに学校を造ってもいいくらいです。でも問題はそこではありません。学校はたくさんあるのですが、教師がいないのです」。カンボジアの地方はその独特の地形から孤立している場所が多く、そういった場所にある学校や教師の質は低い場合が多い。教育制度がほとんどの場所で不十分だというのは、かなり控え目な表現だ。

エレーンがリークスメイで活動をはじめた頃の経験談には、とりわけ感情を揺さぶられる。

「小学校では、遅刻してきて、出勤を証明するためだけに出席を取って、木陰でしばらくくつろいだらさっさと帰ってしまうような教師が普通です」。破綻した教育制度の影響は計り知れない。「こういった農村の住民は、よそへは行けません。高校はもとより、中学を卒業するのだってとても大変なんです。これでは未来などありません」。そうなると、教育上の主な課題は、実践的な日々の教育が他の時間の使い方よりも価値があることを明確にするという、見過ごされがちなものになる。

**ENNスクール**

カンボジアに学校を造るという活動は、実はエレーンとニコラス・ネグロポンテがはじめたものではない。2人の友人であり同僚でもあるMITメディアラボの東京窓口担当、バーニー・クリッシャーのアイデアだったのだ。クリッシャーは米国カンボジア救援会という世界銀行のプログラムの下でカンボジアに学校を造る活動をしており、最初の学校のひとつを造ってみないかとネグロポンテ夫妻に呼びかけたのだった。

エレーンとニコラスの頭文字を取ってENNスクールと名付けられた学校は、このプログラムによって造られた2つ目の学校だった。わずか1万ドルの費用でレンガとセメントの校舎が建てられ、クリッシャーの組織がパソコンを1台充電できる太陽光パネルと、英語とパソコンを教えられる教師を1人提供した。学校は1999年に完成し、ニコラス、エレーン、そして夫妻の息子ディミトリが開校式に出席した。2000年にディミトリが学校を再訪し、学校の立ち上げと運営の支援、そして英語とプログラミングの教師を兼任した。ニコラス・ネグロポンテとクリッシャーは当時のタイ国首相タクシン・シナワトラと交渉し、パラボラアンテナとローカルWi－Fiの提供を受ける約束を取り付けた。この取り決めによって、リークスメイの学校はカンボジアでインターネットにアクセスできる最初の学校となり、当時から今に至るまで、接続費用は無料のままだ。

２０１０年、カンボジアＰＲＩＤＥは１６８人の小学生と周辺の村に住む２８５人の中学生を対象に、２人のスタッフと2万５０００ドルの予算（その大半はエレーン個人からの寄付）で活動していた。これは大抵の基準に照らしてもごく小規模なプロジェクトだが、子どもの学習を支援して人生の選択肢を増やすために何が必要かという点に関しては、ＯＬＰＣにも世界中にも多くのことを教えてくれる活動だ。

### リークスメイ現地からの視点

カンボジアＰＲＩＤＥは、小学生にパソコンとインターネットアクセスを提供することを目的としたプロジェクトから、小学生だけでなく中学生も対象とし、重要な実践的技能を身につけるために先端技術を活用するプロジェクトへと進化した。エレーン・ネグロポンテはこう説明する。「私たちの活動はほんの少しモンテッソーリ方式（イタリアの女性教育者が考案した教育法）で、とてもたくさん職業訓練を実施している、ということにしています。あいにく、ＯＬＰＣはそれにうんざりしているようだけど」

### 学校に来るのがまず大事

ＰＲＩＤＥのプロジェクトを成功させた一番単純な要素は、その一貫性かもしれない。「小さな子どもが遠くから歩いて学校に来たのに校舎に鍵がかかっていて先生がいないようなことが何回もあったら、その子はもう学校に来なくなってしまうでしょう」。一方、ＰＲＩＤＥプロジェクトは月曜から金曜、必ず1日8時間は実施されている。有能な教師が必ず教室にいることが保証されており、勉強に取り組み、学習できる機会があることを生徒は確信できるのだ。

## 「置き去り戦法」はうまくいかない

最初の難関は、先端技術を導入し、運用できるようにすることだった。当初、学校に設置された先端技術とはパソコン1台、太陽光パネル、小さなパラボラアンテナ（超小型地上局VSAT）、そして無線インターネット接続だった。そこへディミトリ・ネグロポンテが、パナソニックのタフブックを何台も携えてやって来た。これは軍仕様で、ほぼ破壊不可能という頑丈なノートパソコンだが、それをパナソニックが寄贈してくれたのだ。のちにOLPCも1500台のノートパソコンを寄贈し、それがリークスメイの小学生や、カンボジアの他の学校に配布された。エレーンは言う。「OLPCは最初、『ただパソコンを置いてくるだけでいいんじゃないのか?』と思っていたようです。でもそれではうまくいきません。まず電力がないこと。それが最初の問題です。[※3]

## 教師も重要

次の難関は、先端技術が確実に学習目的で使われるようにすることだった。カンボジアの教師の全般的な質、特に地方の教師の質を見る限り、先端技術を理解して教育に取り入れることをカンボジア人スタッフに期待するのは、短期的にも長期的にも非現実的かもしれなかった。「先端技術と教師の間には、色々な理由で大きなへだたりがありました。教室に侵入し、生徒の注目をさらってしまった機械に対する疑念があったのです。このままだとどうなるのか、そのなかで自分の立ち位置はどこにあるのかと、教師たちは不安に思っていました」[※4]とエレーンは語る。

そこでネグロポンテが下した決断は、カンボジア人教師がITと英語を教えつつも、欧米人が定期的に訪問してワークショップを開催し、教師にも生徒にも刺激を与え、新しい考えをもたらせるようにすることだった。ＩＴと英語を担当する専任の教師を派遣する他、ＰＲＩＤＥは担任教師たちと緊密な連携を保ち、生徒たちに与えられる先端技術を理解し、使いこなせるよう支援している。

**先端技術を実践的カリキュラムに組み入れる**

学習目的でパソコンを活用する初期の実験段階の頃から、先端技術を既存の教育カリキュラムに組み入れることの重要性は常に軽視されてきた。ネグロポンテによれば、「当初、カリキュラムは話題にすらのぼっていなかった。シーモア・パパート教授のような人々と話していても、『カリキュラム』という言葉を口にするだけでうんざりした顔をされたものだ」。だが、リークスメイでは、先端技術が学校の学習カリキュラムに統合された一部分となることが、生徒の学習にとっては非常に重要だったのだ。

学校が立ち上がった頃はカンボジアがまだ内戦の混乱から回復しつつある時期で、生徒は年齢を問わず、誰でも学校に戻っていいと政府が許可していた。その結果、年少と年長の生徒たちが混在する教室ができあがり、教師にとっても生徒にとっても実に難しい状況となった。ネグロポンテいわく、先端技術は皮肉にも、この多様性に対応できるツールだったのだ。教室でパソコンを使えば、生徒は年齢のことを引け目に感じずに、自分のペースで勉強できる。このため、生徒も教師もすぐにパソコンを受け入れるようになり、教室における先端技術の存在意義を印象付けたのだった。

ＸＯは、標準的なカンボジアの学校カリキュラムを支援する総合学習ツールとして、小学校の全生徒に活用されている。ＰＲＩＤＥも、補助的な英語学習プログラムを支援している。どのプログラムに関しても、指導と学習の取り組みは真の意味で実践的であり、生徒には自分たちで探求し、創造するよう奨励する内容だ。エレーンは、この取り組みは革命的なものだと語った。「子どもたちが自分で何かを創造するのは、これが初めてなんです。まったくの初めてなんですよ。世界の見方ががらりと変わって、世界のなかにいる自分に対する見方も大きく変わるのです」

## 中学への1本道を敷く

リークスメイで最も重要な進歩と言えるのは、OLPCが従来対象としてきた年少の小学生より上へと学習支援の対象を拡大したことだろう。すべての小学生にパソコンが行き渡るようにしたことで、その小学生たちが中学生になったときに問題が生じた。小学校はひとつの村に1校あることが多いが、中学校は資源不足や中退率などの要因から、複数の村に対して1校しかない場合が多いのだ。リークスメイの子どもたちが中学校に上がると、パソコンや英語の教育を受けていない他の村の生徒たちを目にするようになった。そのため、持つ者と持たざる者とが分かれ、緊張関係が生まれてしまったのだ。

この問題に対処し、費用対効果を学校に有利なようにし、小学生の初期の学習成果を維持するためには小学校を卒業した生徒の学習支援が重要だということに、エレーンたちはすぐに気づいた。だが、資源の限られたこの場所でそれをどう支援していけばいいのか。そこで彼女たちが思いついたのが、XOを貸し出す図書館を設立することだった。小学校でXOを受け取った生徒たちは自分のパソコンを持ち、他の村の生徒たちはXOを借り出せるようにしたのだ。

## 先端技術のプロジェクトではなく、地域のプロジェクト

現在のPRIDEの現状を見ると、指導と学習の中心に先端技術が据えられてはいるものの、プロジェクトの成功は地域との密接な関係によると

ころが大きいという事実に驚かされる。エレーンと教師たちは、生徒とその家族のことをよく知っている。一家の経済状況についても、家庭内暴力の有無についても、子どもを学校に行かせるかどうか、行かせるならどうやって通わせ続けるかといった決断に苦労していることまでも把握している。このプロジェクトの大きなポイントは、出席率や成績の障害となっているかもしれない教室外の要素をサポートしつつ、生徒の全般的な幸福にも気を配っていることだと言える。[※5]

## リークスメイでの成果

PRIDEプロジェクトの恩恵を受けた最初の生徒たちは、ようやく高校を卒業したばかりだ。実は、第1期生の少女たちのうち2人が、近隣にある短期大学でコンピュータ科学を学んでいる。エレーン・ネグロポンテによれば、これはとてつもない変化だという。「この村の住民が初めて高等教育を受け、学校に通い続けることがどういう意味を持つか、知りはじめているのです」

社会変革に取り組むプロジェクトの多くがそうであるように、個別の生徒から体験談を集める以上に体系的な成果の測定は、リークスメイでは難しい。ここで何をもって成功とするかの総意を得ることが、一番難しいのだ。「彼らに農業を捨ててほしいとはまったく思っていません。米農家であることは、特にカンボジアのような場所ではとても大事です。これは単に教育というだけでなく、判断し、選択し、何が最善か決断するということなのです」。そうなると、焦点を当てるべきは高校卒業や大学の単位取得といった確実な測定基準ではなく、生徒1人ひとりが人生にもたらせる意思決定力と可能性を身につけるまでの期間を拡大することなのかもしれない。ある意味、このプロジェクトは生徒に力を与え、自我を育てられるようにすることに真の焦点を当てているのだ。

CASE 2

# トップダウンの取り組み

## ――ペルーとウルグアイのOLPC

現地でプロジェクトをはじめるとき、まずは国家元首との「握手」を成立させることに注力した。その結果としては当然のことながら、初期の展開は中央政府と教育省を通じて実施される、トップダウンの取り組みとなった。そうした取り組みのうち2つ、ペルーとウルグアイで展開されたプロジェクトは、まったく異なる地理的・社会的背景を持つ場所において、トップダウンで教育改革を実施する際の共通点や問題点を教えてくれる。

### ペルー

ペルーは、さまざまなものが共存する国だ。乾燥した海岸平野と広大なアマゾンの熱帯雨林、国境付近には雪に覆われたアンデスの山並みを持っており、地理的に地球で最も多様な赤道直下国のひとつだ。文化的には、スペイン文化と先住民族文化が複雑に混じり合っている。経済的には、沿岸地域は比較的裕福で、社会的・経済的にも発展しているが、人口の大半は沿岸地域の発展や社会的地位とは無関係な極貧生活を送っている。その多くが、国中央に位置する山岳地域の、外界から切り離され、辿り着くのが困難なほど辺鄙な場所に住む人々だ。

このような著しい格差のため、ペルーは当初、OLPCがプロジェクトを展開するには困難すぎると私たちは考えていたが、ペルーの内側から気運が高まった。熱心に運動をおこなったのは元IBM幹部で、教育省で働いていたオスカー・ベセラだ。ベセラは、教育制度のなかに潜む3つの大きな問題を総合的に解決できる方法を探していた。まず、ベセラが言うところの「無意味な正規教

## CASE2 トップダウンの取り組み ——ペルーとウルグアイのOLPC

育」。つまり『『どうやって』を説明してばかりで、『なぜ』はほとんど説明しない」教育方法だ。「正規教育の一番の問題は、『学校が教えようとしていることを、どうして僕たちは勉強しなきゃいけないの?』という疑問に十分に答えられないことだと、私はずっと確信していた」とベセラ。子どもたちは、教えられている内容を学ぶべき理由が理解できなかった。そのため、学校で時間を無駄にするよりは中退して家の仕事を手伝ったほうがましだと思う子どもが後を絶たなかったのだ。次の問題は、教師の質の低さだった。2008年の、教員資格試験の合格者は、18万5000人中たったの5%で、終身在職権を得られる成績を収めたのは151人に過ぎなかったのだ。そして3つ目の問題は、教室の過密だ。生徒を詰め込みすぎて、一人ひとりに目を配ることがほぼ不可能な状態だった。[※1] ベセラは、この3つの重大な問題を解決するうえで、OLPCのパソコンという先端技術と、シュガーに組み込まれた構築主義的手法がチャンスだと考えた。

2007年7月、文部大臣ホセ＝アントーニオ・チャンが、ペルーのOLPCプロジェクト参加を表明した。当時の計画は、15万台のXOを6000の地方の学校に配布するというものだった。さらに、都市部の学校にも10万台のXOを配布するべく募集をかけ、最も優れた提案書を書いた学校にパソコンが贈られることになった。OLPCプロジェクト展開のベテラン、カーラ・ゴメス＝モンロイは、ベセラが選んだアラウアイという村にある学校でパイロットプロジェクトを実施した。そこではたったひとつの教室で異なる学年の生徒たちを教えていた。アラウアイは山奥の村で、首都リマからおよそ1000キロ北東に位置する。海抜2600メートルにあるインスティトゥシオン・エデュカティヴァ・アポストル・サンティアゴという名のこの学校は、小学校と中学校を兼ねている。あまりに僻地なので、特殊なアンテナを立てなければ携帯電話の電波も受信できない。今の現実よりも未来の希望に目を向け、ベセラはインターネット用のアンテナが設置できる場所を選んだのだ。プロジェクトの開始式典には、学校までの長い道のりを歩いて、ほとんどの保護者が出席した。

アラウアイのパイロットプロジェクトには、典型的な地方での展開に予想される状況をシミュレーションするという目的があった。研修は生徒向けのものも教師向けのものもごく限られた内容で、パソコンを立ち上げて操作するという基本的な部分だけに留めた。後は、自分たちで使い方を考え、有機的な学習向上が実現するだろうと考えた。ペルーが全国展開を実施するためには、欠かせないテストだった。集中的な、あるいは継続的な研修を要するようでは、プロジェクトは成立しない。リスクが高いとも言えるこの戦略を用いて、教育省は子どもと教師が自分たちでパソコンを使いこなし、教育の質を向上できるようにしていった。と同時に、教師の能力を高め、支援していくことに長期的計画で取り組んだのだ。ゴメス＝モンロイは、アラウアイの地域および保護者の参加が大きく期待できることを確認した。もっとも、より幅広い展開になると、どの学校でもそれが期待できるというわけではなかったのだが。

アラウアイでの成果は好ましいものだった。教師の報告によれば、教室の内外で生徒間のコミュニケーションが増え、アイデアが共有されるようになり、家族の学校へのかかわり方にも変化が見られるようになったのだ。この成果を受けて、OLPCは計画、実行、サポートに加えてプロジェクトのコツや文書の見本、OLPC用語辞典などを含む「展開ガイド」を作成した。アラウアイについて、AP通信はこのように報じている。「地方の貧しい子どもたちが小さい風変わりなパソコンから恩恵を受けられるものかという疑問は、OLPCのプロジェクトによって50人の小学生がパソコンを受け取ってから6カ月後、アンデスの丘のてっぺんにあるこの小さな村に降りる朝露と同じくらいあっという間に消散してしまった」[※2]。

アラウアイのパイロットプロジェクトに見られた直接的な影響のおかげで、ベセラとチャンはプロジェクトに欠かせないアラン＝ガルシア・ペレス大統領からの支援を取りつけることができた。だが、大統領の支援だけでは不十分なことも、2人はわかっていた。プロジェクトを拡大するための資金を得るには、財務省の支援も必要だ。ベセラはOLPCプロジェクトの資金確保のために国会に働きかけ、OLPCにとって有利な入札の開催が承認された。その後、国会は法的措置を通じて2007年10月に資金を確保して不確定要素を大幅に取り除き、ペルーでの購入価格も確定させた。これでプロジェクトは軌道に乗った。最初の25万台分のパソコンの注文が承認されたのだ。

アラウアイでのパイロット以降の基本計画は、143の地域流通センター（UGEL）を活用するというものだった。UGELは学校を支援する基本的な機構として、教科書の配布などのために既に存在していた。OLPCの対象となる学校の多くが、UGELから何日もかかる場所にあり、93％の学校が当初はインターネット接続がなく、10％は電気すら通っていなかった。UGELの支援に加えて、政府はOLPCの協力のもと、サポートチームを直接学校に送り込むためのインターンシッププログラムを複数立ち上げた。さらに、4つの地方拠点に教師が集められ、1週間かけて先端技術についての基本研修と、さらには学習のためにパソコンを活用する方法についての指導を受けた。

ペルーでの展開プロジェクトには、批判がなかったわけではない。2012年1月にアメリカのシンクタンク、ブルッキングス研究所が発行した報告書によると、同研究所の普通教育センター所長レベッカ・ウィンスロップは、容赦なくこう述べている。

> ペルーでは、いくつもの色鮮やかなノートパソコンが教室の隅で埃をかぶっている。教育省が手配してOLPCの活動を通じて学校に寄付されたこれらのパソコンは、生徒たちの情報通信技術やコンテンツ関連スキルを伸ばすことを目的としていた。だがパソコンの使われ方に関する教師への支援が不十分で、フォローアップもなく、修理やメンテナンスなどの対応策も講じられなかったうえ、旧式でバグだらけのソフトを搭載したパソコンはほとんど役に立たず、使用に値しないとみなされている。今回に限っては、先端技術が学習者の教育的経験を改善するというわけにはいかなかったようだ。[※3]

ペルーのような大規模な展開では、品質の面でばらつきが出てしまう。そして、実際にパソコンが埃をかぶるような事態になった学校はほとんどなかったものの、ウィンスロップの描写にも一理あることは事実だ。ペルーの状況は、その地形がもたらす恐るべき難題のために悪化してしまった。首都と学校ネットワークとの間の断絶はいまだに主要な課題であり、プロジェクト全体に影響している。パソコンの修理やメンテナンスは必要なレベルではおこなわれていないし、教師への継続的な研修と支援も難しく、教師自身がお互いを補うために連携を取り合うことができずにいる。

こうした困難にもかかわらず、OLPCのプロジェクトに対するペルー政府の支援は変わらないままで、むしろ大きくなってさえいる。アラウアイのパイロットプロジェクトは、現在までにペルーに送られた100万台近いXOの第一歩だったのだ。

## ウルグアイ

ペルーでの困難とはくっきりと対照を成しているのが、ウルグアイのケースだ。こちらは、子どもたちにパソコンを提供するというOLPCの当初のビジョンがどのように実現されたかという良い例になる。ウルグアイは、多くの意味で、OLPCの使命とアイデアの理想的な対象国候補だった。人口350万のうち40万人が6歳から12歳の子どもと推定されるこの国で、子ども一人ひとりにパソコンを提供するというのは大胆ではあるにせよ、実現可能なレベルの目標だった。

ウルグアイの教育の歴史は好ましいものではあったが、2005年には労働力確保のために、特に低所得層の若者の育成を改善し、教育の成果を向上させる絶対的な必要性に迫られていた。教育がすべて無償であるにもかかわらず、2007年の就学率は12歳から14歳が68％、15歳から17歳では39％にしか満たなかった。多くが貧困家庭に育つ生徒の大多数が、小学校から中学校へと移る13歳から14歳の間に学校を辞めていたのだ。2006年に実施された15歳の生徒の学力を測る国際的テストの生徒学習到達度調査（PISA）では、ウルグアイは数学では地域内で1位、読解と科学では2位につけた。だが、調査に参加したすべての国のなかで、ウルグアイは学校間の標準偏差が最も大きく、社会経済レベルのばらつきが激しいことも同時に示された。[※4] 2005年3月、ウルグアイは新たな大統領タバレ・バスケスを迎え、初の社会主義政府をとなった。遠大な目標と断固たる行動を起こす政治的環境が整った。2005年11月16日、チュニスで開かれた国連世界情報サミット（WSIS）で100ドルのノートパソコンの試作品を披露するニコラス・ネグロポンテを、ウルグアイからの代表団が見つめていた。子ども1人に1台のパソコンを提供するという概念が、ウルグアイの指導者の想像力に火をつける。社会的格差の象徴とも言える「情報格差」を、OLPCを通じて政府が埋められるようになる――その考えは、バスケス大統領にとってはまさに、自らの選挙公約を実行し、ウルグアイを地域のなかで傑出させるために必要なイノベーションに思えたのだった。

2006年12月、バスケス大統領はプラン・セイバルの立ち上げを発表した。スペイン語で「Conectividad Educativa de Informatica Basica para el Aprendizaje en Linea（オンライン学習のための基礎コンピュータ技術による教育的接続性）」の頭文字を取ったこのプロジェクトはミゲル・ブレックナーが代表を務め、すべての小学生と教師にパソコンだけでなくインターネット接続環境も提供することを目標としていた。後者の目標達成のためには、全国に光ファイバー接続のセル方式携帯電話とデジタル公衆網を張り巡らせるという計画が立てられた。

2007年5月、バスケス大統領は首都から約80キロ離れたフロリダ県のカルダル村で、150台を配布するパイロットプロジェクトを実施した。ここが、全校生徒と教師がXOを配布されたウルグアイ初の小学校となったのだ。

パイロットが始まってからおよそ3カ月後の2007年8月、アイオワ大学のファアン＝パブロ・ウルカデ、ロンドン・スクール・オブ・エコノミクスのダイアナ・ベイトラー、ネクスト・コンサルティングのフェルナンド・コルメンサーナ、そして共和国大学のパブロ・フローレスが小学校を訪問し、プロジェクトの定性的評価をおこなった。その結果、パソコンが幅広い読み物を提供し、学校のブログを通じて自分の書いた文章を人と共有する機会が生まれたために、読み書きに対する生徒の意欲が向上したことが判明した。家に帰ると、子どもたちは家族にパソコンの使い方を教えていた。保護者も地図などの情報を検索したり、酪農場からの牛乳の受け取りを調整したりするなど、様々な用途に活用していた。[※5]

このときの評価では、インターネット接続が課題だという点も指摘された。特に、子どもたちが学校にいないときが問題だった。また、入力デバイスの問題も深刻だった。たとえば、タッチパッドがうまく機能していないものが多く、大体5台に1台はキーボードの不具合で修理に出されていた。そして最後に、搭載されていたソフトウェアが必ずしも子どもに使いやすいものではないことも指摘された。アイコンをもっと大きくし、ユーザーインタフェースを翻訳し、ファイルのブラウザももっと子どもが使いやすいようにし、テーマやコンテンツ（一般的なリズムを使った作曲など）を現地に合わせたものにするべきだと評価者が指摘している。[※6]ウルグアイからのこのフィードバックを受け、ＸＯとシュガーに大幅な改善が施されたことは注目に値するだろう。タッチパッドの刷新やキーボードの新しいデザイン、シュガーの新機能や既存の機能の改善も、ここから生まれた。

２０１０年、プラン・セイバルは独自の、新たに設立された組織へと変身を遂げる。「先端技術と社会的包含のためのセンター（ＣＩＴＳ）」だ。２０１１年末現在、およそ１８０人いるＣＩＴＳのスタッフたちはプラン・セイバルのあらゆる活動を担っている。ハードウェアを評価し、ネットワークの対処法を考え、教師向けの研修を実施し、教育コンテンツを開発し、プロジェクトの教育的・社会的影響を評価するなどの活動だ。ＯＬＰＣでパイロットプロジェクトの多くを構築してきたゴメス＝モンロイは、今までにＯＬＰＣがウルグアイで達成してきたことで、最大かつ唯一の重要な点と思われるものについて述べている。「トップダウンのプロジェクトだったものが、ボトムアップの活動へと変化したこと」だ。[※7] たしかに、プラン・セイバルとその活動を実施し、維持し、改善し、補完し、評価し、学習し、伝えるうえで、官民、そして市民の組織や指導者たちから成るエコシステムが生まれ、数々の役割を担ってきたことは事実だ。[※8]

　第1号のパイロットプロジェクトを立ち上げてから2カ月後の2007年7月、ウルグアイ政府はいくつかの段階に分けて10万台を配布するという内容の提案依頼書を（RFP）作成した。このRFPにはソフトウェアや学校のサーバー、接続機器、サポートとメンテナンスなどの要件が含まれていた。そして、「教師はこれらのツールの使用および新たな教育提案の策定について研修を受ける」とも記されていた。[※9] RFPによれば、初回のパイロットプロジェクトはウルグアイ南部のフロリダ県で実施され、公立小学校のすべての生徒と教師が対象になるとのことだった。すべての学校とできる限り多くの家庭でインターネット接続が可能になるよう努力するとも述べていた。この提案依頼書の公表から3年と経たないうちに、ウルグアイのすべての公立小学校で生徒と教師全員にパソコンが提供されている。現在のウルグアイでは、子どもたちが屋外に集まり、ノートパソコンを広げて勉強している姿を見ることも少なくない。

　2010年3月1日、ホセ・ムヒカがバスケスの後を継いでウルグアイの新大統領となり、フレンテ・アンプリオ政党による政府が続くこととなった。ムヒカがバスケス政権の政策の多くをそのまま継続して拡充していったことは、ウルグアイにおけるOLPCの未来にとっては良い兆しだと言えるだろう。

CASE 3

# OLPCアメリカ

2008年1月、OLPCは「第3世界」市場のための資金確保に「第1世界」市場を活用するという進行中の戦略の一環として、アメリカに特化した独立組織、OLPCアメリカを設立する予定だと発表した。これは、「2台買って1台寄付しよう」キャンペーンの延長線上にあるものだ。

今日まで、OLPCは一連のプロジェクトを通じて、全米の教室、学校、地区、都市に何万台ものXOを配布している。そのなかにはニューヨーク市の公立学校で活動する財団「ティーチング・マターズ」がおこなったような、都市部での展開も含まれる。地方での展開は、モンタナ州のクロウ保留地や北部シャイアン保留地付近の小学校にXOを導入している「ビッグ・スカイ・サイエンス・パートナーシップ」などがおこなっている。この他にも、OLPCアメリカ向けに想定される「先進国－開発途上国間交流」を実現するプロジェクトの例は数多い。南スーダンの学校にマディソン小学校の放課後プログラムを輸入しようと活動している「ファーゴ・トゥ・スーダン・プロジェクト」もそのひとつだ。多くの場合、アメリカ国内のプロジェクトや展開は型破りな教師や大志を抱く行政関係者など、意欲あふれる地元の活動家によってはじめられている。

### バーミングハム

2007年12月、アラバマ州バーミングハムのラリー・ラングフォード市長が、全米で初めて市内の公立小学校の生徒全員に1人1台のパソコンを配布することを宣言した。「我々はデジタル時代に生きている。だからこそ、すべての子どもたちが先端技術に等しくアクセスでき、生活に取り入れていけるようにすることが重要だ。バーミングハム市がいわゆる『情報格差《デジタル・デバイド》』を根絶し、子どもたちが最先端の教育ツールを手に入れられるようにする方向に進んでいることを、我々は誇りに思う」

　都市圏に人口100万以上を抱えるバーミングハム市はアラバマ州最大の都市で、州の総人口の4分の1以上がここに住んでいる。バーミングハム市だけでも人口は20万人以上、うち75%が2010年の全米国勢調査で自らを黒人と答えている。バーミングハム市は工業中心地であり、交通の要所となっている。だが、バーミングハムが全国の注目を一番集めたのは、1950年代から60年代にかけて起こった公民権運動の頃だろう。当時、ここでは特にひどい暴力事件が多発していた。有名な16番通りバプティスト教会の爆破事件〔1963年、人種差別主義者によって黒人の通う教会に爆弾が仕掛けられ、黒人の少女4人が犠牲となった事件〕もそのひとつだ。

　バーミングハムの学校制度はバーミングハム教育委員会が管理しており、生徒数は3万人以上、41の小学校を擁する。大都市圏には独立学区が数多く存在し、その質の高さで全国的に有名な学区もいくつかある。だが、都心の学校は、全米の貧しい都市部によく見られる問題をいくつも抱えている。成績の悪さ、出席率の低さ、卒業率の低さなどだ。2006年、アラバマ州の高校卒業率は全米50州中44番目の低さで、高校を卒業すると見込まれる生徒は全国平均75%に対して全体の66%に過ぎなかった。[※1]

　2008年、ラングフォード市長はその行政権を執行し、翌年度に市内の学校でOLPCのプログラムを導入するために1万5500台のXOを1台200ドルで購入した。この決断により、バーミングハム市の学校は約300万ドルを支出することになった。このため、2008年のアラバマ州の生徒1人当たりの支出は50州中34番目になった。バーミングハム学区の年間予算は約3億5000万ドルで、生徒当たりの平均支出は1万2400ドルだった。[※2] この小学生1人当たり200ドルの市の追加支出を、潜在的な見返りを考えれば安いものだと思う者もいたが、深刻な懸念と捉える者もいた。それでも、2008年度には、バーミングハム市のすべての公立小学校の1年生から5年生の生徒と教師たち全員に、XOが支給されたのだった。

立ち上げ直後から、この展開プロジェクトは手ごわい難題に直面した。市長の決断は一方的だと受け止められ、教育委員会のみならず、プロジェクト実施を任された教師や学校経営者からも反発を招いたのだ。無力化されると感じる者が多かったのだろう。さらに、学校にインターネット設備が不足していることが早い段階からわかっており、OLPCが推奨する形でパソコンを使用する際の障害となるだけでなく、対策に費用がかかることもネックとなった。そのうえ、教室でインターネットの使用を監督することに教師たちの多くが無関心だったので、インターネットアクセスが不足していても教育制度のなかでは重要だとみなされてこなかったのだ。正規教育組織の混乱を受けて、非公式組織が立ち上がった。学校側が子どもたちにインターネットアクセスを供給しないと一方的に決定すると、バーミングハム市公立図書館から予想外の、だが心強い反応が出てきた。図書館がインターネットアクセスの監督を買って出たうえ、パソコン関連の活動についても、大都市圏の全21分館で監督すると申し出たのだ。いくつもの教会グループも同様の申し出をして、関心のある生徒がパソコンを使って学習できる場所を提供した。制度に頼らずに解決されたもうひとつの問題が、パソコンの修理だ。地元のグループがOLPCと協力し、市役所や学区からは独立した、自主的な「バーミングハム修理センター」を立ち上げたのだ。

　バーミングハム市におけるＸＯの展開の成果は、大きな議論の的となっている。アラバマ大学バーミングハム校の社会学者シェリー・コットンは、ある調査結果を２０１０年に発表した。ＸＯが生徒に与える影響が、教師によるＸＯの使用の程度に比例して変化するという内容だ。教師が教室でＸＯを使うクラスの生徒は、自分でもＸＯを使う場合が多く、学習に良い影響を与えたことが示された。[※3] ＸＯの使用に関する傾向を見る２０１２年の追跡調査で、コットンとカリフォルニア大学アーバイン校のマーク・ウォーシャウアー、スタンフォード大学のモーガン・エイムズは、生徒の大半が学校ではほとんどＸＯを使っておらず、技術的問題を経験する者も多かったと報告した。ＸＯが壊れてしまうと、生徒が自分では修理できないのだ。調査報告書の執筆者たちは、「ＸＯが教師にとってあまり使いやすいものではない」と主張した。まず、キーボードと画面が小さすぎる。それに、パソコンの使い方に関する教師への研修が不十分である。そして、外部ビデオポートがないので、授業で効果的にＸＯを活用することができないというのがその理由だった。そして最後にこう述べている。「デジタルメディアを活用した教育改革は堅実なカリキュラムおよび教育学的基礎の上に築かれるべきであり、社会的および技術的サポートを必ず整備し、詳細な計画、追跡調査、評価と共に実施されるべきである[※4]」

　教師の取り組みと研修の重要性、そしてパソコンのメンテナンスとサポートの確実な提供の重要性については、ＯＬＰＣも同意する。また、ＯＬＰＣの展開プロジェクトが成功した例では、上記の要件に加え、ここでは述べられていない要件も含めた「学習のエコシステム」が生まれる経緯も見てきた。コットンらが指摘しているのは、実は生徒の学習を促進するためにＸＯを展開し、十分

にサポートするうえで何が必要かという点について、ＯＬＰＣが経てきた学習曲線なのだ。[※5]

## クロトン＝オン＝ハドソン

バーミングハムの事例と対照的なのが、ニューヨーク州のクロトン＝オン＝ハドソンという人口８０００の町にあるピエール・ヴァン・コートランド・ミドルスクールでのプロジェクトだ。２００８年に同校の科学教師ジェラルド・アルディート博士が立ち上げたこのプロジェクトは、１５０人の5年生とその教師を対象としていた。ＸＯとシュガーが目指す自主学習の強力な提唱者であるアルディートは、5年生のクラスが先端技術の可能性を試す理想的な実験の場になると考えた。

> 私たちが5年生に注目したのにはいくつもの理由があります。パソコンは小学生に最適に思えたし、生徒が1日のほとんどを同じ教師と一緒に過ごす小学校の教育モデルにもぴったりです。そこではぐくまれた能力が別の領域にもうまく応用でき、教師と生徒の努力に大きな見返りが得られるようになればと思ったのです。[※6]

プログラムの資金は地元の教育財団、ヴァン・コートランドのＰＴＡ、そして学区とで設立した合弁事業を通じて拠出された。パイロットプロジェクトではすべての生徒にＸＯが提供され、教師はＸＯの使い方と授業にでの活用方法について詳細な研修を受けた。また、シュガーを使って生徒を探求的学習に取り組ませる「一連のカリキュラム活動やプロジェクト」を作成する方法についての提案もおこなわれた。

このクロトン＝オン＝ハドソンの展開プロジェクトで生まれたひとつのイノベーションが、「技術チーム」の創設だった。各クラスで4人から5人の生徒が、XOとシュガーの専門家になれるよう研修を受けたのだ。

> パイロットプロジェクトのなかで、生徒たちは学習者としての自立性を見せました。この自立性は、教師たちがいつしか『さざ波《リップル》』と呼ぶようになった現象によって裏付けられたものです。これは、生徒たちが自然と自発的に集まって協力し合い、XOで覚えたことを共有するようになった現象を指しています。さらに、生徒と教師の助け合い、生徒同士と教師同士の助け合いを定量化してみると、生徒たちは教師と協力するよりも5倍、生徒同士で協力していることが判明しました。[※7]

アルディートは、のちにニューメキシコ州ギャラップ周辺の3つのナバホ人小学校、ハーレムの小学校、そしてノースダコタ州ファーゴのプロジェクトでの活動にこれらのイノベーションを取り入れた。

2009年、「ニューヨークの教育におけるパソコンと先端技術協会」での発表で、アルディートはXOとそれに伴う訓練が「教室の生態学」を変化させ、いまや「誰もが教師であり、誰もが生徒である」と述べた。生徒も教師も、「何かを作ることはただ何かを受け取るだけよりもずっと強力なことだ」と気づき、より自立性と独創性を促進する、先端技術を活用した新たな学習（あるいは指導）方法を改めて学ぶようになっているのだ。[※8]アルディートは、教師たちがXOとシュガーの存在によって学習環境に生じた変化に対応し、カリキュラムや課題を組み立てるようになったことに気づいた。彼の成果が重要だと言えるのは、それが生徒の能力開発につながっただけでなく、「教室の学習環境そのものを刷新することになった」からなのだ。

またアルディートは、プロジェクトが苦心し続けている主な課題についても触れている。パソコンの学校での使用と家庭での使用の適切なバランス、パソコンの能力を最大限に活用するためにはワイヤレス接続の必要性にどう対応すればいいか、どのようにシュガーのアクティビティを既存のカリキュラムに確実かつ継続的に組み込んでいけるか、そして質が高く十分な訓練を生徒と教師双方に提供することだ。OLPCプロジェクトの他のケーススタディを見ていけばおわかりになると思うが、これらはどのプロジェクトにも共通のテーマだ。

最近、OLPCとの話し合いのなかで、アルディートは2年間のパイロット期間の間にクロトン＝オン＝ハドソンのプロジェクトが変化したことに気づいた。XOを使い続ける教師もいたが、使うのをやめてしまった者もいた。XOは学校のローカル無線ネットワークとはうまく合わず、継続的な使用の大きな障害となっていたのだ。本書執筆時現在、XOは主にヴァン・コートランドの生徒たちにプログラミングとロボット工学を教えるために使われている。アルディートが観察したように、「これは大きな可能性を秘めており、未来に続いていくもの」だ。

## 比較から学ぶ

バーミングハムとクロトン＝オン＝ハドソンの事例を比べてみると、学校とは別の状況的要素が多いことがすぐにわかる。それらの要素がプロジェクトの相対的な成否に影響を与え、XOとシュガーが学校の生態系に導入される際の様々な変動要因にも影響を与えたのだ。

・バーミングハムとは異なり、クロトン＝オン＝ハドソンには、学校と地域の支援を取り付けるうえで欠かせなかった信頼のおける堅実なリーダーが最初から存在した。さらに、アルディートは教育者として、指導と学習のビジョンにXOとシュガーを直接結び付けることができたのだ。

・クロトン＝オン＝ハドソンのプロジェクトは当初から教師主導で実施されていたため、成功の特徴とも言える地域の協力がある程度得られていた。一方ラングフォードでは、XOを既成事実として押し付けたため、学校や学区に力を与えなかった。図書館や協会が介入して子どもたちにXOを使う場を提供こそしたものの、その努力は正規の教育制度とは切り離されていたため、力も信頼も失われてしまったのだった。

・バーミングハムで採用されたトップダウンの手法では、教師は自らが先端技術の活用について学ぶための支援なしに、生徒がXOを使えるよう手助けすることを期待されてしまった。クロトン＝オン＝ハドソンでは、アルディートが参加型の手法を構築し、生徒も教師も学べるようにしていた。

## そしてこれから

2012年1月、マイアミのリバティ・シティ地区にあるホームズ小学校の500人の生徒が、OLPCからパソコンを受け取った。[※9] このプロジェクトに出資したのは、デジタルリテラシー向上のためにOLPCと手を組んだナイト財団だ。XOの供給に加え、OLPCは「学校で保護者、教師、生徒を対象に、生徒の学習を促進するためにどうパソコンを活用すべきかを指導する研修」を実施している。厳密にモニタリングされたこのプロジェクトはホームズの生徒と教師たちに大きな影響を与えたため、リバティ・シティのすべての小学校に展開されるまでになった。同様のプロジェクトが現在、ノースカロライナ州シャーロットの学校でも立ち上げられている。出だしでいくつかの失敗はあったものの、OLPCはようやく、アメリカ国内でも勢いを増してきているようだ。

CASE 4

# 未来へのビジョン

――ルワンダのOLPC

「我々の目標は、ルワンダのすべての小学生にこの重要な学習ツールを提供する手段を探し続けることだ。すべての子どもたちがパソコンを所有するという夢を実現するのだ。これは、実現可能な夢である」

――ルワンダ大統領ポール・カガメ

ルワンダはアフリカ中央部に位置し、コンゴ民主共和国とタンザニアに挟まれた、人口の多い小さな内陸国だ。1994年4月、この国で長年続いていた民族間の緊張が一気に爆発した。きっかけとなったのは、当時のルワンダ大統領ジュベナール・ハビャリマナとブルンジ大統領シプリアン・ンタリャミラが乗った飛行機がルワンダの首都キガリの空港へ向かう途中に地対空ミサイルで撃墜され、両大統領が死亡した事件だった。この暗殺が既に高まっていた国内の緊張に火をつけ、わずか100日の間に80万もの民間人が殺されるという悲惨な結末を招いた。殺されたのは主に少数派のツチ族で、襲撃したのは多数派のフツ族だった。アメリカの支援を受けて当時のルワンダ政府と闘っていたルワンダ愛国戦線（RFP）が勝利して虐殺に終止符を打つと、RFP指導者のポール・カガメが英雄として称賛された。副大統領を少し務めたのち、カガメは2000年に大統領となり、以後その座を守り続けている。

カガメ大統領は、小国の強力な指導者だ。ルワンダが直面する困難を強く認識しており、それを克服するべく、熱心に取り組み続けている。カガメ大統領はその手腕を発揮して裕福な国外在住ルワンダ人たちをまとめあげ、膨大な外国支援や技術支援を活用し、ルワンダを急速に近代化させて国民の経済状態を改善させようとしている。経財省が発表した「ビジョン２０２０」[※1]と銘打たれた計画では、ルワンダを人道支援に支えられた国から、安定した経済的原動力を持ち、健康で教育を受けた裕福な国民が暮らす「中流階級の国」に変貌させるという大胆なビジョンが描き出されている。[※2]

## ２０２０年の教育に目を向ける

「ビジョン２０２０」は複数の開発の柱の上に成り立っている。農業分野の改革、民間の活動や起業家精神の促進、道路や電気、水道、情報通信技術といったインフラの改善、そしてＯＬＰＣに最も関係のあるところでは、教育と技能開発、保健に焦点を当てた総合的人材育成だ。ビジョン２０２０の成功は、ルワンダを知識集約型の経済国へと変貌させることを意味する。

この実現のため、政府にとっては教育が最重要課題となる。基本的に教育はルワンダ国民の幸福に欠かせない強力なツールとみなされており、国内の分裂をなくす求心力になり得る。言うなれば、国づくりのツールだ。ルワンダは「千の丘の国」としても知られており、過去には、そうした丘の上にある小さな村で生まれた地方のルワンダ人は、そこから数キロ圏内から出ることなく人生を終えると言われていた。その地元愛がやがて村や民族への忠誠心へと変わっていき、それが激化したときに、１９９４年の惨劇が起こったのだ。

２００３年、カガメ大統領は小学校と中学校を含む全国共通の基礎教育を重点課題に掲げた。２００９年にはルワンダのすべての子どもに6年間の初等教育と3年間の中等教育を無償で提供する9年間基礎教育プログラム（９ＹＢＥ）が立ち上げられた。その成果は迅速かつ有益なものだった。２０１０年現在、男子の小学校就学率は97％、女子は98％で、中学校の就学率は全体で92％に上る。[※3]これは小学校就学率を手始めに国の教育を改善しようという活動の成功を示すデータではあるが、教育の質や中学への進学率に関するいくつもの大きな課題を覆い隠してもいる。2005年から2009年にかけて小学校を卒業した生徒は全体の31％に過ぎず、中学校に通っているのはたったの5％だった。[※4]学費の無償化により小学校の卒業率と中学校の就学率が向上したとはいえ、教育の質と、学校で過ごす時間が有意義なものであると生徒や保護者が理解することは、生徒の勉強への取り組みと出席率の向上には欠かせない。

## 情報通信技術を活用して一歩先へ

現在ルワンダは、社会的・経済的目標を達成する強力な武器として、情報通信技術の可能性に注目している。1994年には電気と電話設備の普及率が世界で最も低い国のひとつだった。安定した電力や通信が得られる国民はごくわずかで、従来の物理的ネットワークインフラにかかる費用は膨大なものだった。それを解決したのが携帯電話だ。広範囲なネットワークを提供する費用は有線の技術よりも大幅に低く、その費用も実現可能なくらい長期間に分散させることが可能だった。旧式の電柱と銅線を「すっ飛ばして」基地局とマイクロ波中継装置を選択したことで、速く安く広く通信環境を整えた。また、カガメ大統領とルワンダ国民にとって、先端技術を活用するという先を見据えたこの取り組みは、ルワンダが過去の痛手から立ち直れるだけでなく、本当の意味で繁栄することができるのだという証明にもなった。

こうした経緯から、ルワンダはビジョン2020の一環として、2000年に全国的な情報通信技術戦略を策定した。これは、ルワンダの物理的なインフラに投資するだけでなく、国民の教育と訓練にも投資するという取り組みだ。2007年初頭にカガメ大統領がニコラス・ネグロポンテとOLPCの中東・アフリカ地域担当ディレクターのハレド・ハッスーナをキガリへ招いたのには、そういった背景があった。OLPCの2人は到着翌日には文部大臣ジャンヌ＝ダルク・ムジャワマリヤ博士と初等・中等教育担当相ジョセフ・ムレケラホと会い、学校カリキュラムへのパソコンの導入方法について議論した。その日の夜の公式晩餐会でカガメ大統領は、会談から3年以内には合計200万人強にのぼるルワンダ中の小学生にパソコンを配布するという大胆な宣言までした。結局その後立ち上げまでは2年もかかってしまったが、2008年10月、ルワンダはアフリカでOLPCプロジェクトを正式に立ち上げた初のアフリカ国家となった。

## 100ドルパソコン第1号

口頭での合意はしたが、ルワンダ政府と契約を締結するまでには大きな壁があった。パソコンの価格だ。カガメ大統領は、ルワンダ政府が強い支配力を維持でき、プロジェクトが最大限の成果を上げられるようにするため、かなり厳しい交渉をおこなう人物として知られている。援助者の提案が政府の予算を大幅に超える出資を伴う場合、彼はいっそう厳しく交渉した。カガメ大統領は被援助国が可能な限り自立できるような新しい形の外国援助を、対外的に求めていた。

ルワンダ政府はOLPCを他の援助者と同じように扱い、XOが実際の188ドルという価格ではなく、当初の約束どおりの100ドルのままで維持されることを強く要望した。契約の規模が大きく、政府が迅速な展開を検討していたため、契約は安泰かと思われた。だがルワンダ政府が理解していなかったのが、製造協力企業や組織の経費などの制約のため、OLPCが要望に応じられる余地はほとんどなかったということだった。

ＯＬＰＣにかかる経費と１００ドルの価格との間のギャップは、２００７年終盤に展開されることになる「2台買って1台寄付しよう」キャンペーンで埋められることになる。[※5] ２００７年９月下旬、ネグロポンテはニューヨークでカガメ大統領と会い、ルワンダ政府が購入するパソコン１台ごとに、「2台買って1台寄付しよう」キャンペーンで寄付されるパソコンを1台おまけにつけると約束したのだ。つまり、ルワンダ政府は1台分の値段で2台買えることになる。これでルワンダに送られるパソコンの単価は引き下げられ、ＸＯが当初の公約に近い価格で販売された最初のケースとなった。ルワンダ政府は購入と、5年以内に50万台のパソコンを配布することを約束した。

## ＯＬＰＣルワンダの設立

ルワンダでＸＯを子どもたちに届け始めるまでには、さらに1年以上が費やされた。契約条件の詳細を詰めたり、信用状を手配したり、パソコンを受け取り、保管し、配布してくれる国内のパートナーを探したりするのに時間がかかったからだ。ＯＬＰＣとルワンダ政府はプロジェクトの成功に専心するあまり、マサチューセッツ州ケンブリッジにあったデイヴィッド・カヴァロ率いるＯＬＰＣ学習チームを２００９年６月にキガリへ移し、プロジェクトに技術支援と追加サポートを提供する準備までさせたほどだった。このチームは、初の（そして今日現在、唯一の）ＯＬＰＣ現地本部を立ち上げた。ＯＬＰＣルワンダの目的は、教育省のプロジェクト運営をサポートすることだ。

２００９年５月、ルワンダは最初の出荷分10万台を購入した。[※6] これは最終的な配布目標である、３年生から5年生の全生徒の17％に提供されるものだ。この10万台は国内１５０カ所以上の都市・農村の学校に送られ、政府の教育目標に沿った形で使われるよう、次のようなサポートも計画された。

・必要なインフラの整備……パソコンの展開前に、XOを受け取るすべての学校の教室にはコンセントと照明が整備された。OLPCプロジェクトは、学校のインフラを改善するという、より大きな活動の一環に組み込まれたのだ。

・新たな国定カリキュラムへの統合……展開の総合的戦略の一環として、ルワンダ政府はルワンダ教育委員会と国定カリキュラム開発センター（いずれも教育省の下部組織）を通じ、小中学校の新しい国定カリキュラムを作成することに重点を置いた。新カリキュラムは社会学や心理学といった従来の一般教養科目への注力を減らし、科学や数学に重心を移していく内容になっている。

・実現者としての教師への注力……教育と学習の文化に変化をもたらすために、教師たちは国定カリキュラム開発センターで研修を受ける。最初の展開先となった150の学校では、学校長と教師1人がキガリを訪れ、生徒にXOを提供する前に1週間の研修を受けた。研修の40％はパソコンの使い方、残る60％はルワンダの国定カリキュラムをパソコンで教える指導についてだった。教師を訓練することにより、各校2人の代表が学校に戻って他の教師を指導するのだ。

・学校と地域での研修……パソコンを子どもたちに配った後、OLPCルワンダのスタッフがそのまま5日間学校に滞在する。教師や生徒と一緒に4日間活動し、さらに地域住民を対象に1日研修をおこなうためだ。OLPCルワンダのコーディネーター、ンクビト・バクラムツァいわく、これは「パソコンをなぜ学校に整備するのか、それが生徒にどのような影響を与えるべきか、そしてこのプロジェクトがなぜルワンダにとって重要なのか」を理解してもらうための研修だ。[※7]

**・年長の生徒にもサポートを展開する……**通常は年少の子どもたちにパソコンを届ける取り組みだが、OLPCルワンダは年長の子どもたちの学習も促進し、持続的に支援する体制を整えようとした。たとえば、ルワンダの工業・職業訓練学校を統括するTEVSAルワンダという組織では、15歳から18歳の若者を対象に、一般の学校とは別に具体的な技能訓練をおこなっている。

## そしてこれから

ルワンダは、過去10年間の社会・経済的発展の目覚ましさから「アフリカ最大のサクセスストーリー」と言われている。どうやら、OLPCルワンダも、これまでに実施されてきた他の国での展開と比べて傑出したプロジェクトになりそうだ。

2011年末現在、ルワンダは全国の子どもたちに当初計画していた10万台のうち6万台を配布し終えている。ただし、最終目標の50万台に到達するまでの時間は繰り延べられた。5年間で50万台という目標は、システムやサポート、教室への組み込みがきちんと整備され、機能するようになってからでなければ不可能だという現実を考慮したからだ。

とはいえ、XOやその他の情報通信技術を教育に取り入れることが、ルワンダの教育と学習の文化に大きな変化をもたらしたのは間違いない。XOを活用した教育は、長年にわたって凝り固まった丸暗記手法をはるかに凌ぐ教育法なのだ。OLPCルワンダのコーディネーター、バクラムツァはこう語っている。

先端技術を学校に導入するというのは、従来の教育を根本から変えるものです。単に教科書がデジタルになったというだけのものではない。まったく新しい形の学習方法なのです。生徒たちには、黒板に書かれたことをただ繰り返すだけの学習はしてほしくありません。概念を本当に理解したことを証明してもらいたいのです。これこそが構築主義、実践による学びなのです。[※8]

立ち上がったばかりの社会変革プロジェクトの多くに共通するように、プロジェクトの可能性を最も強力に裏付けてくれるのは、成果を上げた実例だ。首都キガリにある生徒数4000のカググ小学校に通う、引っ込み思案な15歳の少女マースの例がそれにあたる。ルワンダ大虐殺が起こったとき、マースの両親は娘を置き去りにして地方へと逃亡してしまった。小学校に通い始めた頃のマースは、親に捨てられたショックからまだ立ち直りきれていなかった。教室でも一番口数が少なく、英語もほとんどしゃべれなかった。だが1年経ったころ、学校でXOが配られた。

マースは、「XOタイム」に参加するようになった。これは、生徒たちがXOを使った数々のアクティビティを完了させるという、毎週おこなわれる課題だった。そのなかのひとつが、「タートルでお絵描き」というプログラムを使って自分の名前を描くというもので、基本的なプログラミングの技術と幾何学の概念を学びながら画像を作成するのが目的だった。マースはこの課題を完了させるのに2日もかかったが、難しい課題をやり遂げた達成感から、大きな喜びを感じた。毎週XOタイムに参加するうち、引っ込み思案だった少女は自分の能力にどんどん自信をつけ、実は同級生の誰よりも英語が上手にしゃべれることを証明してみせた。翌年、XOタイムで質問がある生徒たちが訪ねてくると、去年は生徒だったマースが先生となった。新入生1人ひとりに時間を割き、自分も数カ月前に覚えたばかりの技術を教えてやったのだ。今、マースは中学生で、「学校なんて簡単すぎるわ！」というのが口癖だそうだ。

CASE 5

# 小さくはじめる利点

## ——ニカラグアとパラグアイのＯＬＰＣ

「中南米では、国内で金を稼いだらそれを外国へ持っていくのが通例だった。今、我々は外国で稼いだ金を母国に注入している。多くの人々が渋っていた時にリスクを取り、ニカラグアに投資したのだ」

——ロベルト・サモラ＝リャネス

開発途上国の教育に革命を起こそうというＯＬＰＣの当初の目標には、国家がＸＯを大量に購入するという約束が欠かせなかった。小規模の「パイロット」プロジェクトでは、2つの側面から失敗すると考えたからだった。まず、ＯＬＰＣが考える形で教育と学習の文化に本当の意味で変化を起こすには、小規模展開では大勢の生徒たちに届けられるだけの十分な先端技術が確保できないということ。もうひとつが、「パイロット」プロジェクトのままではやがて生じるであろう障害を乗り越えられるだけの根本的な協力が得られない可能性があるということだった。

組織が進化するにつれ、ＯＬＰＣは小規模展開の可能性について認識を誤っていたことに気づいた。このケーススタディでは、ニカラグアとパラグアイの2カ国で実施された小規模プロジェクトの類似点と相違点を比較し、その経験から得られる教訓について紹介する。

### ニカラグア

ＯＬＰＣ協会のロドリゴ・アルボレダ理事長はコロンビア育ちで、マイアミに住んで30年になる。マイアミの中南米コミュニティにかなり有力な人脈を持つ彼に向かって、ノーと言うのはなかなか難しい。アルボレダは母国に恩返しをする頃合だと裕福な隣人たちに遠慮なく言い、寄贈先としてOLPCを薦めている。アルボレダに説得される必要がなかった隣人の1人が、中米全域で外貨交換と投資銀行業務を提供するラテンアメリカ金融サービス（LAFISE）の創立者であり、ニカラグアで最先端の銀行として広く認められているバンコ・デ・クレディト・セントロアメリカノの代表でもあるロベルト・サモラ＝リャネスだ。

サモラと妻のマリア＝ヨセフィーナ・テラン＝デ＝サモラは、2010年以来2万5000台以上のXOを母国ニカラグアの子どもたちに贈っている。他にも技術・物流面での支援や教師の研修費用の提供、また必要に応じて学校に無料のインターネットアクセスも提供してきた。夫妻の活動は、ニカラグアの先住民が長年不利益をこうむってきた教育と経済の格差に対処する最初の一歩だ。

ニカラグア共和国は中米最大の国であり、600万近い人口の70％を、ヨーロッパ人と先住民との混血であるメスティーソが占める。ニカラグアでは不完全雇用が大きな問題となっており、国民所得が1000ドル前後と、南北アメリカ大陸では最低レベルだ。最低賃金もアメリカ大陸で最も低い国のひとつで、先住民は常に経済的に最底辺の地位にある。

ニカラグアで初めて公立小学校が造られたのは1837年のことで、19世紀後半からは義務教育が標準となっている。だが、インフラと訓練を受けた教師の不足が特に地方では問題となり、教育の推進を妨げてきた。1980年代前半には、サンディニスタ政権が識字キャンペーンを展開し、概ね成功に終わった。中学生と大学生をボランティアとして駆り出し、人口の50％にものぼっていた非識字率を15％まで削減したのだ。

この背景のなか、マリア＝ヨセフィーナ・テラン＝デ＝サモラとロベルト・サモラ＝リャネスは

## CASE5　小さくはじめる利点
## ――ニカラグアとパラグアイのOLPC

ＯＬＰＣプロジェクトを立ち上げたのだった。夫妻の家族財団であるサモラ＝テラン財団（ＦＺＴ）は２００９年以来、ニカラグアの何万人もの子どもたちにパソコンを届けてきた。ＬＡＦＩＳＥバンチェントロ・グループのＣＳＲ（企業の社会的責任）プログラムとして、ＦＺＴは慈善活動の拡充、特にニカラグアの教育支援に力を入れてきた。サモラはこう語る。「家族や地域、母国の社会的・経済的状況を変えられる有能な人間となるために必要な情報と価値観を、子どもたちに与えるためには教育が欠かせない」

ニカラグアの人々は、シュガーの学習プラットフォームに多大な貢献をしてくれた。プロジェクトに参加している生徒の数に比べれば、その割合はかなり大きい。そして地元の人々のエネルギーと取り組みのおかげで、ＦＺＴはニカラグアでの展開に固有の問題を解決することができた。なかでも興味深いのが、在庫管理の新しい方法を開発したことだ。通常、パソコンの配布は生徒の名前とパソコンを照合することで管理される。だがニカラグアのミスキート族は、幼い子どもには名前をつけない。この一見ありふれているような、だが重大な問題を解決するため、ＦＺＴは独自の照合システムを開発した。また、教師の研修に関してもＦＺＴの創意工夫が見られた。「持続戦略としての反復」手法は、リーダーシップのある教師を集中的な教育学および先端技術のワークショップに参加させることで「優秀者のグループ」を作る。このワークショップに参加した教師が、所属する学校で指導をおこなうのだ。他の地域でのＯＬＰＣプロジェクトも、応用できるアイデアや手法がないかとＦＺＴの活動に注目している。

プロジェクトを展開するなかで、パソコンを受け取った学校では生徒の行動に大きな変化が早くも見られるようになっている。年度が変わるたびに学校に戻ってくる子どもの数は50％増加し、中退率が減少した。留年する生徒の数も減っており、これは生徒の参加意欲と学習が向上していることを示す大きな指標と言えるかもしれない。

サモラ夫妻は自分たちの活動を通じて、国中のすべての学校のすべての子どもにプロジェクトを展開するよう政府に働きかけたいと考えている。それまでは自費や第3者の支援により、プロジェクトを継続し、拡充していくつもりだ。2009年、オランダのオープンウィースという財団がOLPCにヒントを得て、ニカラグアのエル・ラマとオランダのマーストリヒトの間で教育の「電子双子化(e－ツイン)」プロジェクトを立ち上げた。XOの使い方を教師に指導するためにオランダからボランティアが送り込まれ、マーストリヒトにある2つの小学校がそれぞれOLPCプロジェクトを立ち上げ、エル・ラマの小学校とオンラインで教室をつないだ。また別の例としては、ノルウェーの「開発途上国への投資基金」がニカラグアのリヴァスという街にあるサン・マルティン小学校の生徒と教師にパソコンを提供した。この基金はわずか2年で2万5000人の子どもにパソコンを届け、本書執筆時現在も、1万5000台がマナグアに向かっているところだ。ひょっとすると、展開プロジェクトで重要なのは量よりも質――子どもたちが成功すること――のほうなのかもしれない。

### パラグアイ

人口600万のパラグアイは、面積ではニカラグアと同じくらいだ。だがニカラグアと違ってパラグアイの全体的な識字率は比較的高く、国民の90%は読み書きができるし、90%が5年生を修了すると推定されている。しかし先住民族であるグアラニ族は、ニカラグアのミスキート族と同様の社会・経済的不平等に苦しんでいるのだ。

パラグアイでOLPCプロジェクトを立ち上げ

たのは、セシリア・ロドリゲス＝アルカラが設立した、「パラグアイ・エデュカ」というＮＧＯだ。これは全国の学校に1人1台のパソコンを導入する目的に特化して立ち上げられたＮＧＯで、民間企業や政府とは一切つながりがない。ただし、民間セクターからの資金は確保しており、最近では先端技術による経済発展に注力するイタプ工業団地（ＰＴＩ）からの政府資金も一部受けている。パラグアイ・エデュカは、ＯＬＰＣ財団にパソコンを４０００台寄贈するよう説得するところからその活動を開始した。寄贈したのは、世界２０９カ国の９７００にもおよぶ銀行、証券会社、法人顧客から成る国際的会員制金融組合ＳＷＩＦＴだ。２００７年、ＳＷＩＦＴはＣＳＲ活動の一環として支援する非営利組織のひとつにＯＬＰＣを選んだ。ＳＷＩＦＴからの寄付により、パラグアイ・エデュカなどの活動にパソコンを提供することができた。

アラン・ケイは、先端技術とは「あなたが生まれた後に発明されたものすべて」だと定義した。アルカラとパラグアイ・エデュカの仲間たちは、組織の立ち上げ当初はほぼ全員が30歳未満で、紙とペンを使うよりもパソコンを使うことに慣れている世代だった。だからこそ、子どもにパソコンを与えることの利点をまったく疑わなかった。パラグアイ・エデュカの教育チームを率いるパチータ・ペニャには、さらなる考えがあった。パソコンは子どもの役に立つだけでなく、学習する頭脳に新たな光をもたらすこともできる。パラグアイでは、ＯＬＰＣのパソコンは単に教科書に置き換わるだけのものではなかった。パパートとＯＬＰＣが当初主張していたように、「考えるための道具なのだった。

　パラグアイの最初の展開は、首都アスンシオンから東へ1時間ほど行ったところにある小さな街、カアクペの10校に限定された。地元政府や国営電気通信会社の協力を得て、XOの到着までにインターネットと電気設備がすべての学校に整備された。

パラグアイのプロジェクトは当初からパートナーシップの構築、強力な技術チームの構築、強力な教育チームの構築に重点を置いていた。いずれの場合も、初期の展開ですぐに必要となるレベルを考えれば規模が大きすぎるくらいだった。だがこれにより、プロジェクトは大規模展開がいつでも容易にできるようになっただけでなく、プロジェクト自体も他のすべてのOLPCプロジェクトが参考にできる内容になったのだ。わかりやすい例をひとつ挙げよう。協力企業のひとつであるパラグアイ国営メディアABCは、シュガーのアクティビティを特集した見開き記事を折に触れて全国紙に掲載している。しかもこれを始めたのは、まだカアクペという限られた地域でパイロットプロジェクトがおこなわれていた頃だ。彼らの目標は、本格展開前に、OLPCに対する理解と関心を高めることだった。

ラウル・グティエレス＝セガーレスとベルナルド・イノチェンティが率いる技術チームは、在庫管理などの重要なソフトウェアを開発した。それが今ではペルーからルワンダまで、世界中のOLPCプロジェクトで活用されている。このチームが開発したシュガーのカスタマイズ版もウルグアイとオーストラリアで使われているし、世界共通の商業版シュガーの基盤となった。また、ペニャはパソコンではなく学習に重点を置くべきだと継続的に主張し続けたことで、絶対的基準を打ち立ててくれた。ペニャのチームは米州開発銀行（IADB）と協力し、学習目的でのパソコンの活用に関する基礎評価戦略を策定した。また、「フォルマドーレス」と呼ばれるクラス内の指導係の活用や、パソコンを使う課外時間を増やすために土曜日のプログラミング部を立ち上げるなど、革新的な手法をいくつも生み出した。さらに、シュガーのインタフェースをパラグアイの貧困層で最も多く使われる言語であるグアラニ語に翻訳するプログラムにも着手した。こうした革新の多くが、他の国のプロジェクトでも応用された。アメリカの子供向け番組専門ケーブルチャンネル「ニコロデオン」が主催するプログラミング大会で最近優勝したのがパラグアイからの参加者だったのは、偶然ではない。

もうひとつ、パラグアイのプロジェクトで成功の大きなカギとなったのが、地域への注力だった。OLPCが視察したカアクペのとある学校では、子どもの進捗をもっとちゃんと見られるよう、シュガーの日記機能について知りたい保護者向けにおこなわれていたワークショップが満員だった。子どもの学習について、これほどまでに保護者が熱心に取り組むことはかつてなかった。ペニャのリーダーシップの下、プロジェクトは生徒たちが議論に参加し、問題解決に取り組み、理解が遅れている同級生に内容を説明するなど、クラスで積極的に活動するよう奨励してきた。ペニャいわく、「生徒と教師の役割は変わりつつあります。生徒は自分自身の学習の主役となり、教師は指導者、助言者となるのです」[※1]。

2011年、パラグアイのプロジェクトはさらに3つの地域に広がった。2012年には、全国の教師が学習目的でのパソコンの活用方法を学ぶために集結するデジタル文化センターが、OLPCの支援を受けてカアクペに建設される。このセンターは教育、健康、独創性と起業家精神に関する技能を最優先に指導することになる。

**ニカラグアとパラグアイから学べること**

最低100万台という当初のOLPCの方針がもっと小規模な取引へと譲歩したとき、非政府組織や個人の参加が可能になった。彼らの努力は小規模に始まることが多いが、ニカラグアとパラグアイの例が示すように、大規模プロジェクトに引けを取らないくらいの成果を上げる可能性を秘めているのだ。

注目すべきは、こうした取り組みが政府の資金ではなく、個人の資金に依るところが多いということだ。この資金事情は、プロジェクトに3つの大きな違いを生む。まず、個人出資の活動は全国的な教育カリキュラムにまず組み入れるというトップダウンの手法ではなく、地域の取り組みから始まるボトムアップの手法が採用される場合がほとんどだということ。次に、こうした取り組みは学校の業績という指標に重点を置いた影響評価からは切り離され、イノベーションの余地がより多く残されるということ。そして最後に、こうした取り組みは外国のパートナーから支持されやすく、必要な資源を入手したり、イノベーションと持続可能性を支援したりしてもらえるということ。学習を向上させるためには、教室が重要な場であることに変わりはないが、ＦＺＴやパラグアイ・エデュカのような個人出資の活動は教育制度そのものではなく、学習に直接注力することができる。そして、政府の活動には欠けていることが多いリーダーシップを提供してくれる。政府とも協力しつつ、このようなＯＬＰＣプロジェクトも、大規模な成果を上げるための新しい地図を提供してくれるものかもしれない。

## CASE5 小さくはじめる利点
## ——ニカラグアとパラグアイのOLPC

# 刊行に寄せて

## 内側からの視点――ウォルター・ベンダーとチャールズ・ケインから

私はよくエンジニアたちにこんなお願いをする――今まですばらしかった学びの瞬間を教えてほしい。必然的に返ってくる答えは、彼らが懸命に取り組んだ難しい問題を解決できたときの経験――出だしで何度も失敗し、同僚に相談し、ヒントを求めてインターネットを探し回り、やがて有効な解決策を編み出したというものだ。そこで、私は次にこう尋ねる。「教室で先端技術を活用するとしたらどんなふうにやる?」。彼らはすぐさま自分の学校での記憶を思い出し、必ずと言っていいほど、デジタル化された練習帳を思いつく。

「今まですばらしかった学びの瞬間はどんな時か」という私の質問に対して、「四択の試験を受けたこと」や「講義を聞いたこと」と答えた者は誰一人としていないのに、学習に先端技術を応用するとなると、生徒が情報を受け取るだけの受け身なアイデアしか出てこないのだ。生徒が素早くアイデアを試作し、探求し、協力できるようにする技術を考案する者はいない。すばらしい学習がどのようなものかという感覚はわかっているのだが、学校とはそもそも教える場だと思い込んでいるからだ。

持っている先入観と抱いている信念とを調和させることこそ、世界中の子どもたちが受ける教育の形を変えようと努力するＯＬＰＣが日々直面する問題であり、学校改革の最大の課題だ。これは、現状維持をよしとする経済環境のなかで、社会的価値に気づきそれを実践したいと願う社会起業家にとっての課題でもある。

ＯＬＰＣを単なる「パソコンのプロジェクト」だと思っている人は少なくない。それはよくある誤解だ。ＯＬＰＣのミッションが単に１００ドルのパソコンをつくるだけだったことは一度もないことは、ぜひ述べておきたい。もちろん、それを達成できただけでも称賛には値するのだが。

ＯＬＰＣの目標は、子どもの学びを支援できるような形で世界的なパラダイム・シフトを起こすことだった。それはつまり、子どもに思考、探求、革新、創造を教えることで力を与えるということだ。開発途上国では、知識や機会を手に入れるのがあまりにも難しい。だがこれらの重要な能力を子どもに教えれば、彼らの人生のみならず彼らの家族の人生にまで、目に見える変化をおよぼせるようになる。現在の世界において、過去の世代が作り上げた複雑で一見解決困難な問題に、今の子どもたちが対処できるようになるためには、イノベーションと批判的思考のためのツールを与えることが重要だ。

本書をお読みいただければおわかりになると思うが、ＯＬＰＣがすべてを考え出したわけではないし、すべて成功したわけでもない。パソコンの開発は、一夜にして決定されたものではない。

ＯＬＰＣが選んだ方法はＭＩＴにおける何十年にもわたる研究に起源を持ち、時間をかけて学校の文化を変えていけるよう、新たな形で教育に取り組もうという、熟慮のうえでの決断に基づいている。本書は、単に「１００ドルのパソコン」だけの話ではない。ここに書かれているのはＯＬＰＣが教育に革命を起こし、どのような社会的・経済的背景を持つ子どもにも教育が与えられるようにと努力する活動の話だ。１００ドルのパソコン――またの名を「ＸＯ」――は、教育への新たな取り組みを実現するために生み出されたツールのひとつに過ぎない[※1]。

　ＯＬＰＣは、１９８５年にＭＩＴの建築学部によって設立された研究グループ、ＭＩＴメディアラボの活動のなかから生まれた。メディアラボのミッションは、人間適応性を促進するツールの開発を通じて「より良い未来を発明すること」だった。ＭＩＴおよびメディアラボにおいて、先端技術、デザイン、マルチメディア、教育などについての様々な考えが集まり、新しく興味深い形でまとまったのがＯＬＰＣ誕生のきっかけだ。

　ＯＬＰＣが最初に影響を受けたのが、１９７０年初頭に「パーソナルコンピュータ」という言葉を生み出したコンピュータ科学者アラン・ケイの研究だ。ケイによれば、コンピュータは人間の行動のうち以下の五つを向上させることができる。①人の注意を引き付け、維持すること。②文字を処理すること。③情報を入手すること。④シミュレーションをおこなうこと。そして、⑤人とコミュニケーションをとること。偶然の幸運か、メディアラボの私が率いる研究グループの隣には、教育の革命的思想家シーモア・パパートが率いる学習と認識論[※2]の研究グループがいた。

シーモアは知識だけでなくスキルも与えることで子どもの学習を促進する方法を模索していた。彼が1960年代半ばにMITにやってきたとき一緒に携えてきたのは、コンピュータが「考えるための道具」になれるという先見の明だった。

ケイやパパートらと活動するなかで、私は前述の5項目にもうひとつ付け加えられると気づいた。学習だ。知識の「構築」は、新たなスキルの吸収よりも重要である可能性がある。十分に練られた学習プロセスを通じて新たな技能を構築することこそが教育の要である、と言ってもいいかもしれない。学習の過程で表現し、探求する機会を与えられれば、学習者——特に年少の学習者——は強力なアイデアを生み出せるようになり、新たな知識だけでなく新たなスキルも得ることができる。これは彼らが（MITとはまったく違う）どこか貧しい国の僻地で、屋外の木陰で学んでいても可能なのだ。

私は以前、個人向けにカスタマイズされた新聞やテレビニュースなど、メディアの個人消費のためのツール開発に携わっていた。今度は、ユーザーが自らつくり出せるような——つまり自分自身の発行物を書き、編集し、画像を作成し、再びデザインできる方法を模索するようになった。私の教え子の一人マーク・コルテガースは、子どもが通信社のニュースを自分自身の書いた記事と組み合わせられるシステムを開発した。5年生の子どもたちがのちに「ブログ」と呼ばれるものをやっている姿を見た私は、コンピュータの真の力は、消費者とつくり手との間のバランスを再建するものだと確信した。[※3] いちばん簡素なツールを使ってでも、かつてないほどの規模の参加、活発さ、学習が実現できるのだ。

1985年、私と学生たちはパパートがボストンのジャマイカ・プレイン地区にあるヘニガン小学校で実施した、生徒一人ひとりにパソコンを与えるパイロットプロジェクトに参加した。「ソフトウェアデザイナーとしての子どもたち」と銘打ったこのプロジェクトで、生徒たちは2〜3カ月の期間で独自のソフトウェア開発に取り組んだ。その過程で、生徒たちは教師になり、プログラマーにもなり、アイデアやものの仕組みを理解して人に伝えられるようになる必要にせまられた。この作業を通じて、彼らは既存のソフトウェアをただ使うだけよりもはるかに多くのことを学んだ。

その後20年にわたり、私はパパートと彼の教え子たちと頻繁に連携し、探求の媒体としてパソコンを活用しながら、ボストンからバンコクまで世界中の教師や生徒と共に「実践を通じて学ぶ」というテーマを何度も何度も検討してきた。[※4]

「OLPC」は、パパートと私たちとの活動に直接続くものとして生まれた。MITで30年、MITメディアラボの所長として6年、そして今はシュガー・ラボ（XO向けのソフトウェアを継続的に開発する組織）の設立者として働くなかで、効率的で制度化された学校がなくとも学習を実現できるようにするツールを子どもたちに与えることが、ずっと私の個人的な関心事だった。

ＯＬＰＣの取り組みでは、教室で使う教材に注力したり、特定のカリキュラムや一定の知識を体系化したりはしていない。ＯＬＰＣが注力するのは、パソコンを使う課外時間だ。ＭＩＴのマーヴィン・ミンスキー教授が述べたように、「子どもの遊び心ほど要求の多い教師はない」からだ。[※5]子どものためだけに開発されたコンテンツとソフトウェアを搭載したパソコンを創ることで、協力と自己強化を伴う学習を可能にする、優れた教育を子どもに与えることができるとＯＬＰＣは考えた。ノートパソコンを低価格、省電力、ネット接続可能なものにすれば、世界で最も貧しい子どもにでもそれが提供できるのだ。これまで30年間観察してきた結果わかったことだが、子どもはこのような「道具」を与えられると、熱心に自己学習に取り組むようになる。そして共有し、創造し、協力するようになる。「子どもたちはお互いにつながり合い、世界とつながり、そして明るい未来へとつながっていけるようになった」のだ。

認知発達と知覚発達の専門家でありＯＬＰＣの教育担当責任者でもあるアントーニオ・バットロは、「誰もが教師であり、生徒でもある」と言っていた。[※6]本書では、ＯＬＰＣについて語りながら、教育や先端技術、社会起業家精神について相互に学べる素地が創れたらと願っている。子どもの可能性についてよく見られる幅の狭い認識を打破し、その過程でＯＬＰＣについてのよくある誤解も解ければいいと思う。

また、読者の皆さんがＯＬＰＣの活動に協力し、ＯＬＰＣが実施している特定のプロジェクトを支援し、世界中で実践されている教育への取り組みを変える活動に参加していただくきっかけになればとも願っている。最後に、大胆な社会変革を目指す社会起業家たちが本書を読み、ＯＬＰＣの失敗と成功から学んでいただければ嬉しい。

――ウォルター・ベンダー
シュガー・ラボ設立者、ＯＬＰＣ共同設立者、ＭＩＴメディアラボ元所長

⌘　⌘　⌘

ＯＬＰＣにおける私の経歴は、共著者ベンダーよりも短い。私がこの組織に加わったのは２００６年も後半になってからで、ＸＯの基本設計が確定し、製造協力企業を探しはじめようという段階だった。ハードウェア、ソフトウェアを問わず数々のＩＴ企業の最高経営責任者や最高財務責任者として20年以上勤めた後にＯＬＰＣに参加した私は、ＭＩＴのコンピュータ科学者や教育者たちから成るメンバーのなかでは、いわばよそ者だった。ニコラス・ネグロポンテに会うまではＯＬＰＣのことなど聞いたこともなかったのだ。だが彼と話してみたら、私はあっという間に、このプロジェクトが達成しようとしている社会変革の規模に魅了されてしまった。ＯＬＰ

Cの虜になった。世界規模で展開する可能性を視野に入れて崇高な目標と手ごわい難題に挑むことに意気高揚し、私は無給でOLPCの最高財務責任者を引き受けることにした。

OLPCに仲間入りしたとき、私はパソコンが当然100ドルで売れるものだと思っていた。なにしろ、OLPCを取り上げる記事はどれも「100ドルのパソコン」の話ばかりだったのだから。それに、この100ドルという価格のなかには、多少なりとも利益が含まれているのだろうと思っていた。

だが実際の製造コストについて聞いてみると、なんと一台当たり200ドル近くかかるという答えが返ってきた。赤信号の点灯だ。次に、パソコンをユーザーに届けた後のサポートやプロジェクト遂行はどのようにおこなうのかと聞くと、答えは「よくわからない。それを担当する人間がいないから」だった。うーむ。どうやら、私が慣れ親しんだビジネスモデルには当てはまらないようだ。実際、サプライチェーンの管理とそれに伴う資金需要は、いろんな意味で独特なものになっていった。

嫌と言うほどはっきりとわかったのが、OLPCが製造と流通を成功させるには、組織の存在感を強く出せるような本物のビジネス統制が必要だということだった。差し当たっての大きな課題は、何百万台ものパソコンを製造して流通できるだけの財政的・組織的基盤をどうやって築くかだった。どんな新規事業でも、ここが正念場だ。明瞭なアイデアやミッションを、具体的な事業内容を定義して大規模に展開するための計画を立てるという現実に落とし込まなければならない。

課題は財政的なものだけにとどまらないことがはっきりした時点で、ＯＬＰＣにおける私の役割は代表兼最高執行責任者へと変化した。子どもたちの学習を劇的に促進するという目標を追求するなかでＯＬＰＣが下してきた決断の多くが、設計や製造、流通、技術的サポートなどの既存のビジネスモデルをひっくり返すことにもなるのに私は気づいた。

内外の発展を経て、ＯＬＰＣは販売、ハードウェアとソフトウェアの開発、製造、製品サポートのすべてを管理するという、困難かつ前例のない役割を担うことになった。ＩＴ業界を知る者ならわかるだろうが、それらの活動ひとつひとつに特化した「フォーチュン５００」〔アメリカの経済誌『フォーチュン』誌が毎年総収入に応じてランキングする全米上位５００企業〕企業がいくつも集まってそれぞれの業種を形成しているくらいなのに、それを単独でやろうというのだ。私が参加した時点でＯＬＰＣのフルタイム職員は20人に満たず、その大半がエンジニアやサポートスタッフなど最小限の要員だった。ＯＬＰＣが大規模な展開を実現したければ、連携と協力の新たな形を築き、実証していかなければならない。ＯＬＰＣに与えられた選択肢は、イノベーションか失敗かのどちらかしかなかった。それも技術だけでなく、財務モデルも含めてだ。

ＯＬＰＣは、パソコンを製造するつもりで動きはじめたわけではない。実際、ニコラス・ネグロポンテと私はかなりの時間をかけて、大手パソコンメーカーに製造してもらい、ブランドの力を借りようと努力してきた。だが大きな障害となったのが、非営利のベンチャー活動を彼らの営利目的のビジネスモデルに組み込むという難題だった。最終的には、こうした大手企業とのパートナーシップ構築には失敗する結果となる（とは言え、当時まだ新興市場だった低価格の「ネットブック」市場に大手企業を参入させる実際のきっかけとなったことは述べておきたい）。代替案として、ＯＬＰＣは複数の製造・流通協力企業と直接やりとりをすることにした。それらの企業にはクアンタ、ブライトスター、ＡＭＤ、奇美《チーメイ》が含まれる。

　ＯＬＰＣのサプライチェーン手法は、販売と顧客関係に厳しい制約を生んだ。製造コストを厳しく管理する必要にせまられているうえ、複数の小口注文に対応できるだけの組織力を欠いていたＯＬＰＣは、10万台以上の大口注文を狙うしかなかった。現物もまだ存在しない開発途中のパソコンを売るだけでも難しいのに、それを大量に売ろうというのだ。パソコンが納品された先のインフラ整備や配布に関しては、買い手——主に政府——を当てにせざるを得なかった。年間維持費として元値の20％近くを請求する一般的なＩＴ企業とは異なり、ＯＬＰＣは維持費を請求しなかった。現地でパソコンのサポートをする計画はなかったからだ。そのかわり注文台数に１％上乗せした数のパソコンを出荷し、パソコンが壊れたりスペアパーツが必要になったりした場合はその余分なパソコンを使ってもらうことにした。

　初期の段階でプロジェクトを軌道に乗せるためにニコラス・ネグロポンテがとったリスクは

ビジネスのうえで費用対効果が合わないと、私はよく彼に苦言を呈したものだ。ニコラスの考えた仕組みは斬新で画期的だったが、その開発手法はリスクが高くて根拠がなく、目標や成果について彼が公言した内容は控え目に言っても大胆に過ぎるものだった。今にして思えば、初期の頃に自分がまだ参加していなくて良かったと思う。もしその場にいれば当時の決定の一部あるいはすべてに反論し、その過程で私の経営理論がOLPCの可能性を狭めてしまっただろうからだ。

このプロジェクトから私が個人的に学んだことのひとつが、リスクとビジネス統制とを調和させることの重要性だ。非営利組織にとって、ビジネスというのは必ずしも悪い言葉ではない。非営利業界で活動する人々の多くが、「ビジネスマン」は頭が固すぎて独創性や大義への献身に欠けると思っている。だが、強力なソーシャルミッションと厳格なビジネス上の規律を組み合わせると、良い変化を生む強い力になることが次第にわかってきた。非営利という傘の下なら大きなリスクも取れるし、その分大きなイノベーションが生まれる可能性も出てくる。明確なミッションと、革新的なビジョンと取り組み、そしてビジネスの知見のある社会起業家にとって、成果を上げる機会は膨大なものになるのだ。

私は、大学やビジネススクールでOLPCについて話すために世界中を旅してまわっている。その目的はOLPCの物語を伝えるためだけでなく、活動の支持者を集めるためもある。講演の際に一番驚かされるのが、私自身が属する「ベビーブーム」世代に比べて、今の学生たちがどれほど熱心かということだ。彼らはエネルギーにあふれ、世界を変えようという意欲に満ちている。

それも、金のためなどではなく、自分がインパクトを与えられるというそれだけのために活動に打ち込むのだ。

ＯＬＰＣのプロジェクトを活かし、成長させているのは、この絶えざる関心の高さだろう。本書が、世界をがらりと変えるためにはこうした若い人々の能力が活きるということを気づかせる、そんな役割を担うことを心から願っている。また、このＯＬＰＣ誕生の物語が、世界規模の社会的企業を創ろうと挑戦を続ける人々への指針となればいいとも思う。

本書の読者の皆さんには、ちょっと立ち止まり、ＸＯを使う子どものまなざしについて考えていただければと思う。その子が持てるものはあまりにもわずかだが、それでも学習したいと思う心は強く、やりたいこともたくさんある。あなたがこのすばらしいプロジェクトに参加することで得られる見返りは、一目瞭然だ。

――チャールズ・ケイン

ＯＬＰＣ協会理事、ＭＩＴスローン経営大学院財務上級講師、元ＯＬＰＣ代表兼最高執行責任者

## 外側からの視点——ジョディ・コーニッシュとニール・ドナヒューから

ウォルター・ベンダーとチャールズ・ケインと一緒にこの本を書くという考えは、ＯＬＰＣが概念としても組織としても好機を逸したのかもしれない、という過去の共通認識から生まれた。ＯＬＰＣは教育、先端技術、社会変革の各分野で非常に有名な組織だ。ハビタット・フォー・ヒューマニティ、グリーンピース、ティーチ・フォー・アメリカなどと同じくらい有名ではないだろうか。そしてＯＬＰＣを語る際に必ず出てくるのが、１００ドルのパソコンだ。国際開発とアメリカ中心の社会変革の文脈では、ＯＬＰＣの名前はよく出てくる。その際、マイナスの感情や批判もかなり含まれるはずだ。外側から組織を見ている私たちの目には、開発途上国の教育に革命を起こそうというＯＬＰＣの基礎にある論理が、不完全で一貫性のないもののように見えた。その認識と、ＯＬＰＣに対する世間の注目や認識との間にも大きな不一致がある気がしていた。

２０１０年にハルト・インターナショナル・ビジネススクールが開催したケーススタディ国際コンテストで、初めてＯＬＰＣのケーススタディが出された。私たちはその編集を手伝って、さらに興味をそそられた。ＯＬＰＣは成長の次の段階への取り組みを明確にすることにも、それまでに受けてきた辛辣な批判に応じるのにも明らかに苦労していたのだ。その後ウォルターとチャールズに会う機会を得た私たちは、ＯＬＰＣに対する彼らの献身の深さに大きな感銘を受けた。チャールズがＯＬＰＣの最高財務責任者となった当初の年収はゼロで、ウォルターもシュガーのプラットフォーム開発を何年も無償で率いてきたというのだ。良心あるコンサルタントとして、私たちはOLPCが持つ複雑で多面的な問題を目の当たりにしていても立ってもいられず、2人との出会いで話が決まった。こうして、私たちはアイデアから行動、そして成果へと推移するOLPCの旅路の複雑さを書き記すという、魅惑的で啓蒙的な任務を引き受けたのだった。

ウォルターとチャールズと共に仕事をして、それまでOLPCの矛盾や困難に対して抱いていた印象のいくつかが裏付けられた。だが同時に、スタッフだけでなく広大なネットワークを構成する献身的なボランティアグループも含めたこの組織が達成してきた偉業についても学び、感心すると同時に尊敬の念を覚えた。彼らが2005年以来歩んできた道を再び一緒に歩むことができた今、社会変革の学び手であり実践者でもある私たちにははっきりとわかったことがある。

OLPCを手に負えない組織として片付けるのは、大きな間違いなのだ。他の人々が同じ間違いを犯すのは、あらゆるソーシャルイノベーションの場にとって、特に教育分野にとっては大きな損害だ。OLPCの歴史からは、その成功からも失敗からも、学べることが多いのだ。

本書は、読者にとっては自分で展開を選べるゲームブックのようなものだ。教育のスタイルを変えて革命を起こす理論をこき下ろしたいなら、批判や議論の種はいくらでもある。学習に対して新たな構築主義的取り組みをおこなう、というOLPCの理念を私たちは信じるようになったが、それはその理論を完全に理解した今だからこそ言えることだ。と同時に、OLPCが活動の枠組みや取り組み方をその都度変化させてきたことへの懐疑的な立場も捨ててはいない。

とはいえ、ＯＬＰＣの物語を知るには別の道もある。プロジェクトの細部に批判の目を向けるよりも、ＯＬＰＣが何を成し遂げたかではなくどうやって成し遂げたかを知るという、明確な意図をもって本書を読むことだ。ＯＬＰＣの取り組みは世界中の注目を集め、教育、先端技術、ＮＧＯ、政府などの各分野から優秀な個人や組織がパートナーとして参加した。そしてその過程で、予期しなかった嬉しい副産物がいくつも生まれた。

・ＯＬＰＣは、製品主導型のソーシャルイノベーションとしては先駆けの組織だ。開発途上国の厳しい環境に耐え、子どものためにカスタマイズされた機器を創ろうと努力する過程で、人々が長年避けて通ってきた数々の技術的課題に対する解決策を編み出した。それがのちに大盛況となるネットブック市場の成長を促したと言っても過言ではない。
・フリーソフトウェアの取り組みから、年少の子どもの学習ニーズに応えられるようカスタマイズされたインタラクティブな学習ソフトウェア、シュガーが生まれた。
・チャールズ・ケインは市場本位の解決策と従来の財政機構とを活用し、教育問題に大規模に対処するための資金調達について最前線で模索してきた。
・他のメンバーたちも、様々な方法で限界に挑み続けている。ＢＯＰ層を対象とした活動を促進して教育に変化をもたらす方法や、ＯＬＰＣの改革を支援する形で協力企業をもっと効率よく参加させる方法を模索している。

・世界中の様々なプロジェクトから得たＯＬＰＣの学びは、他の組織や分野にも共通する。地域のネットワークづくりや、変化を持続可能なものにするための基盤となるコミュニティの参画や当事者意識を促すやり方など、参考になるものは多いだろう。

総じて見れば、ＯＬＰＣという組織が取り組んできた活動は他に類がなく、野心的で遠大なものだ。教育と学習を再検討し、これまで正規の教育制度を十分に受けられないか、あるいは完全にはじき出されてしまっていた子どもたちが、人生でもっと多くの機会を得られるように努力する彼らの活動に反対したければそれで結構。だが、より良い世界という、すべての人が考えるべきビジョンに反論することはまずできないだろう。

――ジョディ・コーニッシュ
マサチューセッツに拠点を置く、ソーシャルイノベーションに特化したベンチャー系慈善基金
ニュー・プロフィット・インク　パートナー

――ニール・ドナヒュー
複雑な社会問題に対応するために、多様な関係者間の調整を図る活動に特化した国際開発組織
ロードスター・インターナショナル　代表取締役

できた。ネグロポンテは、これらのパソコンを潜在顧客の勧誘のために少数ずつ小売したり、完全な取り組みを約束しないパートナーのための「パイロット」プロジェクトに使ったりすることには断固として反対していた。こうした懸念があったからこそ、ルワンダのプロジェクトにてこ入れする目的での使用は理にかなっていた。

6. "120,000 XO Laptops Headed to OLPC Rwanda「12万台のXOがOLPCルワンダへ輸送中」," OLPC News, May 12, 2009, http:// www.olpcnews.com/countries/rwanda/120000_xo_laptops_headed_to_ol.html
7. Moses Gahigi, "Rwanda: One Laptop Per Child Pilot Project Evaluated（ルワンダ――「ワン・ラップトップ・パー・チャイルド」プロジェクトの評価）," *New Times* (Rwanda), August 29, 2008.
8. Matthew Stein, "Rwanda: A Program That Goes beyond the Classroom（ルワンダ――教室のなかに留まらないプロジェクト）," *The Independent* (Kampala), August 27, 2011.

**Case 5　小さくはじめる利点――ニカラグアとパラグアイのOLPC**

1. "Paraguay Educa: Making a Difference in Paraguay One Community at a Time（パラグアイ・エデュカ――コミュニティをあっという間に変える），" http://eclass.resource.s3.amazonaws.com/lib_user_3077417/pdf/1326931467_Article_20-_20ParaguayEduca_20Sebastien.pdf

**内側からの視点――ウォルター・ベンダーとチャールズ・ケインの言葉**

1. Seymour Papert. The Children's Machine: Rethinking School in the Age of the Computer (New York: Basic Books, 1993).
2. 認識論とは、人間の知識の原点、性質、手法、限界を研究する哲学の一種。言い換えれば、人間がどのようにして知識を得、理解するかを探求する学問。
3. アラン・ケイは1983年に執筆した『サイエンティフィック・アメリカン』誌掲載の変化をもたらす要因に関する記事で、ウォルターの「ニュースピーク」プロジェクトについて議論している。マーク・コルテガース、1994年のMIT論文
4. Alan and Michelle Shaw, Michelle Evard, Silver Stringers, Junior Journal, David Cavallo: Models of Growth（成長のモデル）他
5. Marvin Minsky, The Emotion Machine (New York: Simon & Schuster, 2005).［マーヴィン・ミンスキー著『ミンスキー博士の脳の探検 ―常識・感情・自己とは―』（竹林洋一訳、共立出版、2009年）］
6. Antonio Battro, "The Teaching Brain（教える脳）, " in Mind, Brain, and Education 4, issue 1 (March 2010).

パー・チャイルド」バーミングハム——急進的な実験のケーススタディ)," *International Journal of Learning and Media*, Spring 2011, Vol. 3, No. 2, Pages 61-76. http://www.mitpressjournals .org/doi/abs/10.1162/ijlm_a_00069

5. バーミングハムのプロジェクトは、2009年にラングフォード市長が連邦政府により汚職疑惑で有罪判決を受け、罷免されたときに良くも悪くもとどめを刺される結果となった。市長と共にプロジェクトを率いていた元市議会長ジョン・カトポディスも、自身の慈善団体「コンピュータ・ヘルプ・フォー・キッズ」へ不適切に資金を投入したとして同時に罷免された。現地のプロジェクト指導者がいなくなり、地元の学区や教師からの反発が続いていたため、市議会は2010年にプロジェクトへの資金拠出を打ち切った。現在、バーミングハムは合衆国破産法第9章に基づき破産した全米初の郡という不名誉な肩書を背負っている。言うまでもなく、OLPCバーミングハムも終わってしまった。
6. Gerald Ardito, "The Shape of Disruption: XO Laptops in the Fifth Grade Classroom (Middle School Teacher and Doctoral Student)(崩壊の形——5年生の教室に置かれたXO(中学校教師と博士課程の学生))" (diss., Pace University 2010)
7. 同上、121 ~ 122ページ。
8. Gerald Ardito, Stephen Jacobs, and Caroline Meeks, "Sugar in the Classroom(教室の砂糖《シュガー》)," Nyscate 2009. http://www.slideshare.net/guestea582ca/sugar-in-the-classroom-nyscate-2009-2554114
9. "500 Plus Miami Elementary Students Receive Laptops, Training(マイアミの500人超の小学生がノートパソコンを受け取り研修中)," *BusinessWire*, January 27, 2012. http://www.businesswire.com/news/home/20120127005399/en

**Case 4 未来へのビジョン——ルワンダのOLPC**

1. Paul Kagame, "Rwanda Vision 2020(ルワンダのビジョン2020)," http://www.minecofin.gov.rw/fileadmin/General/Vision_2020/Vision-2020.pdf
2. ビジョン2020では、「中間所得層」とは1人当たり年間約900米ドルの国民所得を指す(2000年の平均は220ドル)。
3. ルワンダ教育省、「Achievement(2003-2010)MINEDUC major achievements(教育省の主な成果)」http://www.google.co.jp/url?sa=t&rct=j&q=&esrc=s&frm=1&source=web&cd=2&ved=0CDUQFjAB&url=http%3A%2F%2Frwanda.tistory.com%2Fattachment%2Fcfile5.uf%401149DD404FBD80232677EA.pdf&ei=sRhKUrrjLsOpiAeKlIDoBw&usg=AFQjCNGLYrnZInPkdKee-GJkD34kD8r7XQ&sig2=dM_XClHwBRlYwN0vSbiBbg&bvm=bv.53371865,d.aGc
4. "Rwanda Statistics(ルワンダ統計)," UNICEF, http://www.unicef.org/infobycountry/rwanda _statistics.html
5. アメリカの個人に2倍の価格(1台399ドル)で販売したことで、OLPCは2008年初頭に9万台のパソコンを保管し、その中から適切に配布することが

Technology into the Classroom in the Developing World（教育の新たな顔——開発途上国の教室に先端技術を導入する），" Brooke Shearer Working Paper Series, Brookings Institute, January 2012, http://www.brookings.edu/research/papers/2012/01/education-technology-winthrop
4. Rossana Patron, "When More Schooling Is Not Worth the Effort: Another Look at the Dropout Decisions of Disadvantaged Students in Uruguay（学校教育を増やしても無駄な場合——ウルグアイの恵まれない生徒たちが中退する理由を見直す），" Working Paper, Departamento de Economía de la FCS, January 2011, http://www.fcs.edu.uy/archivos/0511.pdf
5. J. P. Hourcade, D. Beitler, F. Cormenzana, and P. Flores, "Early OLPC Experiences in a Rural Uruguayan School（ウルグアイの地方の学校における初期のOLPCの経験），" 引用は Allison Druin (ed.), *Mobile Technology for Children: Designing for Interaction and Learning* (Boston: Morgan Kaufmann, 2009).
6. 同上.
7. 同上.
8. Christoph Derndorfer, "OLPC in Uruguay: Impressions of Plan Ceibal's Primary School XO Laptop Saturation（ウルグアイのOLPC——プラン・セイバルの小学校におけるXOの浸透に対する印象），"、https://edutechdebate.org/olpc-in-south-america/olpc-in-uruguay-impressions-of-plan-ceibal
9. "OLPC Uruguay: Request for Ceibal Proposals Out!（OLPC ウルグアイ ——セイバルの提案依頼書が発行！），" OLPC News, July 11, 2007. http://www.olpcnews.com/countries/uruguay/olpc_uruguay_ceibal_proposal.html

**Case 3　OLPC アメリカ**

1. Bob Blalock, "Alabama's High-School Graduation Rate Nothing to Write Home About（アラバマの高校卒業率に特筆すべきものはなし），" *Birmingham News*, April 2, 2009. http://blog.al.com/birmingham-news-commentary/2009/04/alabamas_highschool_graduation.html
2. "Public Education Finances 2008," US Census Bureau, http://www2.census.gov/govs/school/08f33pub.pdf
3. Shelia R. Cotton, Timothy M. Hale, Michael Howell Moroney, LaToya O'Neal, and Casey Borch, "Using Affordable Technology to Decrease Digital Inequality: Results from Birmingham's One Laptop Per Child XO Project（情報格差を軽減するために安価な先端技術を活用する——バーミングハムにおける「ワン・ラップトップ・パー・チャイルド」プロジェクトの成果），" in *Information, Communication & Society* 14, no. 4 (2011).
4. Mark Warschauer, Sheila R. Cotten, Morgan G. Ames, "One Laptop per Child Birmingham: Case Study of a Radical Experiment（「ワン・ラップトップ・

2. George Kembel, "The Classroom In 2020（2020年の教室）," *Forbes*, April 8, 2010, http://www.forbes.com/2010/04/08/stanford-design-2020-technology-data-companies-10-education.html、2010年5月19日アクセス。もちろん、教育における先端技術の導入が遅いのは組織だけのせいではない。効果的なソフトウェアやカリキュラム統合のモデルが不足していることが、より大きな市場の失敗を反映しているのだ。
3. Karim R. Lakhani and Jill A. Panetta, "The Principles of Distributed Innovation（配布された革新の原則）," *Innovations: Technology, Governance, Globalization* 2, no. 3 (Summer 2007): 97.

### Case 1　カンボジア、10年後

1. 「カンボジアPRIDE」という名称は、元々はメディアラボの元編集者エレン・ホフマンが考案したもの。
2. 「第2種」とは、アメリカ国税局が指定する称号。第2種の関係とは、「(ⅰ)第(1)パラグラフあるいは第(2)パラグラフに記述されたひとつまたは複数の組織によって運営、監督、管理されている、または（ⅱ）当該ひとつまたは複数の組織に関連して監督または管理されている、または（ⅲ）当該ひとつまたは複数の組織に関連して運営されている」組織を指す。内国歳入法第509項「私立財団の定義」、『米国勢年鑑』、http://www.taxalmanac.org/index .php/Internal_Revenue_Code:Sec._509._Private_foundation_defined
3. リークスメイの電力問題は、小学校については太陽光発電システムを設置し、中学校についてはPRIDEが出資した中国のディーゼル発電機を導入して解決した。
4. 著者らによる取材、マサチューセッツ州ケンブリッジ、2011年8月。
5. PRIDEは生徒たちに安全な飲料水、洗面施設、栄養補給のための野菜農園も提供している。また、カリキュラムに保健の授業も組み入れた。エレーンいわく、「これは（先端技術である）XOのプロジェクトだけじゃなくて、地域活性化プロジェクトでもあるんです」。このように独特の地域活性化の取り組みを積み重ねることで、PRIDEは生徒が学習者になるために必要な様々な種類の支援について重要な教訓を得ることができた。

### Case 2　トップダウンの取り組み——ペルーとウルグアイのOLPC

1. オスカー・ベセラ、口頭による発表。2008年5月のOLPC国別ワークショップにて。
2. Frank Bajak, "Laptop Project Enlivens Peruvian Hamlet（ノートパソコンのプロジェクトがペルーの集落を活性化）," *USA Today*, December 24, 2007, http://usatoday30.usatoday.com/money/economy/2007-12-24-3577922877_x.htm、2012年4月8日アクセス。
3. Rebecca Winthrop and Marshal S. Smith, "A New Face of Education: Bringing

用し、使い慣れている教師が担当する生徒ほど、XO の使用度合い、使い方の多様さ、使うことへの前向きな姿勢が高まる」、「『ワン・ラップトップ・パー・チャイルド』のプロジェクトに関する評価概要」、OLPC 財団学習グループ、2010 年。
17. アルベルト・チョン.
18. Emma Näslund-Hadley, Scott Kipp, Jessica Cruz, Pablo Ibarrarán, and Gita Steiner-Khamsi, "OLPC Pre-Pilot Evaluation Report (Haiti), Inter-American Development Bank Education Division—SCL Working Paper #2（OLPC のパイロット前評価報告（ハイチ)、米州開発銀行教育部門——SCL 調査結果報告書第 2 号）," June 2009.
19. Tabaré Vázquez, "Digital Democracy（デジタル民主主義）," *Americas Quarterly: Connectivity and the Digital Divide*（接続性と情報格差）(Winter 2009).
20. Mark Warschauer and Morgan Ames, "Innovating for Development: Can One Laptop Per Child Save the World' s Poor?（発展のための革新——「ワン・ラップトップ・パー・チャイルド」は世界の貧困層を救えるのか？）," *Journal of International Affairs* 64, no. 1 (Fall/Winter 2010)
21. Henry M. Levin, "The Social Costs of Inadequate Education（不十分な教育の社会的代償）," 教育の平等に関するファースト・コロンビア教員養成大学のシンポジウムで発表された論文、2005 年 10 月。

### 7 OLPC の現在と未来

1. Khan Academy, http://www.khanacademy.org、2012 年 3 月 22 日アクセス。
2. Richard P. Feynman, *Surely You're Joking, Mr. Feynman* (New York: W. W. Norton, 1997), Kindle edition.［リチャード・P・ファインマン著『ご冗談でしょう、ファインマンさん』（大貫昌子訳、岩波書店、2000 年）］
3. Matt Ritchel, "A Silicon Valley School That Doesn't Compute（シリコンバレーにある計算をしない学校）," *New York Times*, October 23, 2011, http://www.nytimes.com/2011/10/23/technology/at-waldorf-school-in-silicon-valley-technology-can-wait.html?pagewanted=all&_r=0、2011 年 3 月 22 日アクセス。
4. "e-Mentoring for Student Success (eMSS)," New Teacher Center, http://newteachercenter.org/services/emss, http://newteachercenter.org/services/emss、アクセス日 2012 年 3 月 22 日。

### 8 行動を起こそう！

1. "Computers Employed as Teaching Aids（補助教材としてのパソコン）," *Reading* (PA) *Eagle*, February 4, 1971, 28, http://news.google.com/newspapers?nid=1955&dat=19710204&id=8wUrAAAAIBAJ&sjid=HpgFAAAAIBAJ&pg=3260,1746468、2012 年 4 月 8 日アクセス。

*Technologies* (New York: Palgrave Macmillan, 2011).

5. Claudia Urrea and Walter Bender, 2011. "Making Learning Visible: An Updated Evaluation Framework for One Laptop per Child（学習を可視化する——「ワン・ラップトップ・パー・チャイルド」の最新評価フレームワーク）."
6. "Let me add something raw and home based...（未加工の、身近な話題を追記したい……）"、http://www.olpcoceania.org/2011/05/let-me-add-something-raw-and-home-based.html、2011年5月15日アクセス。
7. John Navarro,「『ワン・ラップトップ・パー・チャイルド』のイニシアティブ——中南米とIDBのための枠組み」（米州開発銀行、2006年）。IDBの調査は320校で実施された大規模な無作為試験で、その320校の3分の2がXOを支給された。この調査はXOを受け取った「実験群」と、受け取らなかった「対照群」との結果を比較するもので、算数、スペイン語、そして認知能力と非認知能力の学習における プロジェクトの影響評価に焦点が当てられた。
8. Julián P. Cristia 他, "*Technology and Child Development: Evidence from the One Laptop per Child Program*（先端技術と子どもの発育——「ワン・ラップトップ・パー・チャイルド」のプロジェクトによる証拠）," IDB Working Paper Series, Inter-American Development Bank, February 2012.
9. Daniel A. Wagner, Bob Day, Tina James, Robert B. Kozma, Jonathan Miller, and Tim Unwin, "Monitoring and Evaluation of ICT in Education Projects: A Handbook for Developing Countries,（教育プロジェクトにおける情報通信技術のモニタリングおよび評価——開発途上国のための手引き）" InfoDEV, November 2005.
10. Frank Bajak, "Laptop Project Enlivens Peruvian Hamlet（ノートパソコンのプロジェクトがペルーの集落を活性化）," *USA Today*, December 24, 2007, http://www.usatoday.com/tech/products/2007-12-24-3577922877_x.htm, アクセス日 2012年4月8日
11. OLPCジャマイカの責任者サミール・ヴェルマからの電子メール、2012年3月28日。
12. スペイン語からの翻訳はジョディ・コーニッシュによる。
13. Zehra Hirji, Barbara Barry, Robert Fadel, and Shannon Gavin, "Assessment Overview of One Laptop per Child Projects（「ワン・ラップトップ・パー・チャイルド」のプロジェクトに関する評価概要）," OLPC Foundation, September 2010, p. 18.
14. 同上.
15. アルベルト・チョン.
16. 教師が先端技術に習熟することの重要性は、アメリカでも再認識されている。バーミングハムのOLPCプロジェクトでは、ある評者がこう言った。「教室におけるXOの使用度合いは、教師によって大きく左右される。XOを頻繁に使

notebook/sic-transit-gloria-laptopi

3. 「OLPC 展開ガイド」に加え、OLPC は徐々に必要な人員、経費の予測、在庫のスペア部品などを決める際に役立つ展開ツールを開発していった。
4. カヴァロは、成長に適した環境の特徴を以下のようにまとめた。好ましい変化が起きるために欠かせないいくつかの基本的事項がある。それらは（1）充当と実験。人は自分のアイデアについての概念を自分の設定のもと、自分の優先順位に基づいて試せるようでなくてはいけない。（2）具体的手本。思いついたアイデアを実際の例によって体験できなくてはいけない。（3）コミュニティとコミュニケーション。これは仲間とのアイデア交換だけでなく、専門知識や経験が異なる様々な実践者からの説明も含む。（4）フィードバック。何かを実験したとき、結果を見るだけでなく、他者からのフィードバックを得ることも必要となる。（5）バグ修正。一度「失敗」をして、そこからさらに設計や実装ができる機会を得る必要がある。（6）材料。単に過去の課題のツールを使って作業するだけでなく、新たなフレームワークを創る手助けをしてくれる材料が必要となる。（7）言語。新たなフレームワークは古い言語を新しい意味に割り当て直し、物事を新しい形で説明する新たな言葉を生むことさえある。（8）ボトムアップの変化。大規模な成長は、下から湧き上がってくる活動の、いくつもの小さな貢献によって実現する。（9）時間と継続性。大きな変化は一晩にして成るものではない。アイデアを十分に経験し、発展させるための継続的な時間がたっぷりと必要だ。（10）意志。何かをしたいと思う心が必要だ。（11）希望と期待。改善が望ましく、実現可能であると信じられるようでなければならない。
5. ニコラス・ネグロポンテ、ネットイベント・プレス・サミットにて、2006 年 12 月。

### 6　魔法でもなければ超高速でもない——OLPC の成果を評価する

1. Sunlen Miller, "Obama: 'Our Generation's Sputnik Moment Is Back,'（オバマ「我々の世代にもスプートニク・ショックがやってきた」)" December 6, 2010, http://abcnews.go.com/blogs/politics/2010/12/obama-our-generations-sputnik-moment-is-back/、2012 年 4 月 8 日アクセス。
2. 「『何がうまくいくか』について厳密な証拠を通じて政府の有効性を高める」、http://coalition4evidence.org/wordpress/
3. さらなる課題は、評価用のデータ収集法がプロジェクトによって大きく異なることだ。データのなかには読解と計算の全国テストから集めたものもあれば、アンケートやフォーカスグループといった形で介入したものもある。結果としてデータは事例的なものから定性的なもの、場合によっては厳密に定量的なものまでばらつきが出てしまう。
4. Chong, Alberto, "Computers in Schools: Why Governments Should Do Their Homework," in *Development Connections: Unveiling the Impact of New Information*

## 3 砂糖《シュガー》で学習を促進する

1. 前掲、「『ワン・ラップトップ・パー・チャイルド』について語るニコラス・ネグロポンテ」
2. John Dewey, "My Pedagogic Creed（我が教育学的信念）," *School Journal* 54 (January 1897): 77–80.
3. デイヴィッド・コルブはクルト・レヴィンの研究を基礎とし、具体的な経験から始まってその経験に対する個人的意見が生じるという学習過程について説明している。年長の生徒や大人にとって、この循環は抽象的な概念化と活発な実験へとつながっていく。David A. Kolb, *Experiential Learning: Experience as the Source of Learning and Development* (Englewood Cliffs, NJ: Prentice Hall, 1984).
4. Evangeline Stefanakis, *Multiple Intelligences and Portfolios: A Window into the Learner's Mind* (Portsmouth, NH: Heinemann, 2002).
5. Rebecca Herold, *Managing an Information Security and Privacy Awareness and Training Program* (Boca Raton, FL: Auerbach, 2005), 101.
6. Cynthia Solomon, *Computer Environments for Children: A Reflection on Theories of Learning and Education* (Cambridge, MA: MIT Press, 1986).［シンシア・ソロモン著『子供の学習とコンピュータ』（岡本敏雄、横山節雄、赤堀侃司訳、パーソナルメディア、1988年）］
7. Cavallo, D., "Technological Fluency and the Art of Motorcycle Maintenance: Emergent Design of Learning Environments（先端技術の習熟度とオートバイの整備技術——学習環境に表れたデザイン）," (PhD thesis, Massachusetts Institute of Technology [MIT] Media Lab 2000).
8. サプライチェーン管理においては、「上流」という言葉は「販売場所よりも生産場所に近い地点」を指す。ソフトウェア開発においては、「上流」はそれよりもやや微妙な意味合いを持つ。「上流」のソフトウェアとは、もっと「下流」にあるソフトウェアを構築する基礎となるものを指す。シュガーの場合、すぐ上流にあるソフトウェアはグノームというツールキットで、これを基にシュガーのインタフェースが開発された。

## 4 青いバナナを売る

1. 前掲、「『ワン・ラップトップ・パー・チャイルド』について語るニコラス・ネグロポンテ」

## 5 倉庫から校舎まで

1. 配布と展開は区別しておいたほうがいい。「配布」とは、XOを子どもたちに届けるための物理的な準備と実際の配達で、「展開」はXOを活用し、価値を生み出すためのサポートを整備することを指す。
2. Ivan Krstić, "Sic Transit Gloria Laptopi" May 13, 2008, http://radian.org/

16. Gary Stager, "An Investigation of Constructionism in the Maine Youth Center（メイン青少年センターにおける構築主義の研究）" PhD diss., University of Melbourne, 2007).
17. Erik W. Robelen, Sean Cavanagh, Jessica L. Tonn, Vaishali Honawar, et al., "State of the States（国家の現状），" *Education Week* 24, no. 35 (May 5, 2005): 54.
18. 「『ワン・ラップトップ・パー・チャイルド』について語るニコラス・ネグロポンテ」，前掲.
19. 1880年代、コスタリカが革命とルネッサンスの時代にあった頃の知識人であり人道主義者でもある人物からその名を取った。
20. "MIT Digital Nations Prospectus（MIT デジタル国家趣意書），" http://dn.media.mit.edu/DN%20prospectus %203-03%20v3-eng.pdf.
21. "OLPC: 5 Principles（OLPC 5つの原則），" http://wiki.laptop.org/go/OLPC:Five_principles
22. 同上.
23. 同上.

## 2 100ドルのパソコンをつくる

1. 前掲、「『ワン・ラップトップ・パー・チャイルド』について語るニコラス・ネグロポンテ」
2. ムーアの法則とは、インテルの共同創業者ゴードン・ムーアが論じた将来予測であり、コンピュータチップ上のトランジスタの数はおよそ18カ月ごとに倍増していくとしたもの。ムーアは1958年に発明された集積回路の開発評価に基づき、1965年にこの見解を発表した。それから50年近くにわたってムーアの法則は正しいことが証明され続け、現在ではパソコンの処理能力の開発全般と密接に関連している。
3. 「2年後の『ワン・ラップトップ・パー・チャイルド』について語るニコラス・ネグロポンテ」、TED配信動画、16分40秒、2007年12月。http://www.ted.com/talks/nicholas_negroponte_on_one_laptop_per_child_two_years_on.html.
4. Nicholas Negroponte, as quoted in Wilson Rothman, "OLPC's Origins: US and Taiwan's Hardware Lovechild（OLPCの成り立ち――アメリカと台湾の非嫡出ハードウェア）." *Gizmodo*, August 27, 2008. http://gizmodo.com/5042466/olpc-origins-us-and-taiwans-hardware-lovechild.
5. 液晶ディスプレイ（LCD）はほとんどの薄型テレビ、パソコンモニター、携帯電話、ビデオゲーム機に使われる画面。
6. マーク・フォスターへの取材。2010年8月。
7. Walter Bender, "The Seven Secrets of the Media Lab（メディアラボの7つの秘密），" *BT Journal* 22(4) (2004).

そしてとりわけジャン・ピアジェなど先人たちの研究を発展させ応用していくなかで、その結果として生まれたものである。ここに挙げた理論家たちの研究の大半は、子どもが学習する仕組みをより良く理解し、もっと効果的に学習できるようなツールを開発することに焦点を当てていた。

6. "Papert on Piaget（ピアジェについて語るパパート）, "、http://www.papert.org/articles/Papertonpiaget.html
7. Seymour Papert, *Mindstorms: Children, Computers, and Powerful Ideas* (New York: Basic Books, 1980).［シーモア・パパート著『マインドストーム——子供、コンピュータ、そして強力なアイデア』(奥村貴世子訳、未來社、1995年)］
8. Logoの共同制作者はパパートの他にウォーリー・ファールツァイク、ダニエル・ボブロウ、シンシア・ソロモンがいる。
9. 名前の由来はギリシャ語で「言葉」を意味する「ロゴス」から来ており、この新しいプログラミング言語と、数字のみを処理する既存のほとんどの言語との対比を印象付ける意図があった。Logoの目標は、子どもが言葉や文章を使って数学的概念を学び、実験できるような「数学の遊び場」を作ることだった。
10. "What is Logo?（Logoとは何か？）, "、http://snuet.com/CML/C03/C03_02.html#1.%20What%20is% 20Logo?
11. 学校で1年度にわたってLogoを初めて使ったのはマサチューセッツ州レキシントンのマジー中学校で、1968年から1969年にかけてのことだった。バーチャルおよび物体のタートルを初めて使ったのはマサチューセッツ州レキシントンにあるブリッジ校の5年生で、1970年〜1971年のことだった。
12. 前掲、「Logoとは何か？」
13. ジャン・ピアジェの基本的教育は、子どもが年齢を重ね、経験を積むなかで段階的に精神を成熟させていくというものだ。ピアジェがパパートに与えた影響について語る際、リンダ・ジョーンズはピアジェの「具体的操作期」と呼ばれる段階について触れている。この段階は、具体化されたときに思考が論理的になるという特徴がある。言い換えれば、8歳から14歳の子どもは通常、直面した問題が物体で解決できるような問題であれば論理的に対処することができるのだ。パパートは、Logoのタートルが、かつては抽象化によってしか知ることのできなかった概念の具体化を可能にするものだと主張する。Logoは問題解決、論理的思考、構築主義的手法を教えることができ、子どもが抽象的な数学的プロセスをインタラクティブに創造し、操作できるようにするのだ。
14. 前掲、「Logoとは何か？」
15. "M.I.T. Media Lab Epistemology and Learning Memo No. 2（MITメディアラボの認識論と学習についての覚書第2号）" (September 1990). "*Children in an Information Age: Opportunities for Creativity, Innovation, and New Activities*（情報化社会における子ども——独創性、革新、新たな活動の機会）"（ブルガリア・ソフィアにて、1987年5月開催）より。

# 原注

## はじめに


1. アーガー・ハーン殿下「世界の教育と開発途上国」、国際バカロレア機構の創立40年記念年次総会におけるピーターソンシンポジウムでのスピーチ、ジョージア州アトランタ、2008年4月18日.
2. Adam Smith, *An Inquiry into the Nature and Causes of the Wealth of Nations*, ed. Edwin Cannan, 5th ed. (London: Methuen, 1904), 1.［アダム・スミス著『国富論』大河内一男監訳、中央公論新社、1978年］
3. Daniel P. Keating and Clyde Hertzman, eds., *Developmental Health and the Wealth of Nations* (New York: Guilford Press, 1999).
4. M. L. De Volder and W. Lens, "Academic Achievement and Future Time Perspective as a Cognitive-Motivational Concept（認知的動機の概念としての学業成績と将来の時間的展望）," *Journal of Personality and Social Psychology* 42, no.3 (1981): 566-571.
5. Stephanie Strom, "Nonprofits Review Technology Failures（非営利が見る先端技術の失敗）," *New York Times*, August 16, 2010. 2012年4月8日アクセス, http://www.nytimes.com/2010/08/17/technology/17fail.html
6. Katherine Fulton and Greg Dees, "The Past, Present and Future of Social Entrepreneurship: A Conversation with Greg Dees（社会起業家精神の過去、現在、未来――グレッグ・ディーズとの談話）," 2006年リーダー集会のために作成された予備資料。 Mohonk, NY. Published by the Center for the Advancement of Social Entrepreneurship, Duke University, p.2, http://www.caseatduke.org/documents/deesinterview.pdf.


## 1 OLPCの成り立ち


1. "What If Every Child Had A Laptop?（もし世界中の子どもがパソコンを持っていたら？）", 60 *Minutes*, CBS, 2007年5月20日放送.
2. Molly Lopez, "His Big Idea: A Laptop for Every Poor Child in the World（彼の大計画―世界中のすべての貧しい子どもたちにパソコンを）," *People,* 68, no. 20 (November 12, 2007).
3. 「『ワン・ラップトップ・パー・チャイルド』について語るニコラス・ネグロポンテ」、TED talks、17分41秒、2006年2月。http://www.ted.com/talks/nicholas_negroponte_on_one_laptop_per_child.html.
4. Alfie Kohn, "How Education Reform Traps Poor Children（教育改革がいかに貧しい子どもたちを追いつめるか）," *Education Week* 30(May 16, 2011): 1–5.


5. 構築主義の理論と教育制度はパパートによって開発された。これはジョン・デューイ、マリア・モンテッソーリ、パウロ・フレイレ、レフ・ヴィゴツキー、

［著者］

## ウォルター・ベンダー
WALTER BENDER

OLPC 共同設立者。子どものための学習ソフト製品の非営利プロジェクト「シュガー・ラボ」の設立者兼エグゼクティブ・ディレクター。第2代MIT メディアラボ所長（2000-2006）。

## チャールズ・ケイン
CHARLES KANE

OLPC 協会理事。過去に同協会の CFO、CEO を務める。MIT スローン経営大学院では国際財務・ソーシャルアントレプレナーシップの上級講師を、ほか多くの IT 企業の役員も務める。

## ジョディ・コーニッシュ
JODY CORNISH

社会変革コンサルタント、戦略家。社会改革を支援するベンチャー組織、ニュー・プロフィットのパートナーを務め、新興市場に特化した社会経済開発コンサルティング会社ロードスター・インターナショナルを共同設立した。

## ニール・ドナヒュー
NEAL DONAHUE

民間部門による国際開発の専門家。国際開発組織ケモニクス・インターナショナルの下、アフリカ北部でプロジェクトを率いている。また、コーニッシュと共にロードスター・インターナショナルを共同設立した。

［訳者］

## 松本 裕
YU MATSUMOTO

米国オレゴン州立大学農学部卒。小学校時代の4年間を東アフリカのケニアで、大学卒業後の2年間を青年海外協力隊員として西アフリカのセネガルで過ごす。帰国後より実務翻訳に携わり、その後2009年に初の訳書『アフリカ　動きだす9億人市場』を上梓。他の訳書に『世界で生きる力』『世界を変える教室』『私は、走ろうと決めた。』『フェアトレードのおかしな真実』（以上、すべて英治出版）などがある。

● 英治出版からのお知らせ

本書に関するご意見・ご感想を E-mail (editor@eijipress.co.jp) で受け付けています。
また、英治出版ではメールマガジン、ブログ、ツイッターなどで新刊情報やイベント情報を配信しております。ぜひ一度、アクセスしてみてください。

メールマガジン ：会員登録はホームページにて
ブログ ：www.eijipress.co.jp/blog/
ツイッター ID ：@eijipress
フェイスブック ：www.facebook.com/eijipress


# ラーニング・レボリューション
## MIT 発　世界を変える「100 ドル PC」プロジェクト

---

発行日　2014 年　5 月 15 日　第 1 版　第 1 刷

著者　ウォルター・ベンダー、チャールズ・ケイン、ジョディ・コーニッシュ、ニール・ドナヒュー
訳者　松本裕

発行人　原田英治
発行　英治出版株式会社
〒 150-0022 東京都渋谷区恵比寿南 1-9-12 ピトレスクビル 4F
電話　03-5773-0193　FAX　03-5773-0194
http://www.eijipress.co.jp/
プロデューサー　原口さとみ
スタッフ　原田涼子　高野達成　岩田大志　藤竹賢一郎　山下智也
鈴木美穂　下田理　田中三枝　山本有子　茂木香琳
木勢翔太　上村悠也　平井萌　土屋文香
印刷・製本　日経印刷株式会社
装丁　大森裕二
翻訳協力　株式会社トランネット　http://www.trannet.co.jp

---




ISBN978-4-86276-176-7　C0034　Printed in Japan